COMPETIÇÃO ANALÍTICA

COMPETIÇÃO ANALÍTICA

VENCENDO ATRAVÉS DA NOVA CIÊNCIA

ATUALIZADO, COM UMA NOVA INTRODUÇÃO

POR THOMAS H. DAVENPORT E JEANNE G. HARRIS

ALTA BOOKS
EDITORA
Rio de Janeiro, 2018

Competição Analítica — Vencendo através da nova ciência

Impresso no Brasil — 1ª Edição, 2018 — Edição revisada conforme o Acordo Ortográfico da Língua Portuguesa de 2009.

Publique seu livro com a Alta Books. Para mais informações envie um e-mail para autoria@altabooks.com.br

Obra disponível para venda corporativa e/ou personalizada. Para mais informações, fale com projetos@altabooks.com.br

Produção Editorial
Editora Alta Books

Gerência Editorial
Anderson Vieira

Produtor Editorial
Thiê Alves

Assistente Editorial
Adriano Barros

Produtor Editorial (Design)
Aurélio Corrêa

Marketing Editorial
Silas Amaro
marketing@altabooks.com.br

Editor de Aquisição
José Rugeri
j.rugeri@altabooks.com.br

Vendas Atacado e Varejo
Daniele Fonseca
Viviane Paiva
comercial@altabooks.com.br

Ouvidoria
ouvidoria@altabooks.com.br

Equipe Editorial
Aline Vieira
Bianca Teodoro
Gabriel Teixeira
Ian Verçosa
Illysabelle Trajano
Juliana de Oliveira
Kelry Oliveira
Paulo Gomes
Thales Silva
Viviane Rodrigues

Tradução (Ed. Anterior)
Cristina Yamagami

Copi com Tradução
Fernanda Lutfi

Revisão Gramatical
Hellen Suzuki
Thamiris Leiroza

Diagramação
Lucia Quaresma

Dados Internacionais de Catalogação na Publicação (CIP) de acordo com ISBD

D247c Davenport, Thomas H.

Competição analítica: vencendo através da nova ciência / Thomas H. Davenport, Jeanne G. Harris ; traduzido por Fernanda Lutfi. - Rio de Janeiro : Alta Books, 2018.
320 p. : il. ; 17cm x 24cm.

Tradução de: Competing on analytics
Inclui índice.
ISBN: 978-85-508-0374-6

1. Negócios. 2. Competição analítica. I. Harris, Jeanne G.. II. Lutfi, Fernanda. III. Título.

2018-1575 CDD 332.02401
CDU 330.567.2

Elaborado por Vagner Rodolfo da Silva - CRB-8/9410

ALTA BOOKS EDITORA

Rua Viúva Cláudio, 291 — Bairro Industrial do Jacaré
CEP: 20.970-031 — Rio de Janeiro (RJ)
Tels.: (21) 3278-8069 / 3278-8419
www.altabooks.com.br — altabooks@altabooks.com.br
www.facebook.com/altabooks — www.instagram.com/altabooks

SUMÁRIO

PREFÁCIO

ESTOU CONVENCIDO DE QUE A COMPLACÊNCIA É UMA DAS AMEAÇAS mais sérias de qualquer negócio. As empresas estão tão interessadas em se manter no rumo que não escutam os passos atrás delas e pagam um preço alto pela satisfação equivocada. As empresas de fotografia não conseguiram compreender totalmente a ameaça criada pela fotografia digital e, provavelmente ainda menos, a ameaça que viria com os smartphones. Os jornais, que dependiam de anúncios na página de classificados, não reagiram de forma pró-ativa aos sites como o Craigslist. As vídeo locadoras não reagiram rápido o suficiente às companhias de streaming como a Netflix.

A história é quase sempre a mesma. Vencedores se tornam perdedores e, eventualmente, estudos de caso. Porque era mais fácil continuar fazendo as coisas que os tornaram vencedores em primeiro lugar. O caminho de menos resistência era mais confortável do que se desafiar a entender se o sucesso era suficiente para manter o que havia sido construído.

O fundador da UPS (uma das maiores empresas de logística do mundo), Jim Casey, sabia dos perigos da complacência e defendeu o que chamou de "insatisfação construtiva". Constantemente, Casey reestruturava e reinventava a UPS para combater uma série de ameaças competitivas. Com o tempo, uma de nossas maiores vantagens competitivas veio da rápida adoção da análise como meio de avaliar e melhorar constantemente cada faceta de nossos negócios.

A análise nos permitiu projetar um dos primeiros dispositivos portáteis, que colocamos nas mãos de todos os nossos motoristas em 1990. Para realmente aproveitarmos o poder desses dispositivos, tivemos que agrupar, o que eram anteriormente grandes redes regionais de celular, em uma rede proprietária que cobria todos os Estados Unidos. Isso nos permitiu reunir informações do movimento de todas as encomendas em nosso sistema, o que nos ajudou a construir um dos maiores bancos de dados do mundo. Os insights que obtivemos através da análise nos permitiram conquistar novos níveis de eficiência e dividir esse conhecimento com nossos clientes.

Após termos experimentado o que era possível, nossa fome pela análise cresceu. Criamos um conjunto de ferramentas baseadas em modelos preditivos, que chamamos de Pacote de Tecnologia de Fluxo. Implantado em 2003, essas ferramentas reduziram 136 milhões de quilômetros anualmente. Disponibilizando nossos mecanismos preditivos para nossos clientes e dando a eles as mesmas informações que nós tínhamos, eles poderiam interagir diretamente com a nossa central de operações e personalizar sua experiência de entrega. Mas, para nós, o prêmio analítico é o modelo de análise prescritiva que chamamos de ORION (sigla em inglês para Otimização Integrada e Navegação Rodoviária), que diz a nossos motoristas qual rota deveriam seguir para fazer suas entregas em menos tempo — e usando menos combustível. Não é um exagero dizer que o ORION revolucionou nosso negócio. No livro agora em suas mãos, *Competição Analítica*, Tom Davenport e Jeanne Harris chamam o ORION de "avô" dos aplicativos de tempo real e dizem que "pode ser o maior projeto de análise comercial já realizado".

Antes de a revolução digital tomar conta, nossos gerentes definiam as rotas de nossos motoristas com tachinhas nos mapas que ficavam dentro de nossos centros de distribuição. Depois transferimos essa informação para os computadores portáteis de nossos motoristas. Os motoristas foram ensinados a seguir, basicamente, a mesma rota todos os dias, entregando primeiro as encomendas comerciais e depois as residenciais, porque os clientes comerciais eram, geralmente, mais exigentes.

Mas, com a revolução do comércio eletrônico, nossos clientes residenciais queriam maior controle sobre quando e onde suas encomendas seriam entregues. Tentando suprir ambas as necessidades, de clientes comerciais e residenciais, significava que, frequentemente, os motoristas passavam várias vezes pelo mesmo caminho, desperdiçando tempo e combustível.

Nossos motoristas eram bons em seu trabalho e seus clientes os adoravam por sua credibilidade e confiança. Mas previmos o dia em que nossos motoristas não conseguiriam mais um segundo de eficiência fora de suas rotas. Quando o melhor *deles* seria o *nosso* melhor. O que faríamos? (Você precisa lembrar que esses eram dias anteriores ao supercomputador da IBM chamado Watson ter sido vencedor do programa de televisão

Jeopardy e antes de carregarmos o poder de antigos mainframes em nossos bolsos.) Além disso, algumas pessoas em nossa empresa acreditavam que nenhum computador seria capaz de melhorar o que motoristas experientes da UPS já faziam tão bem.

Felizmente, nossos engenheiros criaram um algoritmo de 30 páginas que nos permitiu determinar a melhor rota para que cada um de nossos 55 mil motoristas fizessem suas entregas todo dia. O ORION agora diminui a rota diária de nossos motoristas em uma média de 11 a 12km, o que coletivamente significa economizar 160 milhões de quilômetros e 10 milhões de galões de combustível por ano. No conjunto, o ORION permitiu à UPS economizar mais de US$400 milhões por ano.

Ao longo desse processo, percebemos que as informações coletadas conforme a encomenda passa por nossa rede, muitas vezes, são tão valiosas para o cliente quanto a encomenda em si. Baseados nas informações extraídas de nossa rede, os clientes estão melhorando seus processos de negócios e tomando decisões mais informadas, o que torna a UPS uma parceira ainda mais valiosa.

Por anos, nossa publicidade proclamou que a UPS era uma companhia que amava logística. Ainda amamos logística, mas estamos para sempre em dívida com a análise. E, desde então, nós expandimos o uso da análise para além da otimização de nossa rede física, aplicando-a em muitas outras facetas de nosso negócio.

Esta versão revisada e expandida do trabalho de Tom e Jeanne traz a atualização da história da análise, com nossas aplicações, insights e previsões. Os autores mostram como a análise continua a transformar a tecnologia de uma ferramenta de apoio para um avanço estratégico. Em *Competição Analítica*, os autores não só introduziram a análise para líderes de negócios, como os transformaram em competidores analíticos, intimamente sintonizados com seus negócios e seu valor estratégico. O livro de Michael Lewis chamado *Moneyball — O Homem que Mudou o Jogo* pode ter tornado a análise "legal" (com uma ajuda de Brad Pitt), mas precisou de Tom Davenport e Jeanne Harris para torná-la um imperativo de negócios.

— David Abney, CEO, UPS
Abril de 2017

COMPETIÇÃO ANALÍTICA

QUATRO ERAS EM DEZ ANOS

A REVOLUÇÃO NA ANÁLISE

O MUNDO DE EXTRAIR INSIGHTS DOS DADOS ERA, RELATIVAMENTE, estável por, mais ou menos, trinta anos. Certamente houve avanços tecnológicos, mas o ato de criar um gráfico de barras ou executar uma análise de regressão não mudou muito. Um analista de 1977 entregou a análise de um programa e seus dados a um computador em um deck de cartões de papel perfurados; o analista, em 2005, a entregou de um teclado. Mas os outros detalhes eram basicamente similares.

No entanto, desde a virada do milênio, o ritmo das mudanças acelerou significativamente. Se chamarmos a forma como a business intelligence e a análise eram praticadas antes de 2007 de "Análise 1.0", já vimos o surgimento do 2.0, 3.0 e 4.0 em dez anos — três mudanças massivas sobre como a análise é realizada dentro de empresas, em uma década.

Quando estávamos pesquisando e escrevendo *Competição Analítica* em 2005 e 2006, estávamos descrevendo extensivamente essa primeira era e as empresas que se sobressaíram nela (vamos recapitular a ideia de "Análise 1.0" em um momento). As empresas que competiam em análise estavam fazendo seu melhor com a abordagem antiga para gerenciar dados e transformá-los em algo valioso.

Existe uma lição aqui. Extrair valor das informações não é primariamente uma questão relacionada à quantidade de dados que você tem ou quais tecnologias utiliza para analisá-los, apesar de poderem ajudar. Em vez disso, é o quão agressivamente você explora esses recursos e o quanto os utiliza para criar abordagens novas ou melhores para fazer negócios. As principais empresas da *Competição Analítica* não utilizavam sempre as ferramentas mais recentes, mas eram muito boas em construir estratégias e modelos de negócios ao redor de suas capacidades analíticas. Elas eram lideradas por executivos que acreditavam que os fatos são o melhor guia para decisões e ações. Eles tornaram os dados e a análise um componente integral de suas culturas.

Com isso dito, se o mundo externo da análise mudar, as melhores empresas mudarão junto. Não checamos se todas as empresas que descrevemos na versão original deste livro evoluíram além da Análise 1.0, mas sabemos que muitas evoluíram. Nesta introdução, vamos descrever as novas oportunidades para explorar dados e revolucionar negócios que surgiram nessa última década. Vamos também, rapidamente, descrever as eras anteriores — não para ser uma aula de história, mas para examinar o que podemos aprender com elas.

Análise 1.0 e Suas Implicações Atuais

Em meados dos anos 2000, quando escrevemos *Competição Analítica*, as empresas mais sofisticadas haviam dominado a Análise 1.0 e estavam pensando no próximo estágio. Mas muitas empresas hoje ainda estão solidamente acomodadas em um ambiente 1.0. E, mesmo que existam tecnologias e processos analíticos mais avançados disponíveis, todas as organizações ainda precisam realizar algumas atividades 1.0. Portanto, vale a pena compreender essa era, mesmo que você já tenha seguido em frente.

A Análise 1.0 era (ou é, se ainda a estiver praticando) uma *análise descritiva* — relatórios e explicações visuais do que aconteceu no passado — e fraca em utilizar a análise para predizer o futuro (*análise preditiva*) ou para fazer recomendações sobre como realizar um trabalho melhor (*análise prescritiva*). Enquanto passamos grande parte da década passada tentando encorajar as empresas a irem além da análise descritiva, ela ainda é necessária; você precisa saber o que aconteceu em sua organização em um passado recente e como isso se compara com o passado mais distante.

Empresas sofisticadas em 2017 ainda geram análise descritiva, mas tentam controlar seu volume e conseguir usuários (em vez de profissionais da análise) para criá-los. Um novo conjunto de ferramentas surgiu para tornar a "análise de autoatendimento" bem mais fácil, particularmente ao criar a análise visual. Claro que muitos usuários da análise usam planilhas como sua principal ferramenta analítica, e isso é assim ainda hoje, apesar dos problemas em relação a erros e da facilidade de criar "múltiplas versões da verdade" em planilhas.

Um dos problemas consistentes das eras são os dados — consegui-los, limpá-los, colocá-los em uma base para acesso futuro e assim por diante. Como os dados se proliferaram ao longo da década passada, uma solução era necessária na Análise 1.0. A principal solução de armazenamento de dados desenvolvida e utilizada durante esse período era o armazém de dados relacionais. Esse foi um grande passo para frente em relação às abordagens de armazenamento de dados anteriores, mas trouxe também desafios substanciais. Conseguir dados através de um processo chamado *extrair, transformar e carregar* (ETL, na sigla original em inglês) consumiu muito tempo e recursos. Os dados, em sua totalidade, precisavam ser estruturados da mesma forma (em linhas e colunas) antes de serem armazenados. Eventualmente, os armazéns de dados se tornaram tão grandes e populares que era difícil saber quais recursos estavam neles. E, embora o objetivo do armazém fosse separar dados para análise de sistemas transacionais, a análise tornou-se tão importante que alguns dados armazenados foram usados em aplicativos de produção.

Não foi apenas a tecnologia que causou problemas na Análise 1.0. A cultura dela era reativa e lenta. Uma expert em análise, que cresceu nessa época, descreveu seu papel como "receptora de ordem". Gerentes pediriam por uma análise de um problema que estavam enfrentando e o analista voltaria — muitas vezes após mais ou menos um mês de arredondamento de dados e realização de alguma forma de análise quantitativa — com uma resposta. O gerente pode não entender os métodos analíticos utilizados e pode acabar não utilizando os resultados ao tomar uma decisão. Mas pelo menos ele, ou ela, se parecia com um executivo de dados.

Um dos termos utilizados para descrever a análise durante o período Análise 1.0 era apoio à decisão. E a palavra apoio é apropriadamente fraca. A análise era utilizada apenas para apoiar decisões internas e era, muitas vezes, ignorada. Os gerentes analíticos não tinham tipicamente uma relação próxima com os analistas quantitativos que, normalmente, ficavam no escritório dos fundos. Como resultado, muitas decisões continuaram sendo tomadas através da intuição.

Apesar desses desafios, as companhias que encontramos que estavam em competição analítica em meados dos anos 2000 estavam fazendo o melhor de uma situação difícil. Elas entenderam onde a análise poderia ajudar a melhorar seu processo de decisão e performance e produziram a análise. Pode ser que tenha sido mais lenta e mais difícil do que deveria ter sido, mas eles eram dedicados o suficiente para fazer com que a análise funcionasse. Seus esforços eram inspiradores para nós e para muitos leitores e ouvintes da ideia de "competição analítica". Mas, no Vale do Silício, o mundo já estava começando a mudar.

Análise 2.0: O Big Data Amanhece no Vale

Dez anos atrás, no Vale do Silício, as empresas líderes da indústria online (Google, eBay, PayPal, LinkedIn, Yahoo! e assim por diante) estavam indo além da Análise 1.0. Elas haviam adotado um novo paradigma para dados e análise baseado na necessidade de conseguir entender os dados da sequência de cliques que seus clientes haviam produzido. Esses dados eram volumosos, de movimento rápido, de rápida mudança e nem sempre chegavam em linhas e colunas. Em resumo, era o *big data* (grande conjunto de dados armazenados). A era Analítica 2.0 se aplica principalmente àquelas empresas pioneiras. Não recomendamos que outros tipos de organização adotem essa abordagem diretamente, mas existem muitas outras lições que outras empresas podem aprender com a Análise 2.0.

Para armazenar, analisar e agir nessa grande quantidade de dados, as empresas online precisavam de novas tecnologias. Então, em 2006, Doug Cutting e Mike Cafarella criaram o Hadoop, um programa de código aberto para armazenar grandes quantidades de dados em servidores distribuídos. O Hadoop não realiza análises, mas é capaz de fazer o mínimo do processamento de dados, e é uma forma barata e flexível de armazenar big data.

O Hadoop se tornou o núcleo de uma coletânea de tecnologias de código aberto, que possuíam nomes estranhos, para processamento de big data. Pig, Hive, Python, Spark, R e uma variedade de outras ferramentas se tornaram preferência (pelo menos no Vale do Silício) no armazenamento e análise de big data. A análise que foi criada não era, tipicamente, muito sofisticada (um amigo cientista de dados se referiu a isso como a síndrome "big data equivale a pouca matemática"), mas a flexibilidade, o baixo custo de tecnologias e a aplicação da análise em formas de dados menos estruturadas eram um grande passo à frente. O desenvolvimento de código aberto e propriedade dessas tecnologias deram início a uma lenta, mas significativa mudança que continua até hoje. Ferramentas proprietárias de análise e gerenciamento de dados são frequentemente combinadas com ferramentas de código aberto em muitos aplicativos.

Para programar essas novas ferramentas e fazer análise de dados, parecia necessária uma nova categoria de trabalho. Praticantes da análise do big data começaram a se chamar de *cientistas de dados*. Como Tom e seu coautor D. J. Patil (até recentemente, o cientista chefe de dados da Casa Branca), escreveram em seu artigo "Cientista de Dados: O Trabalho Mais Sexy do Século 21", essas pessoas eram diferentes do analista quantitativo comum.[1]

Em primeiro lugar, eles não estavam contentes em permanecer nos escritórios de fundos. Patil continuou falando para Tom que eles queriam estar "na ponte" — próximo ao CEO, ou outro executivo sênior, ajudando a guiar o navio. Patil, por exemplo, passou de cientista de dados do LinkedIn para trabalhar com capital de risco como chefe de produto em uma startup e depois para a Casa Branca (onde ele mesmo admitiu ter um escritório no porão, mas, pelo menos, era no prédio certo).

Em segundo lugar, os cientistas de dados que entrevistamos não estavam interessados em apoiar decisões. Um deles classificou o aconselhamento de executivos seniores em decisões como "A Zona Morta". Em muitos casos, eles preferiam trabalhar com produtos, recursos, demonstrações e assim por diante — coisas que os clientes utilizariam. LinkedIn desenvolveu *produtos de dados* como o Pessoas que Você Pode Conhecer, Trabalhos que Você Pode Estar Interessado e o Grupos que Você Pode Gostar — e essas ofertas foram instrumentais para o rápido crescimento da empresa e sua posterior aquisição pela Microsoft por US$26 bilhões. Praticamente tudo que o Google faz — exceto, talvez, pelos telefones e termostatos — é um produto ou serviço derivado de dados e análise. Zillow possui o Zestimate e muitos outros produtos de dados. O Facebook possui sua própria versão de Pessoas que Você Pode Conhecer e também o Trending Topics, Feed de Notícias, Timeline, Busca e muitas outras abordagens diferentes para segmentação de anúncios.

Também está claro que a análise era o núcleo da estratégia de muitas dessas empresas. O Google, por exemplo, foi formado ao redor de seu algoritmo chamado PageRank. Essas empresas tiveram uma competição analítica provavelmente maior do que quaisquer outras sobre as quais escrevemos na primeira versão deste livro. Essa visão alternativa do objetivo e da importância da análise é uma lição-chave dos praticantes da Análise 2.0.

Existia também uma cultura muito mais impaciente e experimental da Análise 2.0. A formação mais comum que descobrimos entre os cientistas de dados foi o PhD em física experimental. O Facebook, grande empregador dessa nova profissão, refere-se a cientistas de dados e desenvolvedores como "hackers" e tinha o lema "Mova-se rápido e quebre coisas". Esse é um componente interessante da cultura do Vale do Silício, apesar de talvez não se encaixar bem com muitas grandes organizações.

Análise 3.0: Big (e Small) Data se Torna Convencional

Após 2010, se tornou claro para muitas empresas que o tópico do big data não era um capricho e que existiam importantes tecnologias e lições desse movimento para serem adotadas. No entanto, devido à incompatibilidade entre a Análise 2.0 e as grandes empresas já estabelecidas, existia, nesse momento, uma necessidade para um novo tipo de pensamento sobre a análise.

A Análise 3.0, em muitas formas, é uma combinação da 1.0 e da 2.0; é o "big data para grandes empresas", mas o small data (pequenos dados) ainda é importante nesta era. As empresas podem querer analisar dados do fluxo de cliques, sentimentos das mídias sociais, dados sensoriais da Internet das Coisas e informações de localização de clientes — todos considerados big data —, mas as empresas também estão interessadas em combinar essas informações com o "small data" como o que seus clientes compraram no passado. Não é realmente uma questão de big ou small data, mas de *todos* os dados.

No mundo 3.0, a análise não está mais sozinha. Ela se integrou aos processos de produção e sistemas — o que nosso amigo Bill Franks, chefe de análise no Instituto Internacional para Análise, chama de "análise operacional". Isso significa que a análise de marketing não informa somente uma nova campanha de marketing; ela está integrada a ofertas em tempo real na web. A otimização da cadeia de suprimentos não acontece em uma análise diferente; em vez disso, é incorporada no sistema de gerenciamento da cadeia de suprimentos, para que o número correto de produtos esteja sempre armazenado.

As empresas na era 3.0 também possuíam uma combinação de objetivos para a análise — decisões de modelagem e de novos produtos e serviços. Elas ainda influenciam decisões com dados e análise, mas estão interessadas em fazer o mesmo em maior escopo e escala. Não existe um exemplo melhor que o projeto massivo da UPS chamado ORION, que é também um ótimo exemplo de análise operacional. O ORION, que levou mais ou menos uma década para ser desenvolvido e instaurado em toda a UPS, é uma aplicação analítica para rotas de motoristas. Hoje, o ORION fornece uma rota diferente para cada dia; eventualmente, ele vai modificar rotas em tempo real se baseando em fatores como clima, uma chamada ou trânsito.

Os gastos e o pagamento do ORION foram impressionantes — a UPS gastou muitas centenas de milhões e arrecadou ainda mais em benefícios anuais. A UPS calculou (de uma forma analítica típica) que o projeto ORION economizaria para a companhia mais ou menos meio bilhão de dólares em custos com trabalho e combustível. Esse é o tipo de escala que a análise pode trazer na era 3.0.

Decisões são importantes para as empresas que entraram nessa era, mas elas perceberam que a análise e os dados podem apoiar não apenas decisões, mas também produtos e serviços. Os mesmos produtos de dados que as startups online ofereciam no período 2.0 podem também ser oferecidos por grandes empresas como GE, Monsanto e United Healthcare. A GE possui um novo modelo "digital industrial" que é alimentado por sensores de dados em motores de jatos, turbinas a gás, moinhos de vento e máquinas de ressonância magnética. Os dados são utilizados para criar os novos modelos de serviço baseados na predição de necessidade, não em intervalos regulares de serviço. A Monsanto possui um negócio de "plantação prescritiva" chamado Climate Pro, que utiliza dados de condição climática, colheita e solo para dizer ao agricultor o tempo ideal de plantar, regar e colher. A United Healthcare possui um negócio chamado Optum, que gera US$67 bilhões anuais em receita através da venda de dados, análise e sistemas de informação.

Claramente, na era Analítica 3.0 os dados e a análise se tornaram recursos convencionais de negócios. Eles se tornaram de suma importância em muitas estratégias de empresas e modelos de negócios. Em resumo, a competição analítica se tornou muito mais aceita como um conceito. Claro, isso não significa que é fácil ser bem-sucedido com inovações analíticas ou que as empresas não precisam continuar inovando com o passar do tempo.

Análise 4.0: A Ascensão da Análise Autônoma

As primeiras três eras da análise possuíam uma coisa em comum: a análise era gerada por um analista humano, ou cientistas de dados, após a coleta de dados, formulação de hipótese e dizer ao computador o que ele precisa fazer. Mas a mudança mais recente na análise é profunda: ela envolve remover o fator humano da equação ou, mais corretamente, limitar seu papel.

Inteligência artificial ou tecnologias cognitivas são amplamente vistas como, talvez, a força tecnológica mais disruptiva que o mundo enfrenta hoje. O fato de a maioria das ferramentas cognitivas ser baseada na análise ou em modelos estatísticos é menos conhecido. Existe uma variedade de diferentes tecnologias embaixo do "guarda-chuva" da cognitividade, mas o *aprendizado de máquina* é um dos mais comuns e, por natureza, possui grande parte estatística. Mas, no aprendizado de máquina, a máquina cria os modelos, determina se eles se encaixam nos dados ou não, e depois cria mais modelos. Para algumas formas de aprendizado de máquina, alguns podem dizer que os próprios dados criam os modelos; dessa forma, o modelo é treinado por um conjunto de dados e pode se adaptar a suas novas formas.

Em grande medida, a ascensão do aprendizado de máquina é uma resposta para o rápido crescimento de dados, disponibilidade de software e o poder da arquitetura de computação atual. As *redes neurais* — uma versão do aprendizado de máquina de estatística —, por exemplo, estão sendo utilizadas desde 1950 e, desde 1990, eram populares para aplicações de negócios. Mas versões atuais — algumas chamadas de aprendizado profundo, porque possuem camadas múltiplas de características ou variáveis para predizer ou tomar uma decisão a respeito de alguma coisa — necessitam de grande quantidade de dados para aprender e um alto nível de poder de computação para resolver os complexos problemas abordados. Felizmente, a Lei de Moore (que prediz que o poder de processamento vai dobrar a cada 18 meses) supriu a potência de computação necessária. Os dados rotulados (utilizados para treinar os modelos de aprendizado da máquina) são mais difíceis de encontrar. Mas, em muitos casos, existem fontes de dados preparadas para fins de treinamento. O banco de dados ImageNet — um banco de dados gratuito utilizado para treinar tecnologias cognitivas para reconhecerem imagens —, por exemplo, possui mais de 14 milhões de imagens nas quais um sistema de *deep learning* pode ser treinado.

Em termos de software, particulares e de código aberto estão, ambos, amplamente disponíveis para executar vários tipos de cognição de máquina. Google, Microsoft, Facebook e Yahoo! disponibilizaram bibliotecas de aprendizado de máquina de código aberto. Startups como DataRobot e Loop AI Labs têm ofertas próprias para aprendizado de máquina. E muitas das maiores empresas de TI do mundo estão adicionando capacidades de aprendizado de máquina a suas ofertas. As tecnologias cognitivas estão disponíveis como software independente e, cada vez mais, como recursos incorporados em outros tipos de software. A SAS (empresa norte-americana pioneira em *Business Intelligence (Inteligência Empresarial)* disponibiliza métodos de aprendizado de máquina para aumentar seu tradicional software analítico baseado em hipóteses. A IBM fez uma grande aposta no Watson como uma oferta de software independente ou uma série de programas menores (APIs) para vincular a outros. O Salesforce.com recentemente anunciou o Einstein, um conjunto de capacidades cognitivas que estão incorporadas na "nuvem" para vendas, marketing e serviço. Nós achamos que praticamente todos os principais fornecedores de software vão, eventualmente, incorporar capacidades cognitivas em seus sistemas de transações de negócios.

No hardware, os computadores mais importantes estão fora do local. A disponibilidade de capacidade de computação praticamente ilimitada a preços razoáveis na nuvem significa que pesquisadores e desenvolvedores de aplicações podem prontamente obter a potência que precisam para processar dados com ferramentas cognitivas — sem, até mesmo, ter que comprar um computador. E tipos relativamente novos de processadores, como as unidades de processamento de gráficos (GPU), são particularmente bem adequados para abordar alguns problemas cognitivos como o aprendizado profundo. Existem também infraestruturas computacionais emergentes que combinam múltiplos processadores em uma rede para possibilitar uma "pilha" inteira de complexos algoritmos cognitivos e ferramentas.

Organizações analíticas líderes estão rapidamente fazendo, então, uma mudança estratégica em direção a tecnologias cognitivas, no geral, e aprendizado de máquina, particularmente. Para conseguir lidar com a grande quantidade de dados que possui à sua disposição e criar os modelos personalizados e de rápida adaptação que elas precisam, o aprendizado de máquina é, geralmente, a única opção factível.

Elas não substituirão os analistas humanos em breve, mas, no mínimo, o aprendizado de máquina é uma ajuda poderosa para sua produtividade. Com essas tecnologias semiautônomas, milhares de modelos podem ser criados no tempo em que, historicamente, um analista humano levaria para criar um. Construir muitos modelos rapidamente significa que a organização pode ser muito mais granular em sua abordagem a consumidores e mercados, e pode reagir aos dados que mudam rapidamente. Modelos de aprendizado de máquina podem ser mais precisos do que aqueles criados por métodos *artesanais* (análise hipotética e meticulosamente modelada por analistas humanos) porque eles, muitas vezes, consideram mais variáveis em diferentes combinações. Algumas abordagens de aprendizado de máquina podem também testar um "conjunto" de diferentes tipos de algoritmos para ver quais deles melhor explicam o fator em questão. O lado ruim dessas abordagens é o fato de que os modelos gerados por aprendizado de máquina muitas vezes não são tão transparentes ou interpretáveis por seus usuários humanos.

Se a sua empresa já possui um grupo de análise e está fazendo um trabalho com modelos estatísticos de marketing, rede de fornecimento, recursos humanos ou alguma outra área, como ela pode fazer a transição para aprendizado de máquina? Os experts analíticos de sua empresa vão precisar de algumas habilidades. Em vez de lentamente e meticulosamente identificar variáveis e formular hipóteses sobre modelos, os analistas de aprendizado de máquina ou cientistas de dados precisam reunir um grande volume de dados e monitorar os resultados do aprendizado de máquina para relevância e razoabilidade.

Talvez eles também precisem trabalhar com ferramentas novas. Como já falamos, vendedores estabelecidos de software analítico particular estão rapidamente adicionando capacidades de aprendizado de máquina, mas muitos algoritmos que fazem esse trabalho estão disponíveis em formato de código aberto; porém, muitos deles fornecem menos apoio para seus usuários. E eles, talvez, também precisem trabalhar com novo hardware. Como muitos modelos de aprendizado de máquina também operam com grande quantidade de dados e são computacionalmente intensivos, eles podem requerer arquiteturas em memória ou ambientes de hardware baseados na nuvem, que podem ser expandidos quando necessário.

Se há uma central para grupos analíticos ou um centro de excelência em vigor, ele provavelmente já possui a expertise estatística posicionada para interpretar, até certo ponto, o aprendizado de máquina. Mas, como sugerimos, interpretação total e logística é muito difícil. Se existem milhares de modelos e dezenas de milhares de variáveis sendo utilizadas para auxílio de um processo de negócios, é provavelmente impossível interpretar cada um. E algumas variações de aprendizado de máquina — redes neurais e seu primo mais complexo, *deep learning* — são praticamente impossíveis de interpretar. Podemos dizer quais variáveis (ou *características*, como algumas vezes são chamadas no aprendizado de máquina) predizem um resultado, mas podemos não saber por que ou o que as variáveis significam em termos humanos.

Esse problema de "caixa preta" — a dificuldade de interpretar modelos de aprendizado de máquina — é um desafio tanto cultural quanto de liderança da tecnologia — particularmente quando os modelos são utilizados em uma indústria altamente regulada. Gerentes internos e reguladores externos podem precisar aprender a confiar em modelos dos quais são dependentes, mas não conseguir entendê-los completamente. A chave é estar vigilante em relação ao fato de os modelos estarem realmente funcionando. Se, por exemplo, eles não estiverem mais fazendo um bom trabalho em predizer com sucesso as vendas de um programa de marketing, ou as taxas de conversão de uma equipe de vendas que atende clientes, provavelmente está na hora de revê-los.

Para ilustrar o movimento da análise artesanal para a análise autônoma, vamos dar um exemplo (anônimo) detalhado. A empresa envolvida é uma grande fornecedora de tecnologias e serviços. A empresa possui mais de cinco milhões de negócios em todo o mundo como clientes, 50 principais categorias de produtos e serviços e milhares de aplicações. Cada organização cliente possui uma média de quatro executivos-chave como compradores. Isso é uma grande quantidade de dados e complexidade, então, para que conseguisse ser bem-sucedida, a empresa precisava direcionar as abordagens de vendas e marketing para cada empresa e potencial comprador. Se fosse possível modelar uma pontuação de propensão que refletisse a probabilidade de cada cliente executivo comprar os produtos da empresa, as vendas e o marketing poderiam ser muito mais eficazes.

Essa abordagem é chamada de *modelagem de propensão* e pode ser feita tanto com uma abordagem analítica tradicional quanto autônoma. Utilizando a modelagem artesanal tradicional, a empresa uma vez empregou 35 estatísticos estrangeiros para gerar 150 modelos de propensão por ano. Depois contratou uma empresa baseada em San Diego chamada Modern Analytics, que era especializada na análise que é criada de forma autônoma pela chamada "Fábrica de Modelos". Utilizar o aprendizado de máquina permitiu que a empresa rapidamente aumentasse seu número de modelos de 150 para 350 no primeiro ano, para 1.500 no segundo, e agora alcançou mais ou menos 5.000 modelos. Os modelos utilizam meramente 5 trilhões de pedaços de informação para gerar mais de 11 bilhões de pontos por mês, cada um predizendo a propensão particular de cada cliente executivo comprar certos produtos ou responder a abordagens de marketing particulares. Oitenta mil diferentes táticas são recomendadas para ajudar a persuadir os clientes a comprar. Alcançar esse nível de granularidade com a abordagem tradicional da modelagem de propensão requereria milhares de analistas humanos, se é que seria possível.

Claro que ainda existe algum trabalho humano envolvido — mas não muito. A Análise Moderna utiliza menos de 2,5 colaboradores em tempo integral para criar modelos e pontuações. Noventa e cinco por cento dos modelos são produzidos sem qualquer intervenção humana, mas os analistas precisam fazer ajustes no restante. A empresa de tecnologia precisa empregar muitas pessoas para traduzir e evangelizar os modelos para as pessoas que trabalham com vendas e marketing, mas muito menos que os 35 estatísticos utilizados anteriormente.

Voltando à presunção de que sua empresa já possui algumas habilidades analíticas, se assim for, pode ser capaz de fazer esse tipo de coisa por si mesma. Os analistas internos e os cientistas de dados da Cisco Systems, por exemplo, passaram da criação de dezenas de modelos de propensão por trimestre a dezenas de milhares gerados de forma autônoma.

O mundo é um lugar grande e complexo e existe uma quantidade cada vez maior de dados disponíveis que refletem seu tamanho e complexidade. Não é possível lidarmos com tudo isso utilizando a maneira tradicional, métodos analíticos artesanais, então é a hora de passarmos para a Análise 4.0. Organizações com alguma experiência e capacidade com métodos tradicionais, no entanto, terão mais facilidade na transição para abordagens que envolvem mais autonomia.

O que Essa Revolução Significa para as Organizações

Obviamente, todas essas mudanças rápidas em como a análise é feita possuem importantes consequências para as organizações. Elas significam novas habilidades, novos comportamentos de colaboradores, novas formas de gerenciamento e novos modelos de negócio e estratégias. Os detalhes ainda estão emergindo, mas vamos tentar lhe dar uma percepção do que já é visível.

Em primeiro lugar, toda essa mudança em um período de tempo tão curto significa que as organizações que desejam participar da competição analítica devem ser muito ágeis. Elas precisam integrar novas tecnologias e novos métodos a seu repertório. Por exemplo, o Capital One, o banco do consumidor que fizemos um extensivo perfil na primeira versão deste livro, era certamente um líder na Análise 1.0. Mas manteve o ritmo com o passar do tempo e agora está fazendo uso extenso de tecnologias cognitivas para cibersegurança, risco e marketing. A empresa contratou muitos cientistas de dados e especialistas em aprendizado de máquina e inteligência artificial. E utiliza todas as ferramentas de código aberto mais recentes, do Hadoop ao Python, e uma tecnologia de aprendizado de máquina chamada H2O. Essa empresa não possui qualquer intenção de se retirar de seu objetivo em longo prazo de competição analítica, em qualquer forma que possa tomar.

As habilidades para fazer análise através das eras, infelizmente, são cumulativas. Ou seja, as habilidades necessárias para realizar a Análise 1.0 não somem quando nos movemos para a próxima era. Isso ocorre, em parte, porque as empresas ainda possuem uma necessidade de reportar e outras atividades realizadas na 1.0, e também porque as habilidades requeridas para aquela era ainda são aplicadas nas eras seguintes. Para ser mais específico, os analistas quantitativos da 1.0 precisam saber estatística, claro, mas também precisam ser capazes de integrar e limpar os dados. Eles também precisam ter um entendimento do negócio, uma habilidade efetiva de comunicação sobre os dados e a análise, e um talento para inspirar confiança entre os tomadores de decisões. Para melhor, ou pior, nenhum desses requerimentos some quando as organizações se movem para a Análise 2.0.

Mas existem novas habilidades necessárias na era 2.0. Como mencionamos acima, cientistas de dados nesse ambiente precisam de capacidades de experimentação, assim como precisam ser capazes de transformar dados não estruturados em dados adequados para análise. Isso, tipicamente, significa uma familiaridade com ferramentas de código aberto de desenvolvimento. Se os cientistas de dados vão ajudar a desenvolver produtos de dados, eles precisam saber alguma coisa sobre desenvolvimento de produto e engenharia. E, por razões que não entendemos completamente, o momento em que o big data decolou também foi o momento em que a análise visual decolou, portanto, a familiaridade com a exibição visual de dados e análise também é importante.

E todas essas habilidades 1.0 e 2.0 também são necessárias na era 3.0. E o que se soma a elas? Bem, além das novas tecnologias utilizadas para combinar big e small data, existe uma grande quantidade de mudanças organizacionais a serem realizadas. Se a análise operacional significa que os dados e a análise serão embutidos em processos-chave de negócios, haverá uma grande necessidade de mudança nas habilidades de gerenciamento. Na UPS, por exemplo, o fator mais caro e que consumiu mais tempo no projeto ORION foi a mudança no gerenciamento — ensinar e fazer com que todos os motoristas aceitassem a nova maneira de fazer suas rotas.

A Análise 4.0, claro, envolve uma dose pesada de novas habilidades técnicas — aprendizado de máquina e *deep learning*, processamento de linguagem natural e assim por diante. Existe também uma necessidade de habilidade com design para determinar quais tarefas podem ser feitas por máquinas inteligentes e quais podem ser realizadas (esperançosamente) por humanos inteligentes.

Até o momento, descrevemos as habilidades para analistas quantitativos e cientistas de dados através dos anos, mas há também muitas mudanças exigidas de gerentes e executivos. A mudança para uma cultura organizacional de dados e baseada na análise cai principalmente sobre eles. E, para muitos, não foi uma transição fácil.

Como uma ilustração para esse problema, a empresa de consultoria NewVantage Partners por muitos anos analisou outras empresas sobre seu progresso com big data. A análise mais recente, feita no final de 2016 com 50 empresas grandes e sofisticadas, teve muitas notícias boas. Por exemplo, 80,7% dos respondentes — executivos de negócios e de tecnologia — sentiram que suas iniciativas de big data haviam sido bem-sucedidas;[2] 48% disseram que suas empresas já haviam atingido "resultados mensuráveis" de seus investimentos em big data. Apenas 1,6% disse que seus esforços com big data foram um fracasso; para alguns, ainda era muito cedo para dizer.

No entanto, a transição organizacional e humana não foi tão bem-sucedida; 43% mencionaram "falta de alinhamento organizacional" como um empecilho para suas iniciativas de big data: 41% apontaram especificamente o gerenciamento intermediário como culpado; a mesma porcentagem culpou a "resistência de negócios ou a falta de entendimento"; 86% disseram que suas empresas haviam tentado criar uma cultura baseada em dados, mas apenas 37% afirmaram ter sido bem-sucedidos.

Acreditamos que o problema é o fato de a maioria das organizações não possuir uma liderança forte nesses tópicos. Não pode ser esperado que os gerentes intermediários "entrem no barco" da análise se ninguém está fornecendo o tom geral de como isso vai melhorar seus trabalhos e resultados. Qualquer tipo de mudança de cultura raramente acontece sem uma liderança comprometida, e não há líderes o suficiente que estejam comprometidos a tomar decisões e competir em um mercado de trabalho com base em dados e análise. A situação certamente melhorou ao longo dos últimos dez anos, mas não o suficiente.

Também seriam necessárias novas habilidades para criar novas estratégias e modelos de negócios. Muitas empresas atualmente sentem a ameaça das startups digitais — os Ubers e Airbnbs do mundo — e estão tentando criar novos modelos de negócios digitais. Elas também estão tentando aproveitar novas tecnologias como a Internet das Coisas e as mídias sociais. O que elas precisam perceber é que os modelos de negócios digitais também são modelos de negócios analíticos. Estratégias digitais ricas em dados e processos não possuem muito valor, a não ser que a organização aprenda através dos dados e adote novas táticas e comportamentos baseados na análise. Estes já se tornaram uma segunda natureza para as startups digitais, mas, muitas vezes, é difícil para empresas estabelecidas os dominarem.

Talvez essas mudanças em habilidades e estratégias precisem de uma mudança geracional na liderança da empresa. O físico Max Planck afirmou que "A ciência progride um funeral de cada vez". O mesmo talvez possa ser dito das orientações analíticas nas empresas.

O que Está Neste Livro

Nós não inventamos a ideia de competição analítica, mas acreditamos que este livro (e os artigos que escrevemos que o precederam) foi o primeiro a descrever esse fenômeno.[3] Neste livro, você encontrará mais sobre esse tópico do que já foi compilado: mais discussões sobre o conceito, mais exemplos de organizações que estão buscando a competição analítica, mais problemas de gerenciamento para serem abordados e aplicações mais específicas da análise.

A Parte 1 deste livro explica a definição e os atributos-chave da competição analítica, além de discutir (com alguma análise!) como ela pode levar a uma melhor performance de negócios. O final dessa parte descreve a variedade de aplicações e a competitividade analítica, primeiramente internamente e depois externamente, com clientes e fornecedores.

No Capítulo 1, tentamos explicar as linhas gerais da competição analítica e prover alguns exemplos no mundo dos negócios e dos esportes. O Capítulo 2 descreve os atributos específicos de empresas que competem em análise e explica um modelo de cinco estágios de quão analiticamente orientada é uma organização. O Capítulo 3 descreve como a análise contribui para melhores performances de negócios e inclui alguns dados e análises nesse tópico. Os Capítulos 4 e 5 descrevem algumas aplicações da análise nos negócios; elas estão agrupadas em aplicações orientadas internamente e naquelas que envolvem, principalmente, relações externas com clientes e fornecedores.

A Parte 2 é mais um guia de como fazer. Ela começa com um mapa geral para as organizações que desejam competir em suas capacidades analíticas. Capítulos inteiros são dedicados a cada um dos recursos-chave — humano e tecnológico — que são necessários para tornar essa forma de competição uma realidade. Nós concluímos discutindo algumas direções-chave para negócios analíticos no futuro.

Há muitas palavras aqui, e nós sabíamos que elas não seriam as últimas neste tópico. Desde a primeira publicação deste livro, nós estamos gratificados por ver como os negócios e o setor público abraçaram o conceito de competição analítica. Muitos acadêmicos e consultores também abraçaram o tópico. Muitos autores e uma grande quantidade de artigos ajudaram no avanço desse setor. Existem muitos livros sobre como implementar negócios inteligentes, tirar proveito de big data, como criar e modificar modelos de negócios analíticos em áreas como rede de fornecedores e marketing, visualização de dados, vantagem de máquina, e como fazer uma básica análise quantitativa e estatística. Se a análise continuar a se desenvolver e prosperar, o mundo precisará gastar muito tempo e energia focando nisso e precisará de toda a orientação que puder conseguir.

Fazemos o nosso melhor para que organizações embarquem nesse caminho para o sucesso empresarial e organizacional. No entanto, é importante lembrar que é apenas uma visão geral. Nosso objetivo não é fornecer às pessoas de negócios todo o conhecimento que elas precisarão para fazer um trabalho analítico sério, mas deixá-las animadas com as possibilidades da competição analítica e motivadas o suficiente para estudar mais sobre o assunto.

O que Mudou Neste Livro

Como muitas coisas mudaram no mundo da análise ao longo da última década, mudamos muita coisa neste livro também. Além desta introdução totalmente nova, nós mantivemos também a estrutura de capítulos da primeira edição, mas todos os capítulos foram revisados, possuem novos tópicos de conteúdo, novos exemplos, novas pesquisas e assim por diante. Os Capítulos 4 e 5, que incluem muitos exemplos de como a análise é utilizada internamente e externamente pelas organizações, tiveram seus exemplos atualizados substancialmente. O Capítulo 8, que fala sobre a arquitetura tecnológica, foi dramaticamente modificado, como qualquer leitor esperaria. O futuro não é mais o que era anteriormente, portanto, o Capítulo 9, que aborda o futuro da análise, também não é mais o mesmo. Ao longo do livro adicionamos conteúdo em tópicos, como:

- Cientistas de dados e o que eles fazem.
- Big data e as mudanças que forjou na análise.

- Hadoop e outros softwares de código aberto para gerenciar e analisar dados.
- Produtos de dados — novos produtos e serviços baseados em dados e análise.
- Aprendizado de máquina e outras tecnologias de inteligência artificial.
- A Internet das Coisas (IoT, no original) e suas implicações na análise.
- Novas arquiteturas de computação, incluindo computação da nuvem.
- Incorporando análises em sistemas operacionais.
- Análise visual.

Também adicionamos alguns conteúdos que já existem há um tempo, mas que não havíamos desenvolvido ainda quando escrevemos a primeira edição. O modelo DELTA é um acrônico facilmente lembrado (esperamos) para os fatores que uma organização precisa abordar para se tornar melhor na análise. O modelo já está em nosso livro (com Bob Morison) *Analytics at Work* ("Análise no Trabalho", em tradução livre), mas ainda achamos que é uma estrutura bacana e a adicionamos neste também — principalmente nos Capítulos 2 e 6.

Goste ou não, algumas coisas no mundo da análise não mudaram muito. Questões como desenvolvimento de uma cultura analítica, a importância do papel da liderança e a necessidade crítica de focar sua análise em um problema urgente de negócios ainda são similares ao que eram em 2007. Deixamos todas essas lições bem constantes nesta edição, além de tentarmos encontrar novos exemplos do quão importantes elas são. Essas eram as coisas mais difíceis de conseguir fazer com sucesso uma década atrás e ainda são difíceis hoje.

PARTE 1

A NATUREZA DA COMPETIÇÃO ANALÍTICA

CAPÍTULO UM

A NATUREZA DA COMPETIÇÃO ANALÍTICA

UTILIZANDO A ANÁLISE PARA DESENVOLVER COMPETÊNCIAS DISTINTIVAS

EM 1997 UM HOMEM NA FAIXA DOS 30 ANOS, CUJO CURRÍCULO INCLUÍA SER viciado em software, reformador educacional e aficionado por filmes, alugou o filme Apollo 13 na maior rede de locação de vídeos da região — a Blockbuster — e recebeu uma multa de US$40 por locações atrasadas. Esse golpe em seu bolso fez com que ele começasse a pensar: por que as locadoras de vídeo não faziam como as academias de ginástica, em que você paga uma taxa mensal única para utilizar a academia o quanto quiser? Em função dessa experiência — e munido dos US$750 milhões que ele recebeu pela venda de sua empresa de software —, Reed Hastings entrou de cabeça no mar da "nova economia" e fundou a Netflix, Inc.

Pura ingenuidade, certo? Afinal, a Blockbuster já obtinha receitas de mais de US$3 bilhões anuais de suas milhares de lojas nos Estados Unidos e em vários outros países — e ela não era a única concorrente nessa área. As pessoas realmente estariam dispostas a fazer o pedido online dos filmes, esperar que a empresa de correios (que, mesmo nos Estados Unidos, está sujeita a atrasos) os entregasse e depois voltar para os correios para devolver os filmes? Sem dúvida, a Netflix seguiria o caminho de várias empresas baseadas na internet que têm um "modelo de negócios" e um bom apelo de marketing, mas nenhum cliente.

Mesmo assim, sabemos que a história teve uma evolução diferente, e uma razão significativa para o sucesso da Netflix é o fato de que ela é uma competidora analítica. A empresa criadora de conteúdo online e distribuição — que cresceu de US$5 milhões de receita em 1999 a cerca de US$8,3 bilhões em 2016 — é exemplo notável de uma empresa que compete com base em seu talento matemático, estatístico e de gerenciamento de dados. A Netflix transmite uma ampla gama de conteúdo — incluindo filmes, séries de televisão, documentários e programação original — para mais de 93 milhões de usuários em 190 países ao redor do mundo. A cada minuto, os clientes da Netflix transmitem 69.444 horas de vídeo. Eles assistem às suas escolhas cinematográficas em seu tempo livre; não existem taxas de entrega atrasada.

Além da expertise logística necessária para a Netflix fazer disso um negócio rentável, a empresa emprega a análise de duas importantes maneiras, tanto em relação ao comportamento do consumidor quanto a seus padrões de compra. A primeira é uma ferramenta de recomendação de filmes chamada Cinematch, baseada em um software proprietário orientado por algoritmos. A Netflix contratou matemáticos com experiência em programação a fim de escreverem algoritmos e códigos para definir grupos de filmes, relacionar as classificações feitas pelos clientes em relação aos grupos, avaliar milhares de classificações por segundo e analisar o comportamento atual em seu site — tudo para garantir uma página personalizada para cada cliente que visita o site.

A Netflix também criou o prêmio de US$1 milhão para analistas quantitativos de fora da empresa que conseguissem aprimorar o algoritmo do Cinematch em pelo menos 10%. O CEO da Netflix, Reed Hastings, observa: "Se o segredo da Starbucks é um sorriso quando você recebe seu café, o nosso é que o site se adapta às preferências individuais."[1] A Netflix analisa as escolhas e o feedback dos clientes sobre os filmes assistidos — mais de um bilhão de opiniões sobre os filmes que gostaram, adoraram, odiaram e assim por diante — e recomenda filmes de uma forma que otimiza a preferência do cliente. Muitas vezes, a Netflix recomenda filmes adequados ao perfil de preferência do cliente, mas que não estão em grande demanda. Em outras palavras, seu território principal é a "cauda longa" — os limites externos da curva normal em que a maioria dos produtos e ofertas populares não residem.[2]

Agora que a Netflix está sólida no negócio de criar novos produtos de entretenimento, a empresa utilizou a análise para predizer se um programa de televisão seria um sucesso de audiência mesmo antes de ser produzido. O exemplo mais proeminente dos esforços preditivos da Netflix é *House of Cards*, o primeiro seriado original da empresa. O drama político é estrelado por Kevin Spacey e está entrando em sua quinta temporada. A Netflix gastou ao menos US$200 milhões até o momento com a produção do seriado, portanto, é uma grande decisão. A empresa não divulga números de audiência, mas o programa é amplamente considerado um sucesso. E não é por acidente. A Netflix empregou a análise para aumentar suas chances de sucesso. A empresa utilizou a análise de atributo, que é utilizada em seu sistema de recomendação de filmes, para predizer se seus clientes gostariam da série e identificou 70 mil atributos de filmes e séries, em alguns dos quais se baseou para a decisão de criá-la:

- A Netflix sabia que muitas pessoas haviam gostado de uma versão similar do programa, a versão britânica de *House of Cards.*
- Sabia que o Kevin Spacey era popular em papéis principais.
- Sabia também que filmes produzidos ou dirigidos por David Fincher (produtor de *House of Cards*) eram populares entre os clientes da Netflix.

Certamente ainda existia incerteza sobre investir na série, mas esses fatos tornaram a aposta muito melhor. A empresa também utilizou análise preditiva ao fazer o marketing da série, criando dez diferentes trailers e predizendo para cada consumidor qual seria o de mais provável apelo. E é claro que essas apostas tiveram bom resultado. A Netflix estimou um ganho de três milhões de clientes ao redor do mundo apenas em função de *House of Cards.*

E, enquanto não sabemos os detalhes da análise da Netflix sobre seus outros seriados, parece que abordagens similares estão sendo utilizadas. Praticamente todos os seriados originais produzidos pela Netflix foram renovados após suas primeiras temporadas — a média de rebatimento da empresa é muito acima de 0,900. Além disso, a Netflix produziu muitos seriados que foram nomeados ao Emmy e também ganharam uma parte justa deles.

Como a maioria dos competidores analíticos, a Netflix tem uma forte cultura de análise e uma abordagem de "teste e aprendizado" para seus negócios. O diretor de produtos da empresa, Neil Hunt, observa:

> Desde a equipe de gestão de produtos até a de engenharia, contratamos pessoal selecionado para desenvolver uma cultura de testes quantitativos. Normalmente, temos várias centenas de variações de pesquisas experimentais com consumidores em andamento. Por exemplo, neste exato momento, estamos testando a "Netflix Screening Room", que permite que os clientes vejam trailers dos filmes que ainda não viram. Desenvolvemos quatro versões diferentes para o teste. Colocamos vinte mil assinantes em cada uma das células de teste e temos um grupo de controle que desconhece a sala de projeção. Depois, mensuramos quanto tempo eles passam vendo os trailers, qual é a taxa de resposta à pesquisa, quantos filmes eles acrescentam à relação de itens, como isso afeta as avaliações dos filmes que eles chegam a solicitar e vários outros fatores. Os dados iniciais são bastante promissores.[3]

O CEO da Netflix, Reed Hastings, é mestre em Ciências da Computação pela Stanford e foi professor de matemática no *Peace Corps*. A empresa integrou a ciência em um setor particularmente artístico. Como descrito por um artigo da Business Week: "A Netflix utiliza dados para tomar decisões que os grandes líderes tomam com base no instinto. O usuário médio avalia mais de duzentos filmes e a Netflix tritura e processa o histórico de locações e avaliações de filmes dos consumidores para prever do que eles gostarão... 'É o Moneyball — O Homem que Mudou o Jogo dos filmes [referindo-se à utilização da estatística pelo Oakland Athletics no beisebol profissional], com viciados em computadores, como Reed, encarando os filmes como mais um problema matemático envolvendo dados', diz um membro do Conselho da Netflix, Richard N. Barton."[4]

Em seus testes, a Netflix emprega uma ampla variedade de abordagens quantitativas e qualitativas, incluindo levantamentos de dados primários, testes de utilização do site, testes de desenvolvimento, testes de propaganda, *data mining*, estudos de conscientização da marca, satisfação do assinante, análises de canal, otimização do mix de marketing, pesquisas de segmentação e eficácia do material de marketing. Os testes estão impregnados na cultura e se estendem do marketing às operações e ao atendimento ao cliente.

A Netflix pode parecer singular, mas em muitos aspectos ela é como várias empresas e organizações — um número pequeno, mas em rápido crescimento — que reconheceram o potencial da análise nos negócios e se movimentaram agressivamente para concretizá-lo. Elas podem ser encontradas em vários setores (veja a Figura 1-1). Algumas não são tão reconhecidas como competidores analíticos. Outras, como a Netflix, a Caesars Entertainment na indústria de jogos, ou a Oakland A's no beisebol, já foram celebradas em livros e artigos. Algumas, como a Amazon e o Google, são potências digitais que aproveitaram o poder da internet para seus motores analíticos. Outras, como a AB InBev e a Procter & Gamble, têm produzido bens de consumo já conhecidos pelo público por um século ou mais. Essas empresas têm apenas dois aspectos em comum: elas competem com base em suas competências analíticas e são altamente bem-sucedidas em seus setores. Acreditamos que esses dois atributos não estão desvinculados.

FIGURA 1-1

Competidores analíticos são encontrados em vários setores industriais

Serviços Financeiros
- American Express
- Barclays Bank
- Capital One
- Renaissance Technologies
- Royal Bank of Canada
- Consumer Products
- Visa

Produtos de Consumo
- Anheuser-Busch InBev
- E. & J. Gallo Winery
- Nike
- Procter & Gamble
- Tesla

Hospitalidade e Entretenimento
- Caesars Entertainment
- Chicago Cubs
- Disney
- Marriott International
- Netflix

Produtos Industriais
- CEMEX
- GE

Produtos Farmacêuticos
- AstraZeneca
- Merck
- Vertex

Varejo
- Amazon
- Tesco
- Walmart

Seguro
- Aetna
- Anthem
- Progressive Insurance
- United Healthcare

Transporte
- Schneider National
- Uber
- UPS

Comércio Eletrônico
- Facebook
- Google
- LinkedIn
- Zillow

DEFINIÇÕES DE ANÁLISES

Competidor Analítico: Uma organização que utiliza a análise sistematicamente e amplamente para ultrapassar e superar a concorrência.

Análise: O uso amplo de dados, análise quantitativa a estatística, modelos preditivos e explicativos, e gerenciamento baseado em fatos para conduzir decisões e ações:

- **Análise Descritiva** (também conhecida como business intelligence [BI] ou *relatório de desempenho*) fornece acesso a dados históricos e atuais. Fornece também a habilidade de alertar, explorar e reportar utilizando tanto dados internos quanto externos provenientes de uma variedade de fontes.
- **Análise Preditiva** utiliza técnicas quantitativas (por exemplo, propensão, segmentação, análise de redes e previsão econométrica) e tecnologias (como modelos e sistemas baseados em regras) que utilizam dados antigos para predizer o futuro.
- **Análise Prescritiva** utiliza uma variedade de técnicas quantitativas (como a otimização) e tecnologias (por exemplo, modelos, aprendizado de máquina e ferramentas de recomendação) para especificar comportamentos e ações ideais.
- **Análise Autônoma** emprega inteligência artificial ou tecnologias cognitivas (como o aprendizado de máquina) para criar e melhorar modelos e aprender com os dados — tudo sem hipóteses humanas e com uma substancial diminuição do envolvimento de analistas humanos.

O que É Análise?

A análise é a utilização extensiva de dados, análises quantitativas e estatísticas, modelos explicativos e preditivos e gestão baseada em fatos para orientar decisões e ações (veja o quadro Definições de Análises). A análise pode ser utilizada para as decisões humanas ou pode orientar decisões totalmente automatizadas.

Como mostra a Figura 1-2, a análise pode ser descritiva, preditiva, prescritiva e autônoma. Cada uma dessas abordagens trata uma série de questões sobre as atividades de negócio de uma organização. As questões a que a análise pode responder representam uma extremidade desse espectro de mais alto valor e mais proativo.

FIGURA 1-2

A vantagem competitiva em potencial aumenta com análises mais sofisticadas

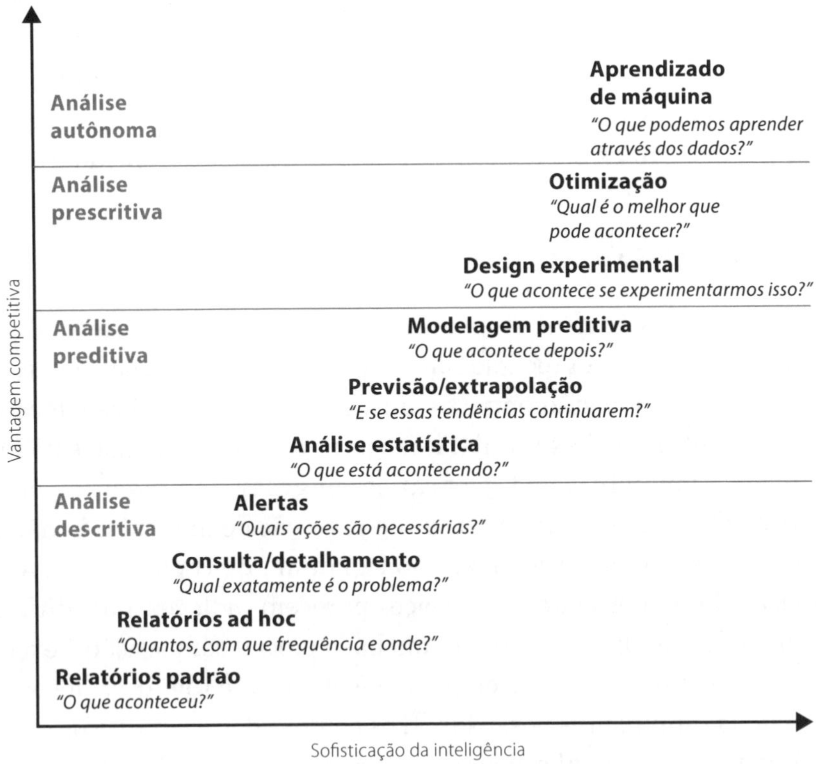

A princípio, a análise pode ser realizada utilizando papel, lápis e talvez uma régua de calcular, mas qualquer pessoa mentalmente sã que utilize a análise hoje em dia utilizaria a tecnologia da informação. Os aplicativos analíticos variam de ferramentas estatísticas e de otimização relativamente simples, na forma de planilhas eletrônicas (o principal exemplo seria o Excel, claro), pacotes de softwares de estatística tradicionais (como o Minitab ou o Stata), visualização complexa de dados e sistemas analíticos descritivos (Qlik, Tableau, MicroStrategy, Oracle Hyperion, IBM Cognos), software abrangente de análise descritiva, preditiva e prescritiva (SAS, IBM), aplicações preditivas de indústria, (FICO) e módulos analíticos e de relatórios de grandes sistemas empresariais (SAP BusinessObjects e Oracle). Capacidades de programação estatística de código aberto (como R, Python) estão rapidamente evoluindo para abordar as análises estatísticas tradicionais e as grandes quantidades de dados desestruturados. E, como descreveremos mais adiante neste livro, bons recursos analíticos também requerem bons recursos de gestão de informações para integrar, extrair, manipular e acessar dados transacionais de negócios. Algumas pessoas, portanto, simplesmente igualariam a análise à tecnologia analítica da informação. Mas isso seria um grande erro — como argumentaremos ao longo deste livro. Os aspectos humanos e organizacionais da competição analítica é que são os elementos verdadeiramente diferenciadores.

Por que Participar da Competição Analítica?

Em uma época na qual as empresas em vários setores oferecem produtos similares e utilizam tecnologia comparável, os processos de negócios de alto desempenho estão entre os últimos pontos de diferenciação que restaram. Muitas das bases anteriores para a competição não estão mais disponíveis. Uma vantagem geográfica singular não mais importa na competição global e regulamentações de proteção de mercados já não existem mais. Tecnologias exclusivas são rapidamente copiadas e inovações revolucionárias em produtos ou serviços parecem cada vez mais difíceis de concretizar. O que lhe resta como uma base para a competição é executar seu negócio com o máximo de eficiência e eficácia, e tomar as decisões de negócio mais inteligentes possíveis. E os competidores analíticos extraem o máximo possível de valor dos processos de negócio e decisões-chave. A análise está cada vez mais incorporada a seus produtos e serviços.

A análise pode apoiar quase qualquer processo de negócios. Mesmo assim, organizações que queiram ser competitivas devem ter algum atributo no qual são melhores do que qualquer outra em seu setor — uma competência distintiva.[5] Isso normalmente envolve algum tipo de processo de negócios ou algum tipo de decisão, ou talvez uma oferta de produto distinto. Você pode tentar ganhar dinheiro identificando melhor os clientes lucrativos e fiéis do que seu concorrente e cobrando deles o preço ótimo para seu produto ou serviço. Se for assim, a análise é provavelmente a resposta para ser o melhor nesse sentido. Você pode vender commodities e precisar ter o menor nível possível de estoque e, ao mesmo tempo, garantir que seu cliente sempre encontre seu produto nas prateleiras. Se for esse o caso, a análise muitas vezes é a chave para a otimização da cadeia de suprimentos. Talvez você tenha diferenciado seus produtos e serviços através da incorporação de dados únicos e algoritmos proprietários. Talvez você compita em um negócio intensivo de pessoas e esteja buscando contratar, manter e promover as melhores pessoas na indústria. Aqui a análise também pode ser a chave.

Por outro lado, seus processos operacionais de negócios podem não ser muito diferentes dos de seus concorrentes, mas você sente que pode competir tomando as melhores decisões. Você pode escolher as melhores localizações para suas lojas — se for o caso, provavelmente o fará de forma analítica. Você pode querer crescer por meio de fusões e aquisições, e selecionar só os melhores candidatos para essas combinações. A maioria acaba não obtendo bons resultados, de acordo com pesquisas bastante divulgadas, mas a sua terá. Se for o caso, você provavelmente não tomará essas decisões com base apenas na intuição. Boas decisões costumam envolver dados sistematicamente reunidos e uma boa análise desses dados.

Os competidores analíticos, portanto, são organizações que selecionaram uma ou mais competências distintas nas quais basearam suas estratégias e aplicaram dados abrangentes, análises quantitativas e estatísticas e tomada de decisões calcadas em fatos, a fim de dar suporte às competências selecionadas. A análise em si não constitui uma estratégia, mas sua utilização para otimizar uma competência distintiva nos negócios, sem dúvida, constitui uma estratégia. Independentemente das competências enfatizadas em uma estratégia, a análise pode alavancá-las. A Capital One, por exemplo, chama sua abordagem da competição analítica de "estratégia baseada em informações". As capacidades distintas da Caesars são o serviço e a lealdade dos consumidores, que certamente foram otimizados com sua estratégia analítica. A GE está diferenciando seus processos de serviços industriais através da utilização de dados sensoriais para identificar problemas e gerenciamento de necessidades antes de causar um tempo de inatividade não programado.

Qualquer organização, em qualquer setor, pode participar com sucesso da competição analítica? Trata-se de uma pergunta interessante e muito discutida por nós. Por um lado, praticamente qualquer negócio, aparentemente, teria o potencial para a competição analítica. O negócio de cimento, por exemplo, poderia parecer o setor mais prosaico e não analítico possível. Mas a gigante global do cimento, CEMEX, aplicou com sucesso a análise à sua competência distintiva em cadeias de suprimentos e tempos de entrega otimizados. Antigamente, acreditávamos que a indústria da moda nunca poderia ser análise, no entanto, encontramos exemplos numerosos de predições analíticas sobre quais estilos de vestimenta e cores poderiam vender melhor dependendo da estação do ano.

Por outro lado, alguns setores são claramente mais receptivos à análise do que outros. Se seu negócio gera muitos dados transacionais — como no caso de serviços financeiros, viagens e transportes ou jogos —, a competição analítica representa uma estratégia natural (apesar de muitas empresas ainda não a utilizarem). De maneira similar, se você pode aproveitar a riqueza de dados disponíveis na internet ou nas mídias sociais para conseguir um insight único em relação a seus consumidores e mercados, a competição analítica é um ótimo jeito de se diferenciar. Se o seu modelo de negócios for baseado em fatores de difícil mensuração — como estilo, no negócio de moda, ou relacionamentos humanos, no setor de busca executiva —, será necessário um trabalho mais inovador para a competição analítica. Mesmo assim, praticamente todos os dias encontramos exemplos de negócios que antes eram intuitivos e agora estão se tornando analíticos — apesar de que, como sugerimos, até certo ponto está sendo feito. O negócio de vinhos, por exemplo, já foi no passado (e em alguns lugares ainda é) altamente intuitivo e desenvolvido com base em preferências imprevisíveis dos consumidores. Entretanto, atualmente é possível analisar quantitativamente e prever o apelo de qualquer vinho, e grandes vinicultores, como a E. & J. Gallo, estão usando a análise para competir analiticamente em áreas tão diversas quanto vendas, agricultura e compreensão das preferências dos consumidores.[6]

Como Chegamos Aqui? As Origens da Competição Analítica

As estrelas estão claramente alinhadas para que as organizações adotem a competição analítica. Ao mesmo tempo em que os executivos têm buscado novas fontes de vantagem e diferenciação, eles também possuem mais dados sobre os seus negócios do que jamais tiveram. Os sistemas de planejamento de recursos empresariais (ERP), os sistemas de pontos de venda (POS) e os sites, entre outros recursos, têm gerado dados transacionais com volume e qualidade cada vez maiores em relação a qualquer outro período da história da humanidade. Uma nova geração de executivos tecnicamente instruídos — a primeira a ser criada com computadores — está invadindo as organizações e buscando novas alternativas para geri-las com a ajuda da tecnologia. Para completar, a capacidade de organizar os dados por meio dos computadores e seus aplicativos finalmente atingiu a maturidade. Os desenvolvedores de software analítico expandiram drasticamente a funcionalidade de seus produtos ao longo dos últimos anos, e os fornecedores de hardware têm otimizado suas tecnologias para a análise mais rápida e a administração de amplos bancos de dados.

A utilização da análise começou como uma atividade pequena e periférica desempenhada em algumas funções de negócios que requerem a utilização intensiva de dados. Já no final da década de 1960, profissionais e pesquisadores começaram a conduzir experimentos com a utilização de sistemas de computação a fim de analisar dados e apoiar o processo decisório. Chamados de sistemas de apoio à decisão (DSS, no original), esses aplicativos eram utilizados para atividades analíticas, repetitivas e, em alguns aspectos, pouco abrangentes, como planejamento de produção, gerenciamento de carteiras de investimentos e definição de rotas de transporte. Dois pioneiros em DSS, Peter Keen e Charles Stabell, argumentam que o conceito de apoio à decisão surgiu de estudos de processos decisórios organizacionais conduzidos na Carnegie Tech (atual Carnegie Mellon) por pesquisadores como Herbert Simon no final da década de 1950 e início de 1960, e o trabalho técnico em sistemas interativos de computação era principalmente conduzido no MIT na década de 1960.[7] Outros argumentariam que as origens foram mais estreitamente relacionadas a aplicações militares durante e depois da Segunda Guerra Mundial, apesar de os computadores como os conhecemos hoje ainda não estarem disponíveis para essas aplicações.

A análise estatística em computadores se tornou uma atividade muito mais comum na década de 1970, a medida que empresas como a SAS Institute e a SPSS (agora, parte da IBM) introduziram pacotes de aplicativos de computação que disponibilizavam a estatística a muitos pesquisadores e executivos. Contudo, apesar da maior disponibilidade das estatísticas, o DSS não prosperou no período e evoluiu para sistemas de apoio ao executivo.[8] Esses aplicativos envolviam o uso direto de computadores e dados por executivos seniores a fim de monitorar e emitir relatórios de desempenho (com menos ênfase na tomada de decisões). Essa atividade também não foi amplamente adotada, em parte por causa da relutância dos executivos de se envolverem na utilização ativa.

A tecnologia analítica se tornou muito utilizada para armazenamento de pequenas quantidades de dados e para conduzir consultas ad hoc em apoio a decisões de performance e monitoramento. O foco do gerenciamento de dados se tornou importante, porque grandes quantidades de dados estavam se tornando disponíveis a partir de transações de sistemas como ERP e POS e, mais tarde, a partir de dados da internet. Versões desse foco orientado para dados eram chamadas de OLAP (online analytical processing, ["processamento analítico online", em tradução livre]) e, mais tarde, de business intelligence. As atividades de gerenciamento de dados eram conhecidas como *data warehousing*. E data warehouses menores eram chamados de *data marts*.

Enquanto isso, o big data possui suas raízes em um campo originalmente conhecido como "descobrimento de conhecimento e *data mining*" em 1989.[9] Antes desse momento, a prática de exploração de dados sem uma hipótese orientadora era considerada muito sem foco para ser valiosa para os negócios. Tecnicamente falando, o termo *big data* se refere aos dados que são muito grandes, voláteis e não estruturados para serem manipulados e analisados utilizando tecnologias tradicionais. Como descrevemos na Introdução, cerca de uma década atrás, empresas do Vale do Silício como Google e LinkedIn desenvolveram novas formas de processar e compreender todos os dados que captavam. Quando eles disponibilizaram essas ferramentas publicamente, o big data e o aprendizado de máquina começaram a se infiltrar em empreendimentos analíticos e em outras indústrias também.

Atualmente, existe uma variedade de nomes pelos quais nos referimos à área como um todo, como análise de big data ou business intelligence e análise avançada, o que geralmente abrange a coleta, gerenciamento e relatórios de dados orientados para decisões, bem como técnicas analíticas e abordagens de computação conduzidas sobre os dados. Em geral, business intelligence e plataformas analíticas são uma área ampla e popular na indústria de tecnologia de informação (TI) — com efeito, um levantamento da Gartner de 2016, com cerca de três mil CIOs (Chief Information Officers) de 84 países, descobriu que business intelligence é a prioridade tecnológica número um para organizações de TI pelo quinto ano consecutivo.[10] Dois estudos realizados junto a grandes organizações que utilizam sistemas de ERP, conduzidos por nós em 2002 e 2006, revelaram que um processo decisório melhor era o principal benefício almejado e que (em 2006) a análise era a tecnologia mais procurada para aproveitar os dados do ERP.

Apesar das diferenças terminológicas, esses movimentos — que duraram, cada um, cerca de uma década — tinham vários atributos em comum. Eles eram amplamente focados em tecnologia, abordando como os computadores poderiam ser utilizados para armazenar, analisar e exibir dados e resultados das análises. Eles se concentravam em problemas relativamente pontuais — exceto os sistemas de monitoramento de desempenho e executivos, que somente mostravam a condição dos negócios. Eles também eram relegados às "funções de apoio" das organizações — utilizados pelos técnicos e especialistas, com pouca visibilidade dos executivos seniores. Com apenas algumas exceções, raramente influenciavam a natureza da competição.

Hoje em dia, a maioria das grandes organizações possui algum tipo de aplicativo analítico em uso e algumas ferramentas de análise instaladas. Mas esses recursos costumam ficar à margem do sucesso do negócio e são gerenciados no nível departamental. Uma seguradora, por exemplo, pode ter algumas ferramentas e abordagens analíticas no departamento de atuários, no qual se determina a precificação para as apólices. Uma empresa manufatureira pode utilizar essas ferramentas para a gestão de qualidade. O marketing pode ter alguns recursos para análises do valor do cliente ao longo do tempo. Por mais valiosas que essas atividades possam ser, elas são invisíveis aos executivos seniores, aos clientes e aos acionistas — e não se pode dizer que orientam a estratégia competitiva da empresa. Elas são importantes para funções individuais, mas insignificantes para a competitividade geral.

Neste livro, nosso foco são as empresas que elevaram o gerenciamento de dados, a análise quantitativa e estatística e o processo decisório baseado em fatos ao nível da arte. Essas organizações possuem atividades analíticas que raramente são invisíveis; elas são anunciadas a todos os stakeholders e as partes interessadas pelos CEOs. Em vez de se restringir às funções de apoio, a análise nessas empresas é encontrada nas salas de reunião, nos relatórios anuais e nos relatórios de imprensa. Essas organizações captaram um recurso amplamente disponível para todos e o refinaram a um nível no qual suas estratégias são construídas em torno dele.

Quando as Decisões Analíticas São Adequadas?

Há evidências consideráveis de que as decisões baseadas na análise têm mais chances de estarem corretas do que as baseadas na intuição.[11] É melhor saber — pelo menos dentro dos limites dos dados e da análise — no que acreditar, achar ou sentir, e a maioria das empresas pode se beneficiar de um processo decisório mais analítico. Sem dúvida, em algumas circunstâncias, as decisões não podem ou não devem ser baseadas na análise. Algumas dessas circunstâncias são descritas no famoso livro Blink — A Decisão Num Piscar de Olhos, de Malcolm Gladwell, que representa um cântico de louvor ao processo decisório intuitivo.[12] Não deixa de ser irônico o fato de um livro que louva a intuição surgir e tornar-se tão popular exatamente em um momento no qual muitas organizações estão contando tão pesadamente com a análise, mas talvez isso se explique em parte por seu apelo romântico. O livro é divertido e persuasivo, mas não esclarece que a intuição só é adequada em certas circunstâncias.

É claro também que os tomadores de decisões precisam utilizar a intuição quando não possuem dados e devem tomar decisões muito rápidas — como no exemplo dos policiais de Gladwell decidindo atirar ou não em um suspeito. Gary Klein, consultor de processos decisórios, apresenta argumentos similares no caso de bombeiros que tomam decisões em relação a prédios em chamas.[13] Mesmo empresas que, geralmente, são bastante analíticas, algumas vezes, devem recorrer à intuição quando não possuem dados. Por exemplo, Jeff Bezos, CEO da Amazon, prefere conduzir testes limitados de novas características da Amazon, rigorosamente quantificando a reação dos usuários antes de implementá-las. Mas, o recurso de folhear virtualmente o livro — "search inside the book" — oferecido pela empresa, não poderia ser testado sem envolver uma quantidade expressiva de livros (a Amazon começou com 120 mil). O desenvolvimento também era dispendioso, o que aumentava o risco. Nesse caso, Bezos confiou em seus instintos e apostou na ideia. E o recurso se provou popular quando lançado.[14]

Sem dúvida, qualquer análise quantitativa conta com uma série de pressupostos. Quando as condições por trás das premissas não mais se aplicam, a análise não deve mais ser empregada. A Capital One e outras empresas de cartões de crédito, por exemplo, conduzem previsões analíticas em relação à disposição dos clientes de saldarem suas dívidas sob condições de prosperidade econômica geral. Se a economia sofrer uma queda acentuada, as previsões não se aplicariam mais e seria perigoso continuar a utilizá-las. Esse não é apenas um exemplo hipotético; muitos bancos que fazem empréstimos de hipoteca descobriram que suas previsões sobre o pagamento da dívida não eram mais válidas na crise financeira de 2008–2009, e aqueles que não mudaram seus modelos rapidamente deixaram de existir.

A mensagem central é que a fronteira das decisões que podem ser tratadas analiticamente está sempre se movimentando para a frente. As áreas de tomada de decisões, que no passado se satisfizeram com a intuição, acumularam dados e rigor analítico ao longo do tempo, e a intuição se torna menos qualificada. Hoje em dia, por exemplo, alguns executivos ainda consideram viável tomar grandes decisões intuitivas em relação a fusões e aquisições. Contudo, as melhores empresas já estão utilizando a análise detalhada para explorar decisões como essas. A Procter & Gamble, por exemplo, utilizou várias técnicas analíticas antes de adquirir a Gillette, incluindo técnicas aplicadas à logística e cadeias de suprimentos, aos impulsionadores de valor no mercado de ações e aos recursos humanos. Em alguns anos, as empresas que não empregarem extensivamente a análise ao fazer uma grande aquisição serão consideradas irresponsáveis. A IBM já está utilizando algoritmos para avaliar candidatos para fusão e aquisição. Sua nova ferramenta, chamada M&A Pro, tanto agiliza negócios como elimina o que a companhia vê como a maior fonte de problemas no trabalho da M&A: erro humano.[15]

De fato, as tendências apontam um futuro mais analítico para praticamente qualquer empresa. O volume de dados disponíveis só continuará a aumentar. Dispositivos de identificação por radiofrequência (RFID) serão instalados em praticamente todos os paletes e caixas que passam pela cadeia de suprimentos, gerando grandes quantidades de dados para as empresas coletarem e analisarem. Toda máquina industrial e cada veículo produzirão uma vasta quantidade de dados sensoriais. Todo celular possui uma grande quantidade de dados sobre seu usuário e o comportamento dele. No varejo, os carrinhos de supermercado serão inteligentes o suficiente para coletar dados de "pickstreams", isso é, quais produtos são retirados das prateleiras e em qual ordem. (A Amazon já abriu um supermercado no qual sensores sabem o que está em seu carrinho e automaticamente debitam esse valor de sua conta na saída.)[16] No setor petrolífero e de mineração, a quantidade de dados — já enorme — crescerá geometricamente. Em propaganda, mais negócios já estão passando para mídias, como a internet e a televisão a cabo, que têm a possibilidade de monitorar quais peças publicitárias são vistas e por quem — mais uma vez, criando um enorme volume de novos dados. E a decisão sobre qual anúncio colocar em qual site é feita por algoritmos automatizados.

Aplicativos analíticos ficarão mais amplamente disponíveis e estarão ao alcance de qualquer organização. Empresas de software estatisticamente orientadas como a SAS e a IBM disponibilizaram análises cada vez mais sofisticadas para empresas e usuários comuns nos últimos 40 anos e continuarão a trabalhar nesse sentido. Fornecedores de business intelligence como a SAP, o Oracle e o Salesforce.com estão incorporando análises preditivas, descritivas e prescritivas em seus produtos, permitindo que gerentes analisem seus dados de sistema em tempo real e monitorem a performance do negócio. Novos aplicativos voltados a diferentes áreas de negócios serão disponibilizados por desenvolvedores como a Corporação FICO e o MMIS, inc. Ferramentas analíticas de código aberto (como o R e o RapidMiner) e computação de frameworks (como o Apache Hadoop e o Spark), originadas no Vale do Silício, estão rapidamente se desenvolvendo e se proliferando através do mundo corporativo. E a Microsoft está incorporando cada vez mais recursos analíticos em seus aplicativos básicos. No futuro, a disponibilidade de software não será um problema na competição analítica, apesar de a capacidade de utilizar bem um software analítico nunca deixar de ser uma commodity.

É possível presumir com segurança que o hardware também não será um problema. Atualmente, laptops e tablets que podem executar extensas análises quantitativas em grandes conjuntos de dados já estão disponíveis. Computadores especializados e de plataforma na nuvem de fornecedores como Amazon, Microsoft, Teradata, Oracle e IBM podem facilmente gerenciar petabytes ou até mesmo exabytes de dados. A nuvem oferece uma capacidade de processamento infinitamente expansível para armazenamento e análise de dados. Sem dúvida, até mesmo o smartphone do futuro próximo será capaz de fazer análises sérias. O maior problema será como as organizações controlam seus dados e análises, e como garantir que os usuários individuais tomem decisões em análises e presunções corretas.

Manter-se um competidor analítico, entretanto, significa estar sempre encabeçando a competição. A competição analítica será uma espécie de corrida armamentista, demandando um desenvolvimento contínuo de novas medidas, novos algoritmos e novas abordagens de tomada de decisões. As empresas que adotarem sistematicamente essa linha eliminarão palpites e hipóteses de seus processos e modelos de negócios. Os competidores analíticos terão de conduzir experimentos em vários aspectos de seus negócios e aprender com cada um deles. Para que as decisões quantitativas sejam implementadas de maneira eficaz, a análise demandará ampla competência dos colaboradores, deixando os guetos dos poucos "cientistas malucos" com expertise quantitativa.

Desenvolvemos um roteiro que descreve os principais passos necessários para se tornar um competidor analítico eficaz. Esse processo envolve alguns pré-requisitos essenciais, como ter, pelo menos, volume e qualidade moderados de dados na área de negócios a ser apoiada pela análise e ter os tipos certos de hardware e software em mãos. Contudo, as variáveis mais importantes são as humanas. Um dos pré-requisitos é que algum gestor deve estar suficientemente comprometido com a análise a fim de desenvolver a ideia. Mas, depois disso, o patrocínio é o fator crucial para desenvolver a velocidade e a eficiência com as quais uma organização progride pelo caminho analítico. Empresas como a Netflix, a Caesars, a Capital One e a UPS têm patrocínio no nível do CEO e até mesmo paixão pela competição analítica, o que permite que elas percorram esse caminho "a todo vapor".

Outras organizações, que não têm patrocínio executivo empolgado, precisam antes passar por um caminho de demonstração do valor da competição analítica. Esse caminho é mais lento, e mesmo aquelas empresas que escolhem seguir a linha da comprovação têm de, mais cedo ou mais tarde, obter um forte comprometimento executivo se quiserem se tornar verdadeiras competidoras analíticas. Discutiremos esse roteiro — e os passos de cada um dos dois caminhos — em mais detalhes na segunda parte deste livro (em particular, no Capítulo 6). Por enquanto, simplesmente queremos salientar que, apesar de a análise parecer fria e baseada em computadores, os fatores mais importantes que levam ao sucesso envolvem pessoas apaixonadas.

Análise nos Esportes Profissionais e Sua Implicação nos Negócios

Talvez seja possível compreender melhor o progresso da competição analítica em um setor ao nos concentrarmos nos esportes profissionais. Apesar das diferenças entre as modalidades esportivas, todas elas têm em comum grandes quantidades de dados e recursos humanos talentosos, mas dispendiosos (os atletas). Os esportes também diferem dos negócios, mas as duas áreas de atividade têm em comum a necessidade de otimizar recursos críticos e, é claro, a necessidade de vencer.

Talvez o esporte profissional mais analítico seja o beisebol, que por muito tempo tem sido sujeito a análises quantitativas e estatísticas. A utilização da estatística e de novos critérios de mensuração no beisebol ganhou considerável visibilidade com a publicação do livro *Moneyball — O Homem que Mudou o Jogo*, de Michael Lewis.[17] O livro (e o filme de 2011 estrelando Brad Pitt) descreve a orientação analítica do Oakland A's, um time profissional que tinha o recorde de chegar repetidamente às finais de campeonato apesar dos baixos salários pagos aos jogadores (incluindo as finais de 2014 — apesar de mesmo o melhor competidor analítico não ganhar o tempo todo, como ocorreu em 2016). Lewis descreve como o gerente-geral do Oakland, Billy Beane, adotou a análise para selecionar os jogadores quando percebeu que ele próprio reunia todos os atributos tradicionais de um grande jogador, de acordo com os olheiros das grandes ligas. Mesmo assim, Beane nunca foi um grande jogador, de modo que começou a se concentrar mais no desempenho real dos jogadores, revelado em estatísticas, do que no potencial de ser um grande jogador. Beane e o A's também começaram a utilizar indicadores relativamente novos de desempenho dos jogadores, evitando os tradicionais critérios de mensuração de "pontos rebatidos" e concentrando-se na "porcentagem na base" e na "porcentagem de batidas fortes". Como os competidores analíticos nos negócios, eles inventaram novos indicadores que estimavam e desenvolviam seu desempenho.

Beane, contudo, não foi o primeiro gerente-geral da Oakland a adotar a orientação estatística.[18] No início dos anos 80, Sandy Alderson, na época gerente-geral (e atualmente CEO do San Diego Padres, outro time que chegou às finais de 2006), adotou uma abordagem mais estatística por duas razões. Em primeiro lugar, o Oakland tivera um mau desempenho por vários anos antes dessa decisão e estava prestes a sair do negócio.

Em segundo lugar, Alderson ganhou um pacote de análise e banco de dados estatísticos para PC (na verdade, para Apple II). As estatísticas de beisebol são amplamente disponibilizadas por empresas como STATS, LLC e Elias Sports Bureau, apesar de já estarem disponíveis aos times muito antes de eles começarem a utilizá-las em sua vantagem. Os negócios geralmente adotam a competição analítica quando possuem os seguintes elementos: uma combinação de uma necessidade urgente do negócio, a disponibilidade dos dados e da tecnologia da informação que possa processar todos os números.

A abordagem analítica para o beisebol foi ampliada consideravelmente nos últimos anos. Um time que adotou a abordagem "moneyball" foi o Boston Red Sox — que possui tanto os recursos analíticos quanto o dinheiro para investir em jogadores caros. O Red Sox também tinha necessidade de negócios, tendo deixado de ganhar a World Series por 86 anos na temporada de 2004. O time também exemplificava outra razão pela qual as organizações adotam a análise para as suas estratégias: uma nova liderança. Em 2002, os dois principais novos proprietários do time eram John Henry, um gerente quantitativo de fundo hedge, e Tom Werner, um produtor de televisão que fora proprietário do San Diego Padres. O apelo da análise para Henry era óbvio, mas Werner também havia percebido com os padres que o beisebol tradicionalmente não sabia tanto quanto esperava sobre o que levava os times às finais de campeonatos. O alto nível de patrocínio executivo no Sox permitiu que o time adotasse uma abordagem "a pleno vapor" (discutida no Capítulo 6) para a competição analítica.

Os proprietários sabiam que precisavam de um time de gerenciamento que compartilhasse de sua visão de utilizar dados analíticos para ter uma performance melhor do que a competição. Werner trouxe o profissional formado em Yale, Theo Epstein, do time Padres e fez com que ele se tornasse o mais novo gerente-geral na história do beisebol. Outro membro do time de Epstein foi seu assistente de gerenciamento geral, Jed Hoyer. Epstein e Hoyer compartilhavam uma profunda paixão pelo beisebol e uma sede por vitória. Mas, o que tornou essas duas contratações tão cruciais, foi o fato de eles também compartilharem um profundo comprometimento em ignorar as crenças convencionais sobre o beisebol e focar os detalhados dados analíticos para tomar decisões. Em seguida, como outras organizações comprometidas com as estratégias analíticas, o Red

Sox rapidamente contratou como consultor o melhor talento analítico: Bill James, que era amplamente reconhecido como a maior personalidade do mundo em estatística de beisebol, cunhando, para isso, o termo *sabermetrics*, ou estatísticas de beisebol (o próprio James inventou o termo). O fato de nenhuma outra equipe parecer adequada para contratar um gênio analítico subutilizado como ele sugeria que a competição analítica no beisebol ainda não era comum. A abordagem analítica — junto com alguns novos e dispendiosos talentos — se pagou rapidamente para o Sox e eles chegaram à final do American League Championship Series (ALCS) junto com seu eterno rival, o New York Yankees, em 2003.

Ainda assim, um dos jogos naquele campeonato ilustra uma grande dificuldade da competição analítica: ela tem de ser estendida a todos em uma organização, para que as decisões analíticas sejam implementadas. No quinto e decisivo jogo da série, o ás do Red Sox, Pedro Martinez, estava arremessando. Os analistas do Sox haviam demonstrado de forma conclusiva que Martinez se tornava muito mais fácil para os rebatedores oponentes depois de cerca de sete innings (tempos de ataque) ou 105 arremessos (naquele ano, a média de rebatidas do time adversário para a série de arremessos de Martinez entre 91 e 105 foi de 0,231; para os arremessos 106 a 120, a média foi de 0,370). Eles haviam alertado o gerente, Grady Little, de que de forma alguma Martinez deveria ser deixado no jogo depois desse ponto. Entretanto, Martinez, como previsto, começou a hesitar no final do sétimo inning, e Little deixou que ele continuasse arremessando até o oitavo (apesar dos conselhos do treinador de arremessos do jogador) e os Yankees arrasaram com Martinez. Os Yankees venceram o ALCS e Little perdeu o emprego. Trata-se de uma poderosa ilustração sobre o que pode acontecer se os gerentes da linha de frente e os colaboradores não embarcarem no programa analítico. Felizmente, para os já tão sofridos fãs do Red Sox (incluindo um dos autores deste livro), a combinação de números e dinheiro se provou insuperável na temporada de 2004, e o Sox quebrou a maldição de 86 anos sem vencer a World Series. O time venceu novamente em 2007 e mais uma vez em 2013. Um dos autores deste livro espera que vençam novamente em breve.

Ainda assim, alguns especialistas de beisebol argumentaram que a utilização de dados analíticos pelo Red Sox para construir um time melhor e ganhar jogos não era uma estratégia confiável. Mas os dados não apoiam essa crença. O site de dados jornalísticos de Nate Silver, o fivethirtyeight.com, descobriu que existia uma vantagem considerável para times que abraçaram a análise primeiro. Ele reportou que "Times com pelo menos um analista em 2009 superaram sua porcentagem esperada de vitórias em 44% no período de 2012–2014".[19] Portanto, não é nenhuma surpresa que talentos analíticos tivessem um perfil muito melhor na Liga de Beisebol (MLB) do que tiveram dez anos atrás.

Existem evidências convincentes de que todas as organizações, mesmo as que se tornaram adeptas mais tarde, podem competir e vencer com a análise. O Chicago Bulls foi um dos times lentos na adoção de dados analíticos. O time não vencia a World Series havia mais de um século — a seca mais longa na história do beisebol. Mas, em 2009, o time foi comprado pela família Ricketts, que estava determinada a levar uma vitória no campeonato para sua cidade natal. Tom Ricketts, presidente do Chicago Cubs, é um executivo altamente quantitativo, que possui experiência em primeira mão do poder da análise de conseguir resultados superiores. Ricketts sabia que precisava trazer uma competição analítica para transformar o time. Portanto, em 2011, ele contratou o ex-aluno do Red Sox, Theo Epstein, como presidente de Operações de Beisebol e contratou também Jed Hoyer como gerente-geral em 2011. Ele ofereceu aos dois o maior desafio do beisebol profissional: quebrar a "Maldição de Billy Goat".[20]

Ricketts deu a Epstein a ordem de fazer o que fosse necessário para finalmente quebrar a maldição. Epstein e Hoyer sabiam que insights baseados em dados não seriam o suficiente, já que a maioria dos principais times da liga já os havia adotado, até certo ponto, em 2011. Mas Ricketts prometeu tempo e recursos para reconstruir completamente o time.

O time de gerenciamento começou criando o "The Cubs Way" — um documento que detalhava a filosofia da organização e um resumo detalhado de tudo que o time havia aprendido sobre vitórias. Por exemplo, ele descrevia como técnicas de ensino e procedimentos devem ser consistentes através das equipes "da fazenda" e dos grandes times. O documento é bastante detalhado no que diz respeito às melhores maneiras de realizar movimentos específicos. Por exemplo, descreve "... qual pé atinge o saco quando os jogadores fazem uma volta nas bases".[21]

Construir inteiramente um time era uma tarefa monumental. Felizmente, enquanto o teto salarial restringia a capacidade dos proprietários de pagarem por talentos em campo, não há teto salarial no escritório frontal. O grupo Cubs R&D (liderado por Chris Moore, PhD em psicologia e neurociência) foi criado para analisar todos os aspectos do jogo e da organização.

O time perdeu mais de 100 jogos no primeiro ano. Mas até 2016 eles possuíam o melhor registro no beisebol profissional. E, após 108 anos, para a alegria dos fãs do Cubs (incluindo o outro autor deste livro), o Chicago Cubs venceu a World Series de 2016.

A utilização avançada de dados analíticos havia se espalhado por todos os esportes profissionais, incluindo golfe, hóquei e tênis. Nos times mais analíticos, os analistas de beisebol agora estavam sendo recrutados da mesma forma que os jogadores. As contratações de analistas e suas avaliações das capacidades de um time são noticiadas na revista anual da ESPN chamada "Analytics", no site fivethirtyeight.com e na mídia convencional. E a conferência do MIT, chamada Sloan Sports Analytics Conference, rotineiramente se baseia em equipes profissionais de todos os esportes imagináveis, e milhares de pessoas participam.

Um dos primeiros adeptos da análise foi o futebol americano. O New England Patriots, por exemplo, tem demonstrado um desempenho particularmente bem-sucedido com a vitória recente de cinco Super Bowls nos últimos quinze anos, sendo a mais recente em 2017. O time faz uso extensivo de dados e modelos analíticos, tanto em campo quanto fora dele. Profundas análises ajudam o time a selecionar seus jogadores e ainda permanecer abaixo do teto salarial. O time seleciona jogadores sem utilizar os serviços de olheiros empregados por outros times e classifica as seleções potenciais com base em fatores não tradicionais, como a disposição de usar o ego pessoal em benefício da equipe.

Os Patriots também fazem uso extensivo da análise para decisões em campo. Eles empregam estatísticas para decidir se tentam fazer um ou dois pontos depois de um touchdown ou se desafiam a decisão do juiz, por exemplo. Tanto seus técnicos quanto os jogadores são reconhecidos por seu extensivo estudo de filmagens de jogos e estatística, e o treinador chefe, Bill Belichick, é famoso por ler compenetradamente artigos de economistas acadêmicos sobre probabilidades estatísticas de resultados do futebol americano. Fora de campo, o time utiliza análises detalhadas para avaliar e melhorar a "experiência total dos fãs". Em cada jogo em casa, por exemplo, entre 20 e 25 pessoas recebem a tarefa específica de criar indicadores quantitativos para a comida, o estacionamento, o pessoal, a limpeza dos banheiros, entre outros fatores. Os fornecedores externos de serviços são monitorados para a renovação de contratos e recebem incentivos para melhorar seu desempenho.[22]

Outros times da NFL que fazem um amplo uso da estatística incluem Atlanta Falcons, Baltimore Ravens, Dallas Cowboys e Kansas City Chiefs. Outros times utilizavam a análise também, mas com mais moderação. O Green Bay Packers, por exemplo, analisava as gravações dos jogos de um *running back* (jogadores que correm ao receber a bola atrás da linha de ataque) com um problema para segurar a bola e determinaram que isso só acontecia quando o ombro do jogador não estava horizontal em relação ao chão quando ele era golpeado.[23] Apesar do sucesso dos Patriots e dessas outras equipes, muitos times na NFL ainda precisam conquistar as vantagens da natureza e do valor da competição analítica.

Em contraste, o basquete profissional historicamente tem se mostrado menos quantitativamente orientado do que o beisebol ou o futebol americano, mas a abordagem numérica está começando a decolar nesse esporte também. Vários times, incluindo o San Antonio Spurs e o Golden State Warriors, têm contratado consultores de estatística ou executivos orientados estatisticamente. Em 2007, o Houston Rockets selecionou como gerente-geral um jovem executivo quantitativamente orientado que já gerenciou sistemas de informação e a análise para o Boston Celtics. Daryl Morey, que tem MBA pelo MIT e foi cofundador da conferência Sloan Sports Analytics Conference, considera que o adepto da estatística no beisebol, Bill James, é um exemplo a ser seguido e argumenta que a análise no basquete é similar às aplicações do moneyball no beisebol. "O princípio é o mesmo. Ganhar jogos com menos dinheiro."[24] Como no beisebol e no futebol americano, os times e seus analistas estão desenvolvendo novas métricas, como o valor do jogador para o time quando está na quadra em comparação ao momento em que está fora da quadra (chamada de Classificação Roland, em homenagem ao estatístico amador Roland Beech).

A competição analítica está avançando rapidamente nos esportes internacionais. Algumas equipes de futebol também começaram a empregar técnicas similares. O AC Milan, um dos mais importantes times da Europa, utiliza a modelagem preditiva para impedir que um jogador se machuque analisando dados fisiológicos, ortopédicos e psicológicos de uma série de fontes. O Milan Lab identifica os fatores de risco que têm mais chances de serem associados a uma lesão para cada jogador. Esse centro de pesquisas científicas também avalia os jogadores potenciais para incorporá-los à equipe. Vários membros da Copa do Mundo FIFA de 2006, inclusive o time vencedor da Itália, treinaram no Milan Lab. O nível da competição analítica no futebol profissional acelerou dramaticamente nos últimos anos. O escritor esportivo Graham Ruthven descreve a mudança dramática que ocorreu nos últimos anos desta forma: "Todo clube da divisão profissional emprega um time de analistas de vídeos e dados... gráficos agora fazem parte do esporte tanto quanto os quadros negros no vestiário."[25]

Oliver Bierhoff, gerente do time da Alemanha que foi campeão da Copa do Mundo da FIFA em 2014, explica o desafio do big data em um jogo tão fluido como o futebol: "Em apenas dez minutos, dez jogadores com três bolas podem produzir mais de sete milhões de pontos de dados."[26] O time se baseia em uma matriz de sensores e câmeras localizados no campo, em conjunto com um sistema chamado Match Insights, para conseguir compreender os dados, permitindo-lhes adaptar sua formação e preparação para cada partida. O Match Insights é utilizado tanto pelos treinadores quanto pelos jogadores, quase como um videogame, para acessar as capacidades individuais de seu oponente e formular estratégias de jogo.

Por que toda essa atividade nos esportes profissionais e que diferença isso faz em outros tipos de organizações? Há muitas aplicações nos esportes que poderiam ser utilizadas nos negócios. Talvez a lição mais importante da análise nos esportes profissionais seja seu foco nos recursos humanos — em escolher e manter os melhores jogadores pelo preço mais baixo. Não se trata de uma prática comum na área de "gestão de talentos" das empresas, mas talvez devesse ser. Enquanto os salários dos executivos e dos colaboradores individuais continuam a subir, pode ser o momento de começar a analisar e coletar dados sobre quais pessoas apresentam um bom desempenho em quais circunstâncias e garantir que a equipe tenha os jogadores corretos. Algumas empresas estão começando a adotar uma abordagem mais analítica na gestão de recursos humanos, mas os times esportivos ainda estão bem avançados em relação a outras organizações.

A competição analítica nos esportes também ilustra o ponto em que a análise surge primeiro quando são apresentados dados suficientes para análise. Se existe uma área de negócios na qual grandes quantidades de dados estão disponíveis pela primeira vez, ela provavelmente se tornará rapidamente um campo de jogo para a competição analítica. Inovadores analíticos nos esportes profissionais também, muitas vezes, criam novas medidas, e as pessoas de negócios deveriam fazer o mesmo.

Finalmente, a tecnologia permite mais oportunidades para o esporte (e outros negócios) criar novos tipos de dados. Esses novos dados criam oportunidades adicionais para a vantagem competitiva. Como afirmou para ESPN.com, Mark Cuban, proprietário do Dallas Mavericks: "... agora, todos os times utilizam todos os dados disponíveis para tomar decisões em relação à equipe, portanto o mercado se tornou mais eficiente. Nós nos esforçamos para introduzir fontes de dados novas e exclusivas para que possamos melhorar a performance de nossos jogadores."[27] Daryl Morey, no Houston Rockets, foi o primeiro a adotar dados de vídeo na NBA pela mesma razão. Times analíticos aproveitaram as tecnologias que permitiram a eles que tomassem decisões mais informadas, baseadas em dados e em tempo real durante os jogos. Da mesma forma, negócios analíticos estão utilizando tecnologias inovadoras para se tornarem mais ágeis em mudar as condições de mercado.

Apesar de a análise ser, em alguns aspectos, um assunto abstrato e complexo, sua adoção nos esportes profissionais ilustra a natureza humana do processo. Quando uma equipe adota a competição analítica, isso ocorre porque um líder toma a decisão de fazê-lo. Essa decisão, geralmente, pode ser justificada pelo próprio histórico ou pelas experiências do líder. A competição analítica — nos esportes ou nos negócios — quase sempre representa uma história que envolve pessoas e liderança.

Também não é acidental o fato de os times esportivos que recebem a competição analítica de braços abertos normalmente terem resultados positivos. É claro que eles não vencem os campeonatos todos os anos, mas os competidores analíticos foram bem-sucedidos em todos os esportes em que essa prática foi adotada. Entretanto, à medida que a competição analítica se populariza — e isso acontece rapidamente —, os times terão que continuar a inovar e desenvolver seus recursos analíticos se quiserem continuar na liderança. Independentemente da abordagem da competição, nenhuma equipe (ou empresa) pode se dar ao luxo de descansar sobre os louros da vitória.

CAPÍTULO DOIS

O QUE FAZ UM COMPETIDOR ANALÍTICO?

DEFINDO OS ATRIBUTOS ESSENCIAIS EM COMUM DESSAS EMPRESAS

O QUE SIGNIFICA COMPETIÇÃO ANALÍTICA? DEFINIMOS UM COMPETIDOR *analítico* como uma organização que utiliza extensiva e sistematicamente a análise para pensar melhor e ter um desempenho melhor do que a concorrência. Neste capítulo, descrevemos os atributos essenciais de empresas que analisam para competir e os níveis e estágios desses atributos que descobrimos em nossas pesquisas.

Entre as empresas que estudamos, descobrimos que as mais analiticamente sofisticadas e bem-sucedidas apresentavam quatro características essenciais em comum:

(1) a análise apoiava uma competência distintiva e estratégica; (2) a abordagem e a gestão da análise compreendiam toda a empresa; (3) a alta administração estava comprometida com a utilização da análise; (4) a empresa havia feito uma aposta estratégica significativa na concorrência com base na análise. Encontramos cada um desses atributos nas empresas que buscavam de forma mais agressiva a abordagem analítica nos negócios (veja o quadro "O Modelo DELTA para Construção de Capacidade Analítica" para outra versão dos atributos dos competidores analíticos).

O MODELO DELTA PARA CONSTRUÇÃO DE CAPACIDADE ANALÍTICA

Após a publicação da primeira versão deste livro, em 2007, recebemos muitos pedidos de uma estrutura de capacidades analíticas que seria fácil de comunicar e aplicar. Após isso, Tom desenvolveu o modelo DELTA, que inclui os seguintes cinco atributos de organizações analíticas, que foram descritos em detalhes em nosso livro *Analytics at Work*:[a]

- ***Dados:*** Empresas analíticas requerem dados integrados, de alta qualidade e facilmente acessíveis sobre os seus mercados e negócios. As empresas mais analíticas possuem distintas fontes e tipos de dados.
- ***Empreendimento:*** Em vez de gerenciar seus recursos analíticos em armazéns desconexos, empresas altamente analíticas gerenciam esses recursos — incluindo dados, tecnologia e analistas — de maneira coordenada através do empreendimento.
- ***Liderança:*** Um dos fatores-chave que conduzem ao sucesso analítico são líderes fortes e comprometidos, que entendem a importância da análise e constantemente advogam em favor de seu desenvolvimento e uso em decisões e ações.
- ***Alvos:*** Organizações não podem ser igualmente analíticas em todos os aspectos de seu negócio, então elas precisam focar capacidades e funções de negócios específicas para usar a análise extensivamente.
- ***Analistas:*** Organizações analíticas são bem-sucedidas, em parte, porque contratam e treinam analistas quantitativos e cientistas de dados de alta qualidade.

Uma versão subsequente do modelo — chamado DELTTA — adicionou o fator *tecnológico*, particularmente para ambientes analíticos de big data, que necessitam de novas e complexas arquiteturas tecnológicas. Esse modelo foi descrito no livro *Big Data @ Work*[b] (sem tradução). Mais informações sobre o modelo DELTA serão dadas no Capítulo 6.

a. Thomas H. Davenport, Jeanne G. Harris e Robert F. Morison, *Analytics at Work: Smarter Decisions, Better Results* (Boston: Harvard Business Review Press, 2010).

b. Thomas H. Davenport, *Big Data @ Work* (Boston: Harvard Business Review Press, 2014).

Desconhecemos, é claro, o número exato de competidores analíticos, mas temos dados que nos permitem uma boa estimativa. Em um levantamento global, conduzido no final de 2005 com 371 empresas de médio a grande porte, perguntamos aos entrevistados (executivos de TI ou de negócios com familiaridade nas aplicações de TI nas iniciativas das empresas) quantos recursos analíticos suas empresas tinham. A categoria mais alta foi descrita pela seguinte afirmação: "A capacidade analítica é um elemento central da estratégia" para o negócio. Dez por cento dos entrevistados escolheram essa categoria. De acordo com a nossa análise detalhada dos dados, talvez metade dessas empresas represente verdadeiros competidores analíticos.

O International Institute for Analytics (uma empresa de pesquisa e consulta analítica cofundada por Tom) realiza uma sistemática Consulta de Maturidade Analítica em muitas empresas utilizando a escala de cinco pontos que descreveremos neste capítulo, assim como os fatores do modelo DELTA. Em uma pesquisa feita em 2016 com 50 empresas de vários setores industriais, o instituto descobriu que a maioria das empresas grandes e relativamente sofisticadas ainda não era competidora analítica.[1] Apenas as "nativamente digitais" (negócios online e de e-commerce) da pesquisa se aproximavam de níveis competidores na média. A Amazon possuía a pontuação mais alta de todas as empresas da pesquisa. Empresas de serviços financeiros ficaram na segunda posição de indústrias mais analíticas, mas não estavam no nível médio de competidores analíticos. A Visa foi a empresa pesquisada com a pontuação mais alta nesse setor. Os setores que ranquearam os níveis mais baixos foram os prestadores de serviços de saúde e as empresas de seguro de saúde.

Atributos Primários dos Competidores Analíticos

Em seguida, descrevemos como várias das empresas que estudamos exemplificam os quatro atributos da competição analítica. Verdadeiros competidores analíticos apresentam todos os quatro elementos; organizações menos avançadas podem ter apenas um ou, no máximo, dois.

Apoio de uma Competência Distintiva e Estratégica

A lógica é a seguinte: se a análise deve sustentar a estratégia competitiva, ela deve apoiar uma competência distintiva e importante. Como mencionamos no primeiro capítulo, a competência varia entre organizações e setores e pode envolver cadeias de suprimentos, gerenciamento de receita e precificação e gestão de recursos humanos, atendimento ao cliente ou fidelidade dos clientes. Na Netflix, claro, o principal foco da análise consiste em prever as preferências de filmes dos clientes. Na Caesars, é apenas fidelidade de clientes e serviço. Na Marriott International, a orientação analítica primária é no gerenciamento de renda. O Walmart, obviamente, enfatiza a análise de cadeias de suprimentos. Os times esportivos profissionais normalmente se concentram em recursos humanos ou em escolher os jogadores certos.

Ter uma competência distintiva significa que a organização encara esse aspecto do negócio como o que a diferencia dos concorrentes e que propicia seu sucesso no mercado. Em empresas sem esse foco estratégico, os recursos analíticos são apenas uma utilidade a ser aplicada em uma variedade de problemas de negócios sem atenção à sua importância.

É claro que nem todos os negócios possuem competência distintiva. Em geral, eles sofrem quando não têm. Não é claro, por exemplo, quais são as competências distintivas do Kmart, da Sears ou do JC Penney na indústria de varejo. Para quem observa de fora, eles não fazem nada substancialmente melhor do que seus concorrentes — e que seus clientes e acionistas potenciais tenham notado. Sem competência distintiva, não é possível ser um competidor analítico, face à inexistência de um processo ou atividade essencial a ser sustentado pela análise.

Também é possível que a competência distintiva escolhida por uma organização não seja bem sustentada pela análise — pelo menos isso se provou verdadeiro no passado. Se as decisões estratégicas tomadas por uma organização são intuitivas ou baseadas na experiência e não podem ser tomadas analiticamente, não faria sentido algum tentar competir com base na estatística ou em decisões baseadas em fatos.

A consultoria de gestão foi, historicamente, caracterizada desta forma, em que a maioria dos conselhos é baseada em experiência em vez de em análise. Mas, naquela indústria, existe o potencial para competição analítica; tanto a Deloitte, que utiliza a análise internamente e nos serviços de seus clientes quanto a McKinsey Solutions, uma unidade de negócios daquele tipo de empresa de linha antiga, estão "entrando em erupção" nesse sentido. Empresas de consultoria operacional já começaram a incluir algoritmos próprios e o *benchmarking* (processo de busca das melhores práticas em uma determinada indústria que conduzem ao desempenho superior) como uma maneira de diferenciar seus serviços. Empresas executivas de pesquisa, como a Korn Ferry, estão começando a construir seus negócios ao redor de um banco de dados sobre quais tipos de executivos têm melhor performance em determinadas circunstâncias. Auditores poderiam aplicar a análise e a inteligência em suas metodologias, como a Deloitte e a KPMG estão fazendo agressivamente.

Além de desenvolver capacidades diferenciadas, os competidores analíticos prestam cuidadosa atenção às medidas das capacidades escolhidas em seus negócios. Uma consequência disso é que os competidores analíticos prestam muita atenção às métricas das competências distintivas em seus negócios. Eles se envolvem tanto em explorar quanto em desenvolver as métricas — eles exploram medidas existentes em um nível considerável e são ágeis no desenvolvimento de novas métricas. No Capítulo 1, discutimos o beisebol profissional, em que times como o Oakland's passaram a usar novas métricas de desempenho de jogadores. Serviços de financiamento e empréstimos representam outro setor com grande ênfase no desenvolvimento de novos indicadores.

Pelo fato de haver muitas transações quantitativas nos serviços de financiamento e empréstimos, é relativamente fácil empregar métricas na tomada de decisões. Nos Estados Unidos, talvez a métrica mais amplamente utilizada no financiamento do consumidor seja a contagem de crédito FICO, um indicador da capacidade de endividamento do cliente. Há muitas pontuações de crédito possíveis nos Estados Unidos, mas somente o FICO é oficial. (A contagem FICO baseia-se em um algoritmo desenvolvido por Fair, Isaac and Company [atualmente Fair Isaac Corporation] em 1989. Hoje em dia, três grandes corporações de crédito criaram um concorrente, o Vantage Score, que diferentemente da contagem FICO é compatível com todas as pontuações de crédito; na Europa, algumas empresas de serviços financeiros empregam contagens de crédito da Scorex.)

Nos Estados Unidos, praticamente toda e qualquer empresa de financiamento ao consumidor utiliza a contagem FICO para tomar decisões de crédito do consumidor e para decidir a taxa de juros a cobrar. No entanto concorrentes analíticos do setor bancário, como a Capital One, adotaram essa contagem anteriormente e de forma mais agressiva que as outras empresas. Sua competência distintiva consistia em descobrir quais clientes eram os mais desejáveis em função de pagar juros consideráveis sem faltar com o cumprimento de seus contratos de empréstimo. Depois que as contagens FICO penetraram no setor bancário, começaram a se espalhar para o setor de seguros. Mais uma vez, empresas altamente analíticas, como a Progressive, chegaram à conclusão de que consumidores com altas contagens FICO não somente tinham mais chances de pagar seus empréstimos como também menos possibilidade de se envolver em acidentes de trânsito. Assim, eles começaram a cobrar taxas mais baixas a clientes com maiores contagens FICO.

Hoje em dia, contudo, a simples utilização da classificação FICO no setor bancário ou de seguros de bens e acidentes oferece pouca distinção. As novas fronteiras residem na aplicação de pontuações de crédito em outros setores e na análise dos dados relevantes para refinar o processo decisório. Alguns analistas preveem, por exemplo, que as pontuações de crédito logo serão aplicadas para tomar decisões em seguros de vida e saúde e definir os preços dos prêmios. Pelo menos uma empresa de seguro de saúde está analisando se a utilização das pontuações de crédito possibilitaria evitar a solicitação de um check-up médico dispendioso antes de emitir uma apólice de saúde. Um professor também observou que as pontuações de crédito podem ser utilizadas para a seleção de pessoal:

> É raro encontrar pessoas com problemas financeiros que não tenham outros tipos de problemas. Você tem mais chances de faltar ao trabalho, ser menos produtivo no emprego e ter problemas no casamento e em outros relacionamentos se estiver passando por dificuldades financeiras. Faz sentido que, se você tiver uma baixa pontuação de crédito, tenderá a ter mais problemas nas outras áreas da vida. Empregadores que buscam selecionar um grande número de candidatos poderiam facilmente analisar as pontuações de crédito como uma maneira eficaz de seleção inicial.[2]

Como as pontuações de crédito são de múltipla aplicação, algumas empresas estão começando a tentar desagregar essas pontuações e determinar quais fatores apresentam uma relação mais estreita com o resultado desejado. A Progressive e a Capital One, por exemplo, têm desagregado e analisado as pontuações de crédito a fim de definir quais clientes com pontuação relativamente baixa podem apresentar riscos mais baixos do que suas pontuações gerais poderiam prever.

Uma última observação sobre a questão das competências distintivas. Essas competências fundamentais deveriam ser o principal alvo analítico da organização. Mesmo assim observamos que, com o passar do tempo, os competidores analíticos tendem a passar para uma maior variedade de domínios analíticos. A Marriott começou seu trabalho analítico na área crítica de gerenciamento de receita, mas depois passou para a análise de programas de fidelidade e análise de indicadores na web. Na Netflix, a aplicação mais estratégica pode consistir em prever as preferências de filmes dos clientes, mas a empresa também emprega testes e análise detalhada em sua cadeia de suprimentos e propaganda. A Caesars começou com fidelidade e serviço, mas também faz análises detalhadas de precificação e localização das máquinas caça-níqueis, o projeto de seu site e outras questões em seus negócios. O Walmart, a Progressive e o distribuidor de suprimentos hospitalares Owens & Minor são exemplos de empresas que começaram com um foco analítico interno, mas que o ampliaram externamente — para fornecedores, no caso do Walmart, e para clientes, nas duas outras empresas. Os competidores analíticos precisam de um foco primário para a sua atividade analítica, mas, uma vez que uma cultura analítica de testes e aprendizado foi criada, é impossível impedir que ela se espalhe.

Gestão e Abordagem no Nível Organizacional da Análise

As empresas e organizações que participam da competição analítica não confiam as atividades analíticas a apenas um grupo na empresa ou a um conjunto de colaboradores de áreas muito diferentes espalhados pela organização. Elas gerenciam a análise como uma organização ou empreendimento e se certificam de que nenhum processo ou unidade de negócios seja otimizado a custa de outro, a não ser que se mostre estrategicamente importante fazê-lo. Na Caesars, por exemplo, quando o então CEO, Gary Loveman, deu o pontapé inicial para que a empresa adotasse a competição analítica, ele fez com que todos os gerentes dos cassinos da empresa se reportassem diretamente a ele e se assegurou de que eles implementassem os programas de marketing e o atendimento ao cliente da empresa da mesma forma. Antes disso, cada unidade era um "feudo" gerenciado por "senhores feudais com intervenções ocasionais do rei ou da rainha que passava pelo local".[3] Isso fez com que se revelasse praticamente impossível para a Caesars implementar iniciativas de marketing e fidelidade que incentivassem a interação entre as unidades.

Gestão no nível organizacional também significa garantir que os dados e as análises sejam disponibilizados em toda a organização e que sejam administrados com cuidado, de maneira eficiente e eficaz. Se as decisões que impulsionam o sucesso da empresa forem tomadas com base em dados precisos demais, incorretos ou em uma análise imperfeita, as consequências podem ser graves. Portanto os competidores analíticos gerenciam a análise e os dados nos quais se baseiam em uma atividade que engloba a organização inteira.

Por exemplo, uma das razões pelas quais o RBC Financial Group (cuja unidade mais conhecida é o Royal Bank of Canada) tem sido um competidor analítico bem-sucedido é o fato de que a organização decidiu logo em seu começo (na década de 1970) que todos os dados dos clientes seriam de propriedade da empresa e mantidos em um repositório central de informações sobre o cliente. O Bank of America atribui suas competências analíticas à exposição ao risco de taxas de juros e bens, bem como ao fato de o risco ser gerenciado de forma consistente em toda a empresa. Muitos outros bancos têm se deparado com limitações em suas capacidades de estimar a fidelidade ou a lucratividade geral dos clientes, porque diferentes divisões ou grupos de produto têm formas diferentes e incompatíveis de definir e registrar os dados do cliente.

Uma abordagem no nível da empresa representa, para muitas organizações, deixar o passado para trás. No passado, a análise foi aplicada como uma atividade individual ou departamental e permanece dessa forma em empresas que não utilizam a análise para competir. Por exemplo, em um levantamento envolvendo abordagens da administração em relação a *business intelligence* em 220 organizações (o que, devemos lembrar, também inclui algumas atividades não analíticas, como apresentação dos resultados), apenas 45% afirmaram que a utilização que faziam de *business intelligence* era "organizacional" ou "global", com 53% respondendo "no meu departamento", "departamental", "regional" ou "individual". No mesmo levantamento, apenas 22% das empresas indicaram um processo de avaliação formal de necessidades em toda a organização; 29% não conduziam nenhum tipo de avaliação de necessidades; e 43% estimavam as necessidades de *business intelligence* no nível de divisão ou departamento.[4] Não é difícil entender as razões para essa descentralização. Um departamento especialmente orientado para as análises quantitativas, como o departamento de qualidade, marketing ou precificação, pode utilizar a análise para realizar seu trabalho sem afetar a estratégia geral ou a abordagem gerencial da empresa. Talvez essas atividades devessem ser promovidas a recursos estratégicos, com um acesso mais amplo e uma maior atenção por parte da administração. No entanto, em geral, essas aplicações analíticas departamentais permanecem em segundo plano.

Outra possibilidade é a análise ser deixada completamente nas mãos de indivíduos nesses departamentos. Nesses casos, a análise é feita principalmente em planilhas individuais. Apesar de ser excelente que colaboradores, individualmente, utilizem os dados e a análise para sustentar suas decisões, planilhas geradas e gerenciadas individualmente não são a melhor maneira de administrar a análise para uma empresa. Para começar, essas planilhas contêm erros. Uma pesquisa acadêmica sugere que entre 20% e 40% das planilhas criadas pelo usuário contêm erros; quanto mais planilhas, mais erros.[5] Apesar de não haver estimativas da frequência dos erros para a análise no nível organizacional, essa prática poderia pelo menos envolver processos para controlar e eliminar erros que seriam mais difíceis de ser impostos no nível individual.

Um segundo problema com a análise realizada por indivíduos é a criação de "múltiplas versões da verdade", enquanto as organizações buscam apenas uma versão. Se, por exemplo, houver diversos bancos de dados e cálculos de valor ao longo do tempo dos clientes de uma empresa espalhados por vários indivíduos e departamentos, será difícil focar a atenção da organização como um todo em seus melhores clientes. Se houver versões diferentes de análises financeiras em uma organização, as consequências podem ser terríveis — por exemplo, executivos seniores indo para a cadeia por suspeita de fraude contábil. Há, portanto, vantagens consideráveis em gerenciar dados fundamentais e análise em nível organizacional, de modo a restringir as informações essenciais dos negócios e os resultados analíticos a uma única versão para o processo decisório. Assim, é claro, as informações e os resultados podem ser amplamente distribuídos para a utilização em toda a organização. A Caesars, por exemplo, considera sua abordagem de gerenciamento da análise de clientes como "centralizada e amplamente distribuída".

Esse gerenciamento no nível da empresa pode assumir várias formas. Para algumas organizações, isso pode apenas significar que grupos de TI centralizados gerenciam os dados, adquirem e instalam os aplicativos necessários de business intelligence. Para outras, isso pode significar que um grupo central de serviços analíticos ajuda os executivos na análise e na tomada de decisões. Como discutiremos no Capítulo 7, várias empresas montaram grupos como esse.

Uma abordagem cada vez mais comum para a utilização da análise em nível empresarial é o estabelecimento de um chefe de dados e análise (alternativamente chamado de chefe de dados ou chefe de análise). O CDAO (no original: *chief data and analytics officer)* é um executivo sênior (normalmente reportando-se diretamente ao COO, CMO ou CIO). Enquanto esse é um papel relativamente novo, Gartner estima que existem mais de mil CDAO hoje; é esperado que 90% das maiores organizações tenham um até 2019.[6]

As descrições do trabalho variam, mas o CDAO é, geralmente, responsável por se certificar de que a organização possui os dados, a capacidade (humana, financeira, técnica e operacional) e a mentalidade necessária para ser bem-sucedida em alavancar o big data e a análise para vantagem competitiva. Seu papel normalmente inclui o estabelecimento de regras estratégicas a respeito da governança de dados (incluindo política de dados e cibersegurança), determinando prioridades de investimento para melhorar as capacidades analíticas, desenvolvendo talento analítico e construindo capacidades analíticas em toda a empresa.

Charles Thomas, o chefe de dados do Wells Fargo, diz que "a principal função de seu time é defender o uso de insights e ações da empresa para impulsionar a estratégia de negócios, reduzir riscos, otimizar o desempenho e aumentar o valor para seus clientes, para a empresa, para seus acionistas e para os membros de sua equipe".[7]

O CDAO também pode liderar um "centro analítico", uma equipe que engloba toda a empresa, seja amplamente capacitada e multidisciplinar (analistas, cientistas de dados, especialistas de TI e experts de visualização de dados), além de enfrentar os desafios mais difíceis e estratégicos e as oportunidades em nome da organização.

Por exemplo, na Schneider National, uma grande empresa de logística e transporte por caminhões, o grupo analítico central (chamado Engenharia e Pesquisa) é parte da organização do CIO e aborda análise e otimização avançadas, revisão de performance e funções de gerenciamento de dados, bem como o trabalho com clientes internos e externos sobre as aplicações e os problemas analíticos.

Comprometimento da Alta Administração

A adoção de uma ampla abordagem analítica nos negócios requer mudanças na cultura, processos, comportamentos e habilidades para vários colaboradores. Essas mudanças não ocorrem por acidente; elas devem ser conduzidas por executivos seniores com paixão pela análise e pela tomada de decisões baseadas em fatos. De maneira ideal, o principal defensor deve ser o CEO (apesar de termos encontrados COOs, CFOs, CIOs e presidentes que fizeram esse papel com sucesso). De fato, encontramos vários CEOs que estavam liderando a transição para a análise em suas empresas. Eles incluíam Gary Loveman, antigo CEO da Caesars; Jeff Bezos, fundador e CEO da Amazon; Rich Fairbank, fundador e CEO da Capital One; Reed Hastings, da Netflix; Barry Beracha, que foi CEO da Sara Lee Bakery Group. Cada um desses executivos afirmou tanto internamente quanto publicamente que suas empresas estão envolvidas em alguma forma de competição analítica. Por exemplo, Fairbank comentou: "Tudo se resume à coleta de informações de 200 milhões de pessoas que você nunca conhecerá e, com base nessas informações, tomar uma série de decisões fundamentais e de longo prazo em relação a emprestar dinheiro a elas e esperar que elas devolvam."[8]

Fairbank resume essa abordagem com a expressão "estratégia baseada em informações". Beracha, antes de se aposentar como CEO da Sara Lee Bakery, simplesmente tinha uma pequena placa em sua mesa com os seguintes dizeres: "Creio em Deus; de todos os outros, exijo dados" (uma citação atribuída a W. Edwards Deming, famoso estatístico norte-americano). Com frequência, Loveman perguntava a seus colaboradores: "Nós achamos ou nós sabemos?" Qualquer pessoa que apresente ideias para iniciativas ou estratégias sofre alguma pressão para apresentar evidências que sustentem essas ideias. Loveman contratou para a Caesars vários gerentes analíticos seniores e médios. Ele também relacionou três razões pelas quais os colaboradores poderiam ser dispensados da empresa: "... você não assedia as mulheres, você não rouba e precisa ter um grupo de controle."[9]

Loveman representa um excelente exemplo de como um CEO — e, idealmente, toda uma equipe de executivos — que motiva constantemente os colaboradores a utilizarem experimentações e análises e tomarem decisões com base em fatos pode mudar a cultura de uma organização. Ele não é apenas um defensor da análise: é um apaixonado pelo assunto.

Atualmente ele é chefe de uma nova divisão da Aetna focada em utilizar dados e análise para transformar a saúde do consumidor.

Sem esse incentivo do alto escalão, é raro encontrar uma empresa que consiga promover as mudanças culturais necessárias para se transformar em uma competidora analítica. Sabemos que pode soar como um clichê dizer que uma ideia demanda apoio entusiástico do CEO e dos outros executivos seniores, mas, em nossa pesquisa sobre concorrentes analíticos, simplesmente não encontramos nenhum sem o apoio tão comprometido e amplo do alto escalão. Por exemplo, encontramos algumas empresas em que líderes isolados, funcionais ou de unidades de negócio (como diretores de marketing ou pesquisa) estavam tentando promover uma mudança analiticamente orientada em suas empresas, mas não estavam conseguindo mudar sozinhos a cultura organizacional de forma satisfatória. Isso não significa, é claro, que um desses executivos não poderia liderar uma mudança como essa em outras circunstâncias e, de fato, encontramos organizações nas quais defensores de nível mais baixo estavam conseguindo mudar a cultura. Qualquer mudança interfuncional ou interdepartamental e, sem dúvida, qualquer esforço no âmbito de toda a organização claramente requerem apoio e atenção suficientes dos executivos seniores para direcionar e coordenar esforços nessas unidades.

Como um executivo desenvolve paixão pela análise? Com certeza ajuda se eles aprenderam isso na escola. Mencionamos a experiência com o professor de matemática de Reed Hastings, da Netflix. Loveman, da Caesars e da Aetna, é PhD em economia pelo MIT e lecionou na Harvard Business School. Bezos, da Amazon, era um estudante quantitativamente orientado e nota 10 em engenharia e ciência da computação em Princeton. Fairbanks e o COO do New England Patriots, Jonathan Kraft, eram MBAs e consultores analiticamente orientados antes de assumirem suas funções nesses empreendimentos líderes da análise. Chris Lofgren, presidente e CEO da Schneider National, é PhD em pesquisa operacional. Obviamente, é uma situação desejável quando um CEO pode trabalhar lado a lado com as "cabeças pensantes" do departamento analítico.

Entretanto, nem todo executivo analítico possui ou precisa de uma formação tão ampla. Estatística e análise de dados são disciplinas ensinadas em praticamente qualquer faculdade nos Estados Unidos. E um CEO não precisa ser mais inteligente ou mais quantitativamente orientado do que todos os seus colaboradores. É preciso, contudo, ter disposição para se aprofundar nas abordagens analíticas, capacidade de se envolver em conversas com especialistas quantitativos e coragem de motivar as pessoas a pensarem e agirem analiticamente.

Há diversas consequências do fator de comprometimento da alta gestão. A orientação do CEO impulsiona não apenas a cultura e uma mentalidade direcionada para a análise, mas também o nível e a persistência do investimento em pessoas, TI, dados e assim por diante. Não se trata de uma tarefa fácil, como descreveremos nos capítulos seguintes, reunir esses recursos, e isso pode demandar bastante tempo.

A organização de serviços de financiamento Barclays, por exemplo, implementou um "plano de cinco anos" para desenvolver os recursos para a competição analítica.[10] Os executivos dos negócios do mercado de consumo viram as poderosas mudanças analíticas desenvolvidas por bancos norte-americanos, como a Capital One, e sentiram que a Barclays estava subutilizando sua enorme base de clientes no Reino Unido. Ao adotar a estratégia analítica, a empresa precisou ajustar praticamente todos os aspectos de seu mercado de consumo, incluindo as taxas de juros cobradas, a forma como são segurados os riscos, estabelecidos os limites de crédito e os serviços prestados para as contas, sua abordagem de controle de fraudes e as vendas cruzadas de outros produtos. Ela teve de coletar os dados sobre 13 milhões de clientes do BarclayCard e assegurar qualidade suficiente para sustentar uma análise detalhada. A empresa também teve que executar um grande número de pequenos testes para começar a aprender como atrair e reter os melhores clientes pelo menor preço. Uma nova equipe com habilidades em análise quantitativa teve de ser contratada e novos sistemas foram desenvolvidos. Com todas essas atividades, não é surpresa que a empresa tenha levado cinco anos para estabelecer a estratégia baseada em informações dos clientes.

Nós já mencionamos o projeto da UPS chamado Orion, mas este é, provavelmente, um bom momento para descrever seu líder. Jack Levis é oficialmente o diretor sênior de Gerenciamento de Processos na UPS, mas em seus dez anos na empresa ele assumiu uma série de funções. Uma delas foi liderar o projeto ORION, que começou com um time de três ou quatro pessoas e acabou com a gigante quantidade de 700 pessoas. Ele também liderou o projeto anterior chamado Package Flow Technologies (tecnologias de fluxo de pacotes), que proveu o ambiente de dados para o ORION. Ele é muito analítico — lidera, por exemplo, o grupo de gerenciamento de operações da UPS — mas não é um nerd cabeça pensante. Ele é bacharel em psicologia — uma disciplina que utilizou em seu benefício.

Levis, modestamente, atribui o sucesso do ORION ao ótimo time que trabalhou nele — no total, milhares de colaboradores da UPS. Mas acreditamos que ele fez muitas coisas certas. Primeiramente, ele começou de forma pequena, criando uma nova maneira de fazer as rotas dos motoristas da UPS. Por cinco anos, um pequeno time criou o projeto e desenvolveu protótipos. Ele não deu a ninguém muita razão para cancelar o projeto.

Mais tarde, o ORION cresceu, Levis fez um excelente trabalho ao acumular o apoio da alta administração. Ele dá muito crédito a seus vice-presidentes, incluindo Chuck Holland, VP de engenharia. Mas Levis fala que, eventualmente, todos os membros do comitê de gerenciamento da UPS viram um protótipo ou foram levados em uma "volta no ORION".

Levis também era persistente. Existiram momentos nos quais o ORION estava perto de seu cancelamento porque não possuía o algoritmo certo, mas Levis, seu time e sua "capa de ar" mantiveram a visão viva e continuaram reexaminando as regras e restrições do algoritmo até que o fizeram funcionar.

Finalmente, argumentamos que Levis foi bem-sucedido porque era flexível. Ele percebeu no meio do projeto, por exemplo, que sua implantação seria uma grande mudança no gerenciamento, então começou a ganhar os corações de quem trabalhava naquele campo e dos motoristas. "Uma vez que aparecemos com métricas e mostramos grandes evidências de ganhos, as pessoas realmente começaram a nos apoiar", afirmou Levis. "No momento em que chegamos à implantação — em que grandes quantidades de dinheiro foram gastas —, tínhamos resultados suficientes para que o time de gerenciamento sênior continuasse nos pedindo para acelerar as coisas. Fomos de 25 pessoas na implantação para 100, para 300 e para 700."[11]

Se você perguntar ao líder de um projeto analítico como orquestrar centenas de milhares de dólares e centenas de pessoas para conseguir economizar centenas de milhares por ano, pode parecer um pouco impressionante. Levis mostrou como fazer de um projeto tão massivo algo razoável de se pedir a uma organização competente e dedicada.

Ambição em Larga Escala

Um fator determinante para definir competidores analíticos consiste nos resultados que eles pretendem obter. Os competidores analíticos que estudamos apostaram seu sucesso futuro em estratégias baseadas em análise. Em retrospecto, as estratégias parecem bastante lógicas e racionais. Naquele momento, entretanto, elas representaram abandonos radicais da prática padrão do setor. Os fundadores da Capital One, por exemplo, tentaram vender sua ideia de "líder de estratégia baseada em informações" a todos os líderes do setor de cartões de crédito e não encontraram compradores. Quando o Signet Bank aceitou os termos e reconstruiu sua estratégia e seus processos para cartões de crédito com base nas novas ideias, isso representou uma grande aposta. A empresa estava apostando seu futuro, pelo menos naquela unidade de negócio, na abordagem analítica.

Nem todas as tentativas de gerar competição analítica serão bem-sucedidas, é claro. Mas a extensão e a amplitude dos resultados desses esforços devem, pelo menos, ser abrangentes o suficiente para afetar o destino organizacional. Utilizações incrementais e táticas de análise gerarão menores resultados; utilizações estratégicas e competitivas devem gerar resultados mais importantes.

Há muitas formas de mensurar os resultados da atividade analítica, porém, a mais óbvia é a relativa ao dinheiro. Uma única iniciativa analítica deve resultar em economias ou aumentos de receita na escala de centenas de milhões ou bilhões para uma grande organização. Há muitos exemplos possíveis. Um dos primeiros foi a ideia do "gerenciamento por retorno" da American Airlines, que melhorou muito o destino da empresa na década de 1980. Acredita-se que essa técnica, que envolve otimizar o preço de cada passagem da companhia aérea vendida a um passageiro, trouxe US$1,2 bilhão para a American em um período de três anos e tirou alguns concorrentes agressivos (como a People Express) do negócio.[12] Na Deere & Company, uma nova forma de otimizar o estoque (chamada de "estimativa derivativa direta de estoque não fixo") economizou para a empresa US$1,2 bilhão em custos de estoque entre 2000 e 2005.[13] A Procter & Gamble utilizou métodos de pesquisa operacional a fim de reorganizar as abordagens de obtenção de recursos e distribuição em meados de 1990 e economizou para a empresa US$200 milhões em custos.[14] Mais recentemente, é esperado que o projeto de rotas da UPS, ORION, economize cerca de meio bilhão de dólares por ano.

Os resultados da competição analítica também podem ser mensurados em receitas gerais e lucros, participação de mercado e fidelidade dos clientes. Se uma empresa não puder observar nenhum impacto em métricas críticas como essas de seu desempenho financeiro e não financeiro, ela não está analisando para competir. Na Caesars e depois como Harrah's, por exemplo, a empresa aumentou sua participação de mercado de 36% para 43% entre 1998 (quando lançou sua iniciativa de análise da fidelidade dos clientes) e 2004.[15] Ao longo do mesmo período, a empresa teve ganhos de vendas "na mesma loja" em 23 dos 24 trimestres e os jogos feitos pelos clientes em múltiplos mercados aumentaram a cada ano. Antes da adoção dessas abordagens, a empresa havia falhado em atingir as expectativas de receita e lucro por sete anos consecutivos. A Capital One, que abriu seu capital em 1994, aumentou seu lucro por ação e retorno sobre o patrimônio em pelo menos 20% a cada ano durante a primeira década. A estratégia de administração dos clientes baseada em informações da Barclays, em seu negócio de financiamento para o consumidor no Reino Unido, levou a menores custos de recrutamento para os clientes, maiores saldos dos clientes com menor exposição ao risco e a um aumento de 25% em receita por conta — tudo isso nos primeiros três anos do programa. Como discutiremos no Capítulo 3, os competidores analíticos que estudamos tendem a apresentar desempenhos relativamente altos. Acreditamos que esses quatro fatores sejam aproximadamente equivalentes na definição da competição analítica. Sem dúvida, eles não são inteiramente independentes entre si. Se a alta administração estiver comprometida a montar a estratégia em função de uma competência distintiva orientada pela análise, é provável que a organização adote uma abordagem no âmbito de toda a empresa e os resultados esperados da análise refletirão a orientação estratégica. Assim, consideramos esses fatores como os quatro pilares que sustentam uma plataforma analítica (veja a Figura 2-1). Se um deles cair, os outros terão dificuldades em compensar.

FIGURA 2-1

Os quatro pilares da competição analítica

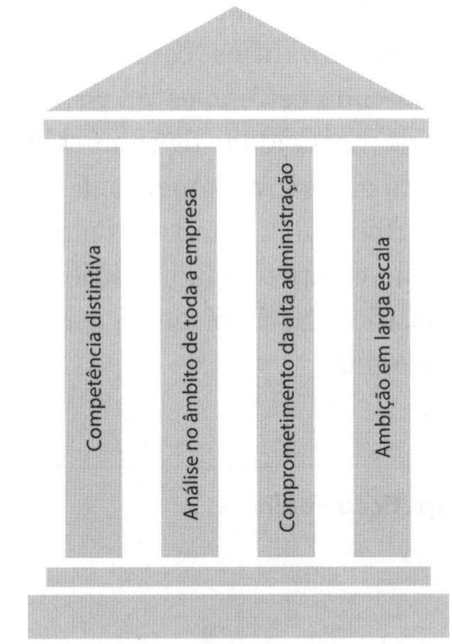

Dos quatro elementos, contudo, o comprometimento da alta administração talvez seja o mais importante, por possibilitar todos os outros. Não é uma coincidência o fato de muitas das organizações que descrevemos se tornarem competidoras analíticas com a entrada de um novo CEO (por exemplo, Loveman, na Harrah's) ou quando foram fundadas por CEOs com uma forte orientação analítica desde o início (Hastings, na Netflix, ou Bezos, na Amazon). Algumas vezes, a mudança provém de uma nova geração de executivos em um negócio familiar. Na vinícola E. & J. Gallo, quando Joe Gallo, filho de um dos irmãos que fundaram a empresa, se tornou CEO, concentrou-se muito mais que a geração anterior de líderes em dados e análises — primeiramente em vendas e depois em outras funções, incluindo a análise das preferências dos clientes. No time da NFL, New England Patriots, o envolvimento de Jonathan Kraft, filho do proprietário Bob Kraft, que fora consultor de negócios, ajudou a conduzir a equipe em uma direção mais analítica tanto em questões de campo, como seleção de jogadas e composição da equipe, quanto em questões fora de campo, afetando a experiência dos fãs.

Estimando o Grau da Competição Analítica

Se esses quatro fatores são decorrentes da qualidade ou elementos determinantes da competição analítica, podemos começar a avaliar as organizações quantificando esses fatores nas empresas. Para isso, identificamos cinco estágios da competição analítica, como mostrado na Figura 2-2. Os principais atributos para cada estágio estão relacionados na Tabela 2-1. Como o popular modelo de maturidade de competências (*capability maturity model* — CMM), para o desenvolvimento de software, esses estágios podem descrever o caminho que uma organização pode seguir a partir de praticamente nenhuma competência analítica até se transformar em um forte competidor analítico. No Capítulo 6, descrevemos o roteiro geral para percorrer esses estágios.

FIGURA 2-2

Os cinco estágios da competição analítica

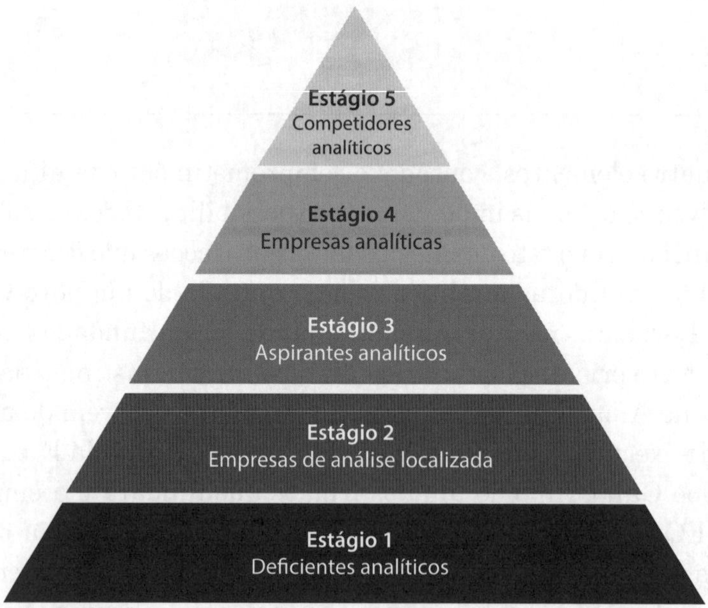

TABELA 2-1

Modelo de estágios da competição analítica

	Competência distintiva/nível de insights	Perguntas	Objetivo	Indicadores/métricas/valores
Estágio 1 Deficientes analíticos	Desprezível, atuando "no escuro"	O que aconteceu no nosso negócio?	Obter dados precisos para melhorar as operações	Nenhum
Estágio 2 Empresas de análise localizada	Localizada e circunstancial — pode não estar sustentando as competências distintivas da empresa	O que podemos fazer para melhorar essa atividade? Como podemos entender melhor nosso negócio?	Utilização da análise para melhorar uma ou mais atividades funcionais	Retorno sobre o investimento de aplicações individuais
Estágio 3 Aspirantes analíticos	Esforços iniciais para dados e análise mais integrados	O que está acontecendo agora? Podemos extrapolar tendências existentes?	Utilização da análise para desenvolver competências distintivas	Desempenho futuro e valor de mercado
Estágio 4 Empresas analíticas	Perspectiva de toda a empresa; capacidades de usar a análise para sua vantagem; sabe o que fazer para chegar ao próximo nível, mas ainda não chegou	Como podemos utilizar a análise para inovar e nos diferenciar?	Desenvolvimento de ampla capacidade analítica — análise para a diferenciação	A análise é um direcionador importante de desempenho e valor
Estágio 5 Competidores analíticos	Em toda a empresa, grandes resultados, vantagem sustentável	E agora? O que é possível? Como permanecer na liderança?	Domínio da análise — plena utilização da análise	A análise é o principal direcionador de desempenho e valor

As organizações no Estágio 5 são *competidoras analíticas* completamente desenvolvidas, com altos níveis de cada um dos quatro fatores descritos anteriormente. Suas atividades analíticas claramente sustentam uma competência distintiva, assumem uma abordagem ao longo de toda a empresa, seus executivos são empolgados e motivadores e suas iniciativas analíticas estão voltadas para resultados substanciais. Algumas das empresas que se inserem nessa categoria incluem Google, Caesars, Amazon, Capital One, Progressive, Netflix, Walmart e UPS, bem como vários times esportivos que analisamos. Essas organizações poderiam aplicar seus recursos analíticos de forma ainda mais abrangente — e estão constantemente fazendo isso —, mas elas já os concentraram na competência mais significativa exigida por sua estratégia. Em nossa amostra de 32 empresas que são pelo menos de alguma forma orientadas para a análise, 11 eram competidoras analíticas do Estágio 5. No entanto buscamos deliberadamente empresas que se encaixam nessa categoria, de forma que isso não pode ser tomado como um indicativo geral de sua preponderância. Com base em nossas outras pesquisas, estimamos que, em geral, menos de 5% das grandes empresas estariam nessa categoria (isso é, metade da porcentagem em nosso levantamento afirmou que "a capacidade analítica é um elemento central de nossa estratégia"; a outra metade estaria no Estágio 4). Essa estimativa aproximada é confirmada por recentes avaliações de maturidade analítica pelo International Institute for Analytics (IIA). A maioria das organizações de Estágio 5 que encontramos, como era de se esperar, era formada por empresas de serviços caracterizados pela utilização intensiva de informações, com quatro empresas no setor de serviços financeiros. Várias também eram empresas pontocom. Entretanto é difícil fazer generalizações sobre setores para a competição analítica, já que encontramos organizações de Estágio 5 em vários setores.

As organizações do Estágio 4, nossas empresas analíticas, estão prestes a atingir a competição analítica, mas ainda encontram alguns obstáculos para atingir, em sua plenitude, o próximo estágio. Por exemplo, elas possuem a habilidade, mas não a determinação definitiva para competir com a análise. Talvez o CEO e a alta administração apoiem o foco analítico, mas não apresentem uma paixão por competir com base na análise. Ou talvez exista uma atividade analítica substancial, mas ela não seja direcionada a uma competência distintiva. Com apenas um pequeno aumento de ênfase, as empresas poderiam passar para o status de competidoras analíticas. Encontramos sete organizações nessa categoria.

Por exemplo, uma empresa de produtos de consumo do Estágio 4 que analisamos apresentava fortes atividades analíticas em várias áreas do negócio. Entretanto não estava claro que a análise estava relacionada, em estreito contato, à estratégia da organização e a análise ou seus sinônimos prováveis não eram mencionados nos demonstrativos anuais recentes da empresa. A análise, ou as informações, não era mencionada como uma das competências estratégicas da empresa. Com certeza há pessoas nessa empresa — e em todas as do Estágio 4 que estudamos — que estão trabalhando arduamente para tornar a empresa uma competidora análise, mas elas não têm a influência suficiente para concretizar isso.

As organizações do Estágio 3 compreendem o valor e a promessa de competir com análise, mas encaram grandes obstáculos de recursos e estão longe de superá-los. Em função da importância da conscientização e do comprometimento executivo, acreditamos que só isso seria suficiente para colocar a organização em um nível mais alto e no caminho que descrevemos no primeiro capítulo. Encontramos sete organizações nessa categoria. Algumas apenas recentemente articularam a visão e ainda não começaram de fato a implementá-la. Outras apresentam níveis muito altos de autonomia funcional, ou de unidade de negócio, e estão passando por dificuldades para desenvolver uma abordagem coerente com a análise em toda a empresa.

Uma seguradora de múltiplas linhas, por exemplo, tem um CEO com a visão de utilizar dados, análises e apresentar uma forte orientação ao cliente, no estilo da empresa do Estágio 5: a Progressive, uma empresa de seguros de automóveis com um histórico de inovações tecnológicas e analíticas. Mas só recentemente essa empresa começou a expandir sua orientação analítica além da função atuarial quantitativa tradicional e, até agora, houve pouca cooperação entre as unidades de negócio de seguros de vida, bens e acidentes.

Também entrevistamos executivos de três diferentes empresas farmacêuticas e classificamos duas delas no Estágio 3. Todos os gerentes sabiam com clareza que a análise era a chave para o futuro do setor. A combinação de dados clínicos, genômicos e proteômicos levará a uma mudança analítica e a um ambiente de medicina personalizada. Mas tanto a ciência quanto a aplicação da informática nessas áreas ainda estão incompletas.[16]

Cada um dos entrevistados admitiu que sua empresa e o restante do setor ainda estavam longe de dominar o futuro analítico. Uma das empresas, a Vertex Pharmaceuticals, fez um progresso significativo na direção da competição analítica — não em busca do Santo Graal analítico descrito anteriormente, mas tomando decisões mais analíticas em praticamente todas as fases do desenvolvimento de medicamentos e do marketing.

Apesar dos problemas de implementação enfrentados pelas empresas do Estágio 3 — pelo fato de a demanda executiva ser um dos aspectos mais importantes da orientação analítica de uma empresa e porque o interesse suficiente dos executivos pode impulsionar muitas mudanças de forma relativamente rápida —, classificamos essa empresa acima de outras que podem até apresentar mais atividade analítica, mas um menor interesse dos executivos. Consideramos que elas possuem *aspirações competitivas* em relação à análise.

As organizações no Estágio 2 apresentam a típica abordagem de análise localizada de *business intelligence* no passado — isso é, ênfase na emissão de relatórios em bolsões de atividade analítica —, mas elas não atingem o padrão para competir com a análise. Elas executam o trabalho analítico, mas não têm a intenção de competir com isso. Encontramos seis dessas empresas em nosso estudo, apesar de elas serem muito mais comuns em uma amostragem aleatória. A análise comparativa feita pelo IIA sugere que esse é o maior grupo.

De forma alguma a análise transformou a maneira como essas organizações fazem negócios. O marketing, por exemplo, pode identificar clientes ótimos ou modelar a demanda, mas a empresa ainda comercializa com todos os clientes e cria a oferta independentemente dos modelos de demanda. Suas atividades analíticas produzem benefícios econômicos, mas não o suficiente para afetar a estratégia competitiva da empresa. O principal elemento que elas deixam de ter é qualquer visão da alta administração para a competição analítica. Várias dessas empresas possuem, em parte, a mesma tecnologia que as empresas nos estágios mais avançados da atividade analítica, mas não aplicam esses recursos de maneira estratégica.

As organizações do Estágio 1 apresentam algum desejo de se tornar mais analíticas, mas até agora não possuem nem a disposição nem a habilidade de fazê-lo. Classificamos essas empresas como organizações analiticamente deficientes. Elas enfrentam algumas barreiras substanciais — tanto humanas quanto tecnológicas — para a competição analítica e ainda se concentram em coletar dados de alta qualidade e desenvolver funcionalidades de transações integradas. Elas também podem não ter o hardware, o software e as habilidades necessários para conduzir análises substanciais. Com certeza, sua alta administração não apresenta nenhum interesse na competição analítica. Toda e qualquer atividade analítica que elas possam apresentar ainda é pequena e localizada. Em uma organização do governo estadual norte-americano que pesquisamos, por exemplo, as seguintes barreiras foram mencionadas em nossas observações de nosso estudo inicial:

> [O gerente entrevistado] observou que não há uma grande percepção do governo de que "tempo é dinheiro" e, portanto, que algo precisa acontecer. Além disso, o processo decisório é motivado mais pelo orçamento e menos pela estratégia. Isso significa que as decisões são, em geral, muito focadas no curto prazo, com base no ano fiscal atual, e não são caracterizadas por uma perspectiva de longo prazo. Para completar, [o entrevistado] observou que outro impedimento ao desenvolvimento de uma cultura baseada em fatos é que as ferramentas tecnológicas atuais não são realmente adequadas. Apesar dessas dificuldades, há um grande interesse por parte do governador e da alta gerência administrativa e financeira de trazer uma nova perspectiva à tomada de decisões e uma abordagem mais analítica. Eles também estão começando a recrutar pessoal com mais habilidades analíticas.

Como resultado dessas deficiências, as organizações do Estágio 1 ainda nem entraram no caminho para se tornar competidores analíticos, apesar de manifestarem esse desejo. Como, em nosso estudo inicial, selecionamos para as entrevistas apenas organizações que gostariam de competir com análise, incluímos apenas duas organizações de Estágio 1 — um governo estadual e uma empresa de engenharia (e mesmo essa última está se tornando, de alguma forma, mais análise em relação a seus recursos humanos). Atualmente, bem menos organizações — ao menos dentre as grandes corporações — admitem estar no estágio 1. Entretanto organizações do Estágio 2 provavelmente constituem a maioria de todas as organizações no mundo. Hoje, muitas empresas não possuem uma única definição do cliente, por exemplo, e, portanto, não podem utilizar dados dos clientes em toda a organização para segmentar e selecionar os melhores. Elas não podem relacionar informações de demanda e fornecimento; portanto não podem otimizar suas cadeias de suprimentos. Elas não têm como compreender o relacionamento entre seus indicadores de desempenho não financeiro e seus resultados financeiros. Talvez elas nem possuam uma lista única e definitiva de seus colaboradores — muito menos a capacidade de analisar as características deles. Problemas básicos que envolvem dados são muito comuns em empresas atualmente.

Referimo-nos a essas diferentes categorias como estágios, e não níveis, porque a maioria das organizações precisa passar por cada um desses estágios. Entretanto, com uma alta administração suficientemente motivada, pode ser possível saltar um estágio ou ao menos mover-se rapidamente por eles. Ainda não observamos o progresso da orientação analítica em um conjunto de empresas ao longo do tempo. Contudo, imaginamos que uma organização que tenha pressa em atingir o Estágio 5 poderia contratar pessoal, adquirir tecnologia e processar dados em um ano ou dois. A maior limitação para a rápida passagem pelos estágios seria a adaptação dos processos básicos de negócios e os comportamentos da organização e de seu pessoal. Essa é sempre a parte mais difícil e que demanda mais tempo em qualquer grande mudança organizacional.

No próximo capítulo, descrevemos o relacionamento entre a atividade analítica e o desempenho do negócio. Discutiremos as aplicações analíticas em processos essenciais nos dois capítulos subsequentes. O Capítulo 4 descreve o papel da análise em processos internamente orientados, como finanças e gestão de recursos humanos. O Capítulo 5 se concentra na utilização da análise para melhorar as atividades externamente orientadas das organizações, incluindo interações específicas com clientes e fornecedores. Antes de chegarmos lá, exploraremos a relação entre as organizações que possuem altas orientações analíticas e negócios de alto desempenho.

CAPÍTULO TRÊS

ANÁLISE E DESEMPENHO NOS NEGÓCIOS

TRANSFORMANDO A CAPACIDADE DE COMPETIR ANALITICAMENTE EM UMA VANTAGEM COMPETITIVA DURADOURA

NA DÉCADA DE 1980, DOIS CONSULTORES DE SERVIÇOS FINANCEIROS, Richard Fairbank e Nigel Morris, identificaram um problema essencial no setor de cartões de crédito, bem como sua potencial solução. O problema era que o setor não tinha um foco no cliente individual e a solução vinha na forma de uma análise baseada em tecnologia. Fairbank e Morris acreditavam que os resultados das análises de dados poderiam permitir que uma empresa descobrisse, direcionasse e atendesse os clientes mais lucrativos enquanto deixava os clientes menos lucrativos para as outras empresas. Eles desenvolveram essa ideia, "uma estratégia de mercado baseada em informações", para mais de 15 bancos de varejo nacional antes que o Signet Bank, do estado da Virgínia, os contratasse para trabalhar em sua divisão de cartões de crédito. Na época, o Signet estava longe de ser líder no setor de cartões de crédito.

Ao longo dos dois anos subsequentes, a dupla conduziu milhares de testes analíticos no banco de dados de clientes — para o desgosto dos especialistas anteriores da empresa, altamente intuitivos. Eles descobriram que os clientes mais lucrativos eram pessoas que tomavam grandes empréstimos rapidamente e pagavam a dívida aos poucos. Na época, o setor de cartões de crédito tratava esses clientes da mesma forma como tratava as pessoas que faziam poucas compras e saldavam suas dívidas todos os meses. Ao reconhecer a oportunidade, a equipe criou o primeiro cartão de transferência de saldo do setor. Como se tratava do primeiro cartão que se voltava aos devedores como clientes valorizados, e não apenas valiosos, a empresa rapidamente decolou na área. No final, o sucesso de Fairbank e Morris com a análise levou a Signet a separar sua divisão de cartões de crédito como uma empresa à parte, chamada Capital One.

Hoje em dia, a Capital One conduz em média oito mil experimentos de marketing por ano, com o objetivo de melhorar sua capacidade de direcionamento a clientes individuais.[1] Esses testes proporcionam uma forma de relativo baixo custo para a empresa julgar o sucesso de seus produtos e programas antes de se envolver em um marketing de grande escala. Em sua divisão de investimentos, por exemplo, a Capital One descobriu que seus experimentos em termos de taxas de juros de investimentos a juros fixos, incentivos para transferências de investimentos, saldos mínimos e assim por diante tinham efeitos muito previsíveis nas taxas de retenção e no dinheiro que entrava no banco. Por meio de análises como essas, o negócio de investimentos aumentou a retenção em 87% e reduziu o custo de aquisição de uma nova conta em 83%.[2]

Através dessa abordagem analítica do marketing, a Capital One é capaz de identificar e atender novos segmentos de mercado antes de seus concorrentes. A chave para essa capacidade é o fato de a empresa utilizar um ciclo fechado de testes, aprendizado e atuação sobre novas oportunidades. O conhecimento da empresa sobre o que funciona e o que não funciona forma a base de um recurso estratégico que lhe permite evitar abordagens a clientes que não valham a pena. Poucas empresas são verdadeiramente determinadas a aplicar os princípios dessa abordagem de testes e aprendizado, mas toda a competência distintiva da Capital One se baseia nisso.

O grande talento analítico da Capital One transformou a organização em uma empresa da Fortune 200 com um invejável histórico de crescimento e lucratividade. A análise reside no centro da capacidade da empresa de constantemente superar seus concorrentes e sustentar sua vantagem competitiva. Mais recentemente, a empresa começou uma iniciativa focada em inteligência artificial — a última versão de tecnologia analítica. Rob Alexander, CIO da Capital One Financial, falou em uma entrevista para a *InformationWeek*: "O aprendizado de máquina será uma enorme área de inovação dentro da indústria bancária... O comércio bancário é um ambiente rico em termos de quantidade de dados, de interação entre os clientes e na complexidade dos produtos e serviços que você possui. Está pronto para ser melhor e o aprendizado de máquina dá ferramentas para fornecer produtos customizados e personalizados para seus clientes."[3]

Agora consideremos o caso da tradicional empresa que também se tornou uma competidora analítica: a Marriott International, empresa global de hotéis e resorts. O foco da Marriott em tomada de decisões baseadas em fatos e análise está profundamente incorporado na cultura corporativa e em sua doutrina. Como afirma um executivo sênior: "Tudo aqui se baseia em indicadores." Essa orientação foi instaurada já em 1950, quando o fundador, J. Willard Marriott, costumava observar a ocupação dos carros que chegavam ao estacionamento de seu motel, a fim de determinar se cobrava os preços de um quarto duplo, caso fosse adequado.

Nos últimos trinta anos, a Marriott transformou a investida precoce de J. W. Marriott em *gerenciamento da receita* — o processo pelo qual os hotéis definem o preço ótimo para os seus quartos (o "estoque" do setor). A lógica econômica é simples: se um hotel puder prever os mais altos preços que ainda levariam à completa ocupação, ele ganhará mais dinheiro do que se cobrasse preços altos demais que levassem a quartos desocupados ou preços baixos demais que lotassem o hotel, mas, essencialmente, devolveu dinheiro aos clientes de forma desnecessária. A Marriott introduziu o gerenciamento da receita no setor de hotelaria e, ao longo das últimas três décadas, continuou a refinar esse recurso com a ajuda da análise — apesar de a maioria dos concorrentes permanecer um passo atrás em sua capacidade de otimizar a receita.

Aprimoramentos recentes fizeram com que o sistema funcionasse mais rapidamente, de modo que a precificação pudesse ser fácil e frequentemente ajustada para os quartos, e permitiram que a Marriott estendesse o gerenciamento da receita a seus restaurantes, serviços de alimentação e instalações para reuniões — uma abordagem que a Marriott chama de "otimização total do hotel". No final de 2003, a empresa começou a utilizar um novo sistema de gerenciamento da receita e uma nova métrica — a *oportunidade de receita* —, que relaciona a receita real à receita ótima. Apenas dois anos depois, a Marriott apresentava resultados de oportunidade de receita de 91% — em relação a 83%, quando a métrica foi criada. Apesar de a empresa preferir que seus franqueados utilizem o sistema, ela concedeu a seus "líderes de receita" regionais o poder de ignorar as recomendações do sistema para lidar com os imprevistos de eventos locais, como a chegada em Houston de um grande número de refugiados do furacão Katrina.

Um sistema bem-sucedido de gerenciamento da receita ajudou a Marriott a atingir um grande e consistente desempenho financeiro. Ela emprega um sistema de gerenciamento da receita disseminado em toda a empresa, chamado Total Yield. O sistema automatiza os processos de negócios associados à otimização da receita para mais de 97% das quase seis mil propriedades da empresa.

A Marriott, consistentemente, se encontra entre as redes de hotéis mais lucrativas, e executivos e analistas de investimentos atribuem muito de seu sucesso ao gerenciamento analítico de receita. A empresa estendeu seu gerenciamento de receita, à frente da maioria de seus competidores, para áreas adicionais de seu negócio, incluindo comidas e bebidas e a precificação de quartos para grupos.

Além do gerenciamento da receita, a Marriott incorporou a análise em vários outros processos que envolvem seus clientes. A empresa identificou seus clientes mais lucrativos por meio do programa de fidelidade Marriott Rewards e lhes direcionou suas ofertas e campanhas de marketing. É uma usuária extensiva de análise da web e foi pioneira no uso de análises de mídia social na indústria de hospedagem. Em parte como resultado do grande talento analítico da Marriott, ela foi nomeada a empresa mais admirada em seu setor por 16 anos consecutivos na classificação da revista Fortune.

Outro competidor analítico cujas inovações o mantiveram à frente de seus concorrentes é a Progressive. A alta administração da Progressive busca incansavelmente mercados de seguro ainda não explorados e modelos de negócios ignorados por empresas que conduzem apenas análises de dados convencionais.

A Progressive foi a primeira seguradora a oferecer seguros de automóveis online em tempo real e a primeira a permitir comparações de tarifas online — a empresa se sente tão confiante em sua definição de preços que trabalha com a premissa de que as empresas que oferecem taxas mais baixas estão aceitando clientes não lucrativos.[4] Ela chegou a ser pioneira em um programa que oferece descontos aos motoristas mais cuidadosos que voluntariamente utilizam a tecnologia Snapshot da empresa para mensurar fatores como a frequência de freadas bruscas e a porcentagem de tempo em que eles dirigem a mais de 120km/h.[5] Ao aprofundar sua análise de informações acerca dos clientes — de forma mais rápida e antes que os concorrentes o façam —, a empresa revela novas oportunidades e as explora antes que o restante do setor as perceba. Essas e outras táticas permitiram que a Progressive continuasse a prosperar em um mercado altamente competitivo, com uma capitalização de mercado de mais de US$19 bilhões.

Os competidores analíticos fazem *milhares* de experimentos analíticos anualmente. Ben Clarke, em *Fast Company,* estimou o número anual de experimentos em várias empresas analíticas:

> Intuit: 1.300, P&G: 7.000–10.000, Google: 7.000, Amazon: 1.976 e Netflix: 1.000. E não é apenas a quantidade que está crescendo, mas a qualidade e o ritmo da experimentação também. Atualmente, o teste verdadeiro do quão inovadora uma empresa pode ser é o quão bem ela faz esses experimentos.
>
> [...] O chefe da Amazon, Jeff Bezos, afirmou: "Nosso sucesso na Amazon é uma função de quantos experimentos fazemos por ano, por mês, por semana, por dia... Nós tentamos reduzir o custo de fazer experimentos para que pudéssemos fazer mais. Se você consegue aumentar o número de experimentos que tenta de cem para mil, você aumenta dramaticamente o número de inovações que produz."[6]

O que as histórias da Capital One, da Marriott International e da Progressive têm em comum? Elas demonstram não apenas o conceito de analisar para competir, mas também a relação entre a extensa utilização da competição analítica e o desempenho do negócio. Neste capítulo, exploraremos essas relações em mais detalhes e descreveremos como várias empresas altamente bem-sucedidas transformaram sua capacidade de analisar para competir em um elemento essencial de diferenciação e uma vantagem competitiva duradoura.

Avaliando as Evidências

Muitos pesquisadores descobriram que processos decisórios baseados em fatos são fundamentais para o desempenho elevado. Em *Empresas Feitas Para Vencer*, por exemplo, Jim Collins observa que "os resultados revolucionários são consequência de uma série de boas decisões, diligentemente executadas e acumuladas... [As empresas que atingem a excelência] tomaram muito mais boas decisões do que más decisões e tomaram muito mais boas decisões que as outras empresas... Elas baseiam o processo por inteiro nos fatos brutos da realidade... É absolutamente impossível tomar uma série de boas decisões sem primeiramente confrontar os fatos brutos".[7]

Os pesquisadores também começaram a documentar os retornos que as empresas podem ganhar a partir de investimentos em tecnologias ou iniciativas analíticas específicas. Por exemplo, a empresa de pesquisas tecnológicas International Data Corporation (IDC) descobriu em um estudo que os projetos analíticos que objetivavam uma melhor produção tinham um retorno sobre o investimento (ROI) médio de 277%; os que envolviam gestão financeira apresentavam um ROI médio de 139%; e os que se concentravam em gestão de relacionamento com o cliente, um ROI médio de 55%.[8] O estudo também demonstrou que o ROI médio para projetos de business intelligence que utilizam tecnologias preditivas era de 145%, em comparação com um ROI médio de 89% para projetos sem esses recursos.[9] A Nucleus Research, uma empresa que pesquisa valores de TI, reportou em 2014 um estudo plurianual do retorno de investimentos analíticos. Ela descobriu que um dólar gasto em análise dá um retorno, em média, de 13 dólares.[10]

De forma similar, a empresa de consultoria Bain & Company pesquisou 400 grandes empresas de todo o mundo em 2013, e perguntou para seus respondentes executivos sobre as capacidades analíticas de suas empresas. Os consultores concluíram que apenas 4% dessas empresas eram "realmente boas na análise". Mas esses competidores analíticos eram:

- Duas vezes mais possíveis de estarem no topo do quartil de performance financeira dentro de sua indústria.
- Três vezes mais possíveis de executarem decisões como previsto.
- Cinco vezes mais possíveis de tomarem decisões mais rápido.[11]

Para preencher as lacunas de evidências sobre o efeito da análise no desempenho do negócio, conduzimos dois levantamentos — o primeiro foi uma amostragem aprofundada de 32 organizações que classificamos em termos de suas orientações analíticas; o segundo, um levantamento muito maior de empresas que fizeram grandes investimentos em sistemas corporativos. No primeiro levantamento, classificamos o estágio de maturidade analítica de cada empresa (a mesma escala de cinco pontos descrita no Capítulo 2 — um ponto indicava grandes desafios à competição analítica e cinco pontos, o domínio analítico). Em seguida, coletamos dados de desempenho financeiro de todos os participantes da pesquisa. Depois de conduzir uma análise estatística dos dados, descobrimos uma correlação significativa entre altos níveis de maturidade analítica e sólidas taxas de crescimento anuais em um período de cinco anos.[12]

No segundo estudo, pesquisamos mais de 450 executivos em 371 empresas de grande e médio portes. Limitamos esse estudo a empresas que já haviam implementado pelo menos dois módulos de um sistema corporativo e, portanto, dispunham de quantidade e qualidade de dados transacionais suficientes para a análise.[13] Essas empresas representavam 18 setores em 34 países.[14] Esse estudo representava um acompanhamento para um estudo conduzido em 2002 sobre o valor dos sistemas corporativos e da análise.[15]

No levantamento, descobrimos uma relação direta entre os sistemas corporativos e a tomada de decisões. Por exemplo, apesar de muitas organizações inicialmente investirem em sistemas corporativos para melhorar a eficiência e agilizar os processos, descobrimos que a redução de custos não constituía seu principal objetivo. Tanto no estudo de 2002 quanto no de 2006, a maioria (53%) dos entrevistados identificou um "melhor processo decisório" como um dos três maiores objetivos de negócios. Para ajudar os gerentes a tomarem decisões mais bem informadas e rápidas, as organizações inicialmente investem em sistemas corporativos para fornecer dados confiáveis no nível transacional e "uma versão única da verdade" — importante precursor para o desenvolvimento da capacidade analítica. Uma vez que determinada empresa tenha estabelecido uma base sólida para dados transacionais de alta qualidade, seus gestores são capazes de mudar o foco a fim de utilizar os dados e os sistemas para tomar a melhor decisão.

Também descobrimos que as empresas estão se tornando cada vez mais analíticas e desenvolvendo comprometimento em relação à análise. Em 2002, quase metade (45%) das empresas que pesquisamos relatou que dispunha de recursos analíticos mínimos ou inexistentes. Entretanto, quatro anos mais tarde, apenas 8% disseram não ter os recursos analíticos básicos. Hoje, quase todas as empresas grandes possuem essas capacidades.

Da mesma forma, o número de organizações com capacidades analíticas significativas ou avançadas sustentadas por informações de gestão extensivas e integradas dobrou, passando de 28% para 57%.

Ainda mais importante: descobrimos (e estudos subsequentes feitos por outros pesquisadores confirmaram) uma impressionante relação entre a utilização da análise e o desempenho do negócio. Quando comparamos as respostas de empresas de alto desempenho (os líderes em suas indústrias em termos de lucro, retorno aos acionistas e crescimento de receita — cerca de 13% da amostra) com as das empresas de baixo desempenho (16% da amostra), descobrimos que a maioria das empresas de alto desempenho aplica estrategicamente a análise em suas operações cotidianas. E cerca de 10% dos executivos mencionaram a análise como um elemento central da estratégia de suas empresas. Empresas de alto desempenho tinham 50% mais chances de utilizar a análise de forma estratégica em comparação com a amostra geral e cinco vezes mais chances que as empresas de baixo desempenho.

Além disso, descobrimos uma significativa associação estatística entre o comprometimento de uma organização em relação à análise e o alto desempenho. As empresas com fortes orientações analíticas (aquelas que responderam quatro ou cinco a todas as nossas questões) representaram 25% da amostra (93 empresas) e suas orientações eram altamente correlacionadas à liderança financeira em termos de lucro, receita e retorno aos acionistas.[16] Com efeito, uma das maiores e mais consistentes diferenças entre negócios de baixo e alto desempenhos é sua atitude em direção à — e a aplicação da — análise (veja a Figura 3-1).[17] Por exemplo, 65% das empresas de alto desempenho afirmaram ter apoio significativo de recursos analíticos em tempo real para a tomada de decisões, em comparação com 23% das empresas de baixo desempenho. Somente 8% das empresas de baixo desempenho valorizavam, em grande extensão, os resultados analíticos, em comparação com 36% das empresas de alto desempenho. E, enquanto um terço das empresas de baixo desempenho em nosso estudo acredita possuir capacidade analítica acima da média em seus setores, 77% dos líderes em desempenho acreditam nisso. Para terminar, 40% das empresas de alto desempenho empregam amplamente a análise em toda a organização, mas somente 23% das empresas de baixo desempenho o fazem.

FIGURA 3-1

A importância da orientação analítica: empresas de alto desempenho versus empresas de baixo desempenho, 2006

	Baixo desempenho	Alto desempenho
Possuem significativas competências analíticas e de suporte à tomada de decisões	23%	65%
Valorizam amplamente os resultados analíticos	8%	36%
Possuem uma capacidade analítica acima da média em seus setores	33%	77%
Utilizam a análise em toda a organização	23%	40%

Estudos subsequentes alcançaram conclusões similares. Em 2010, a *MIT Sloan Management Review* e a IBM analisaram dados de três mil executivos em mais de 100 países e 30 setores industriais. Eles concluíram que "as organizações de melhor performance utilizam a análise cinco vezes mais que as de performance mais baixa. As de alta performance abordam as operações de negócios de forma diferente das outras. Especificamente, elas colocam a análise em prática na maior variedade possível de decisões, grandes ou pequenas. Era duas vezes mais possível que elas utilizassem a análise para guiar estratégias futuras, e duas vezes mais possível que elas utilizassem insights para guiar as operações diárias. Essas empresas tomam decisões baseadas em análises rigorosas em mais do que o dobro da taxa das empresas de baixa performance".[18]

Após finalizarem um estudo de sete anos de dados de 864 correspondentes em nove países e oito indústrias, a Accenture e o professor David Simchi-Levi, do Massachusetts Institute of Technology (MIT), em 2015, concluíram que "quanto maior o comprometimento da empresa com a análise, mais alta será a performance dessa empresa" (veja a Figura 3-2). Dentre suas descobertas, estão aquelas comparadas com as de baixa performance:

- Duas vezes mais empresas de alta performance estão utilizando a análise em áreas-chave para apoiar a tomada de decisões.
- Duas vezes mais empresas de alta performance estão incorporando a análise na tomada de decisão que alavanca o aprendizado de máquina.
- Empresas de alta performance incorporaram os insights da análise preditiva em processos-chave do negócio a taxas mais altas e continuam monitorando decisões e corrigindo o caminho quando necessário.
- Empresas de alta performance têm três vezes mais chances de investir uma parte substancial de sua tecnologia na análise. Além disso, mais que o dobro de empresas de alto desempenho está gastando mais em investimentos em capital humano analítico através de treinamento, investimento em pessoas e uso de consultores.[19]

A amplitude e a consistência das associações descritas sugerem a sabedoria de investir em análise em qualquer organização que busque melhorar o desempenho. Além disso, nossa pesquisa confirma que, apesar de relativamente poucas empresas terem adotado a análise como competência competitiva, muitas outras aspiram fazê-lo. Os líderes dessas empresas se comprometeram a investir na análise como um meio de melhorar o desempenho do negócio.

FIGURA 3-2

A importância da orientação analítica: empresas de alto desempenho versus empresas de baixo desempenho, 2015

	Baixo desempenho	Alto desempenho
Alcançar resultados específicos para negócios através da análise	39%	79%
Incorporar insights de análise preditiva em processos-chave do negócio	34%	79%
Monitoração rotineira de decisões e correção de rota	32%	84%
Investir mais que 1/4 de despesas com tecnologia em análise	17%	59%
Gastar mais em talentos analíticos (incluindo contratação, treinamento e consultores)	40%	82%

Fonte: Estudo Accenture/MIT, Winning with Analytics, 2015.

Análise como Fonte de Vantagem Competitiva

Os céticos podem zombar dizendo que a análise talvez não proporcione vantagem competitiva sustentável porque qualquer insight ou análise pode, mais cedo ou mais tarde, ser adotado pelos concorrentes. E é verdade que um insight individual pode proporcionar somente benefícios transitórios. O gerenciamento por retorno proporcionou um grande impulso para a American Airlines por algum tempo, por exemplo, mas atualmente a utilização desse processo não passa de um custo para se fazer negócios no setor de transporte aéreo.

As organizações podem adotar várias abordagens a fim de obter vantagem competitiva com os dados. Algumas podem coletar dados únicos ao longo do tempo sobre seus clientes atuais e potenciais que os concorrentes não conseguiriam acompanhar. Outras podem organizar, padronizar e manipular os dados disponíveis aos outros de forma única. Outras podem ainda desenvolver um algoritmo exclusivo que conduz a análises melhores e mais embasadas para tomar suas decisões. E outras se diferenciam pela incorporação da análise em um processo distintivo de negócios. Cada vez mais, os dados e a análise são incorporados em produtos e serviços inovadores.

Independentemente da abordagem, para as empresas sustentarem uma vantagem competitiva, a análise deve ser aplicada de modo criterioso, ser bem executada e continuamente renovada. As empresas que analisam para competir com sucesso apresentam capacidades analíticas que são:

- *De difícil duplicação.* Uma coisa é copiar os aplicativos de TI de outra empresa ou seus produtos e atributos relacionados (como preço, praça ou promoção); outra coisa bem diferente é replicar os processos e a cultura. Por exemplo, outros bancos tentaram copiar a estratégia da Capital One de experimentação e testes, mas não foram tão bem-sucedidos. Os bancos que tiveram sucesso com uma estratégia similar, como a Barclays no Reino Unido, descobriram seu próprio caminho para a competição analítica. Apesar de a Capital One incansavelmente buscar novos clientes, a Barclays alavanca a análise a fim de incorporar a "participação da carteira" pelas vendas cruzadas à sua ampla base de clientes.
- *Únicas.* Não há um único caminho correto a ser seguido para se tornar um competidor analítico, e a forma como cada empresa utiliza a análise é singular e única em relação à sua estratégia e a seu posicionamento de mercado. Por exemplo, no setor dos jogos, a Caesars utiliza a análise para incentivar os clientes a jogarem em várias de suas instalações. Isso faz sentido para a Caesars, porque há muito tempo ela possui cassinos espalhados em todo o território dos Estados Unidos. Mas essa abordagem claramente não seria adequada para um único cassino, como o Foxwoods Resort Casino, em Connecticut. Ela também tem menos apelo para o empresário dos cassinos Steve Wynn, que levou seu estilo intuitivo e luxuoso para os resorts Encore e Wynn.
- *Adaptáveis a muitas situações.* Uma organização analítica pode cruzar fronteiras internas e aplicar as capacidades analíticas de formas inovadoras. A Sprint, por exemplo, facilmente adaptou sua expertise analítica ao marketing para melhorar seus processos de capital humano. A empresa aplicou seu modelo de "ciclo de vida de experiência do cliente" para criar um modelo análogo de "ciclo de vida de experiência do colaborador" que ajudou a otimizar o recrutamento e a retenção de colaboradores.

- *Melhor que a concorrência.* Mesmo em setores nos quais a expertise analítica e os dados consistentes são comuns e disponíveis, algumas organizações são simplesmente melhores em explorar as informações do que outras. Apesar de qualquer empresa norte-americana de serviços financeiros ter acesso a informações do FICO sobre os consumidores, por exemplo, a Capital One possui recursos e conhecimento analítico que lhe permite liderar o mercado ao tomar decisões mais inteligentes em relação aos clientes de crédito potencialmente arriscados. Os gerentes da empresa se referem ao conceito como *deaveraging* — como eles podem segmentar uma categoria ou métrica para obter mais vantagem analítica?

- *Renováveis.* Qualquer vantagem competitiva precisa ser um automóvel com aprimoramentos e reinvestimentos contínuos. A análise é particularmente adequada à inovação e renovação contínuas. A Progressive, por exemplo, descreve sua vantagem competitiva em termos da agilidade obtida por meio de uma abordagem analítica disciplinada. Quando os concorrentes notam que a Progressive se voltou a um novo segmento — como proprietários mais velhos de motocicletas —, ela já atraiu o mercado e já passou para a oportunidade seguinte. Quando outras companhias de seguro adotaram sua abordagem de precificação baseada em pontuações de crédito, ela já estava trabalhando em seu sistema de pague enquanto dirige, chamado Snapshot.

Uma advertência: empresas de setores de atividades altamente regidas por normas governamentais, ou para as quais a disponibilidade de dados é limitada, terão restrições a plena exploração da análise. Por exemplo, fora dos Estados Unidos, as empresas farmacêuticas são impedidas de obter dados sobre prescrições de médicos individuais. Como resultado, em geral, as atividades de marketing da indústria farmacêutica em outras partes do mundo são muito menos analíticas do que as de empresas que atuam no mercado norte-americano. Em outros casos, contudo, a análise pode transformar permanentemente um setor ou processo. Como aponta Michael Lewis, autor de Moneyball — O Homem que Mudou o Jogo e O Jogo da Mentira, ao falar sobre bancos de investimentos, "a introdução de derivativos e outros novos instrumentos financeiros resultou em níveis inéditos de complexidade e variação para as empresas de investimentos. Os sujeitos tradicionais e baseados no instinto, que sabiam quando comprar e vender, estavam testemunhando jovens MBAs — ou pior, PhDs do MIT — trazerem um nível sem precedentes de análise e inteligência ao trading. Em dez anos, a velha guarda virou história".[20]

Análise no Governo

Até agora, não falamos muito sobre a análise no governo porque nosso foco neste livro é a forma como as organizações competem — e organizações governamentais não fazem isso no sentido convencional do termo. A única área em que os governos nacionais de fato competem é na guerra, e não é surpresa alguma o fato de que as aplicações mais recentes da análise nos governos envolvem defesa nacional. Os primeiros computadores foram desenvolvidos para calcular fatores como trajetórias de mísseis. Assim, Robert McNamara introduziu uma ampla variedade de abordagens analíticas aos militares — nem sempre com sucesso — quando foi secretário da defesa, na década de 1960. No ambiente militar atual, a análise é amplamente utilizada na inteligência militar, inclusive na análise automatizada de comunicações de texto e voz (algumas vezes, gerando uma considerável controvérsia pública).

Hoje em dia, entretanto, a análise é amplamente utilizada em vários níveis do governo — local, estadual e federal. Ela pode não aumentar, necessariamente, a capacidade dos governos de competir, mas com certeza pode tornar os governos substancialmente mais eficientes e eficazes. No nível local, por exemplo, talvez a realização mais impressionante da análise tenha sido a utilização das estatísticas de análise da criminalidade na prevenção de crimes. Na cidade de Nova York, o programa CompStat associa crimes a regiões geográficas específicas da cidade e é utilizado para orientar decisões sobre a localização dos policiais. O programa também é utilizado para guiar as decisões até o nível de bairros. O CompStat foi amplamente elogiado por contribuir para a redução da criminalidade em Nova York desde a sua implementação. Entretanto vários outros fatores mudaram durante o mesmo período, de forma que é difícil isolar os efeitos do CompStat.[21]

Mais recentemente, o Domain Awareness System (DAS), uma iniciativa em conjunto do departamento de polícia de Nova York e da Microsoft, agora está sendo vendido para outras cidades. O sistema aproveita o poder da análise de big data para resolver crimes mais rápido e prevenir ataques terroristas. A quantidade de sensores e outros tipos de dados coletados para o propósito da DAS é assustador, incluindo:

- Imagens de nove mil câmeras de circuito fechado.
- Mais de duas bilhões de leituras de placas licenciadas de 500 leitores ao redor da cidade.
- Seiscentos sensores químicos e de radiação fixos e móveis (tipicamente utilizados por policiais).
- Uma extensa rede de detectores de áudio de tiros, chamada ShotSpotter, cobrindo 38km^2.
- Dados de discursos transformados em texto de 54 milhões de ligações de cidadãos para o 911 (190 no Brasil).
- O sistema também pode extrair registros criminais do Departamento de Polícia de Nova York, incluindo 100 milhões de convocações.[22]

Em outros lugares nos Estados Unidos, muitos departamentos de polícia estão utilizando a análise preditiva para combater o crime e enviar seu pessoal aonde terá maior impacto. Em Atlanta, o crime organizado diminuiu em 19%, uma vez adotada uma solução preventiva de policiamento.[23] A cidade de Los Angeles experienciou uma redução de 33% dos assaltos e uma redução de 21% dos crimes violentos nos bairros que estavam utilizando modelo preditivo.[24]

Além da prevenção de crimes, há muitas possíveis aplicações analíticas no nível estadual, algumas das quais podem gerar economias substanciais quando executadas com eficácia. Vários estados norte-americanos, incluindo Massachusetts, buscaram abordagens de otimização de receita que geraram centenas de milhões de dólares. Essas abordagens foram aplicadas a impostos e outros pagamentos. Os estados também buscaram a detecção de fraudes a fim de reduzir pagamentos impróprios para a previdência, cartões de compras, Medicare e Medicaid. Departamentos estaduais de recursos naturais utilizaram abordagens analíticas para modelar e otimizar recursos como minérios, gás e petróleo, bem como parques.

O cumprimento do pagamento de impostos estava entre as primeiras aplicações da análise do governo federal dos EUA que não era voltada para defesa. O Internal Revenue Service (IRS — Secretaria da Receita Federal dos Estados Unidos) deu início ao Taxpayer Compliance Measurement Program em 1963, a fim de analisar quais contribuintes poderiam estar fraudando suas declarações e fechar a "lacuna de impostos" entre o que era pago e o que deveria ser pago.[25] O programa foi eficaz para o IRS, mas considerou-se que a coleta de dados era dispendiosa e invasiva demais e o programa foi descontinuado em 1988. O IRS continua, entretanto, a utilizar programas voltados à análise do cumprimento e à identificação dos retornos.

Uma das aplicações mais importantes da análise no governo envolve o sistema de saúde. A saúde representa uma das principais fontes de custos para o governo federal — a maior categoria de gastos não militares. O Medicare e o Medicaid são financiados pelo governo federal norte-americano, mas administrados pelos estados. Um grande programa médico conduzido no nível federal são os hospitais do Department of Veterans Affairs (VA). O VA empregou registros médicos eletrônicos e análise com base nesses dados para se tornar um dos mais eficazes fornecedores da área de saúde nos Estados Unidos. Um artigo da BusinessWeek sobre os hospitais do VA, intitulado "The Best Medical Care in the U.S." (A melhor instituição de cuidados médicos dos Estados Unidos, em tradução livre), descreveu: "Em meados da década de 1990, o doutor Kenneth W. Kizer, na época secretário de saúde do VA, instalou o mais amplo sistema de registros médicos eletrônicos no país. Kizer também descentralizou o processo decisório, fechou hospitais subutilizados, realocou recursos e, de forma mais crítica, instituiu uma cultura de prestação de contas e mensurações de qualidade."[26]

Os hospitais do VA empregam abordagens analíticas como modelagem preditiva de doenças crônicas, medicina baseada em evidências, decisões automatizadas para protocolos de tratamento e prescrições de drogas, entre muitas outras. A experiência do VA é um dos melhores indicativos de que a análise pode ter grandes efeitos no governo, como já ocorre no setor privado.

Enquanto os hospitais do VA receberam críticas sobre o tempo que os veteranos precisavam esperar para consultas, seu padrão de atendimento, geralmente, continua alto. Em 2014, Robert McDonald, antigo CEO da Procter & Gamble e um forte defensor da análise, foi nomeado Secretário de Assuntos de Veteranos. Dentre outras iniciativas baseadas em dados, ele estabeleceu uma central chamada Divisão Analítica de Dados para tornar a expertise analítica disponível em todo o VA.

Os governos do mundo todo estão adotando cada vez mais a análise preditiva. Singapura possui uma iniciativa integrada de planejamento de cidade chamada "Smart Nation", que está transformando como são tomadas as decisões de políticas públicas sobre questões que vão da estratégia (por exemplo, planejamento econômico) ao operacional (por exemplo, planejamento de transportes) à tática (como quais livros estocar nas bibliotecas locais).[27] Agências governamentais, como a Irish Tack e a Autoridade Aduaneira, utilizam modelos preditivos para mirar declarações fiscais fraudulentas e, dessa forma, aumentar as receitas.[28] Forças policiais do Reino Unido, Singapura, Holanda, Uruguai, Brasil, Chile e dos Emirados Árabes estão começando a utilizar a análise preditiva para resolver e deter atividades criminosas.[29] A equipe de serviços de emergência nas Filipinas usa a análise preditiva para melhorar sua preparação para desastres naturais.[30]

Servindo o Mercado com Produtos e Serviços Analíticos

Apesar de, neste livro, nosso foco residir em como as empresas podem usar a análise para otimizar processos centrais de negócios, há outra forma de lucrar com ela: disponibilizando produtos ou serviços analíticos diretamente aos clientes — como oferta independente ou como aprimoramento de outros produtos e serviços. Para as empresas em posição de considerar essa opção, pegaremos um pequeno retorno aqui.

Este foco em produtos de dados (o que, invariavelmente, inclui a análise) amadureceu durante a era Analítica 2.0, como mencionamos na introdução. Talvez a empresa mais conhecida por melhorar suas ofertas ao mercado com a análise seja o Google. Além de fornecer análise às suas ferramentas de busca — que discutiremos no Capítulo 4 — e aos anunciantes — que descreveremos no Capítulo 5 —, o Google disponibiliza a análise como um serviço para qualquer pessoa que tenha um site. A empresa adquiriu um negócio de análise na web em 2005 e agora tornou o serviço do Google Analytics disponível para qualquer pessoa, fornecendo ferramentas de dados e análise que podem ser utilizadas para otimização de mecanismo de busca (search engine optimization — SEO), melhorando o engajamento do consumidor, aumentando os cliques e outras iniciativas de marketing. A empresa oferece o Google Analytics com um modelo de negócios singular: fornece o serviço de graça. A meta do Google ao oferecer os serviços analíticos é aprimorar o conhecimento da web e da internet fornecendo indicadores sobre os resultados do site e o comportamento dos usuários. Em vez de competir com outros fornecedores de análise na web, o Google procura educar administradores de conteúdo e anunciantes da web, informando-os acerca da eficácia de seus esforços e sobre como lucrar com esse canal relativamente novo. Quanto mais pessoas usarem bem a análise na web, melhor será a experiência geral da web e o Google lucrará no longo prazo. O Google chega a fornecer uma Academia Analítica online (Google Analytics Academy) para ensinar os princípios básicos da análise na web, além de publicar um blog e artigos online, oferecendo seminários na internet (os webinários) e palestras sobre o assunto.

Como mencionei na introdução, grandes empresas também começaram a criar produtos e serviços baseados em dados e em análise. A GE, por exemplo, fez uma aposta multibilionária na "internet industrial", incluindo aplicações como a manutenção preditiva para turbinas, motores a jato e locomotivas; otimização de rotas para locomotivas; análise clínica na saúde.[31] O Verizon Wireless vai analisar os dados de localização dos celulares de seus clientes em nome de esportes, entretenimento e empresas de hospedagem para permitir que eles foquem melhor suas ofertas e anúncios.[32] A Philips oferece um serviço baseado na análise preditiva chamado CareSage, que permite que os sistemas de saúde monitorem e cuidem de pacientes idosos compilando dados de dispositivos portáteis e monitores domésticos (o seu próprio e os utilizados por seus competidores). Ele identifica pacientes que são mais prováveis de ter problemas de saúde para que clínicos possam intervir antes que problemas ou hospitalizações ocorram. Em resumo, se a sua organização gera dados que são relevantes para os consumidores, você pode querer entender como melhor analisá-los e torná-los disponíveis para esses consumidores em produtos e serviços significativos.

Empresas de investimento financeiro, é claro, estão entre as primeiras a empregar a análise como elemento central de seus serviços. A *negociação algorítmica* é utilizada em todo o setor, e o sentimento geral é que as decisões desse setor envolvem muitos dados e precisam acontecer muito rapidamente para serem feitas por humanos. Fundos de cobertura (hedge funds) como o Bridgewater Associates, Renaissance Technologies, Two Sigma e outros se baseiam na análise para tomar quase todas as decisões de negócios e, como resultado, estão indo bem. Como foi dito em um arquivo recente: "Fundos quantitativos como os gerenciados pela Two Sigma e pela Renaissance Technologies estão publicando retornos consistentes nos últimos anos, enquanto empresas cujas estratégias são centradas em decisões humanas para negociações tiveram dificuldades."[33] Os líderes desses fundos de cobertura estão entre as pessoas mais bem pagas no mundo, muitas vezes lucrando bilhões de dólares por ano.

A mudança para a análise também está refletida no surgimento da consultoria analítica. Empresas como Accenture, Deloitte, IBM Global Services e muitas outras identificaram a consultoria analítica como uma área em crescimento a partir das demandas de seus clientes. Essas empresas de consultoria ajudam seus clientes a abordarem as amplas questões estratégicas em torno da construção de uma capacidade analítica ou fornecem assistência para construírem e apoiarem uma iniciativa comercial específica (por exemplo, programa de fidelidade de clientes). Elas frequentemente adaptam soluções para setores específicos, como subscrição automatizada no serviço financeiro. Consultores quantitativamente orientados se especializam em soluções para negócios altamente analíticos, como a otimização de rede de suprimentos, enquanto especialistas em gerenciamento de informações ajudam clientes a desenvolverem um ambiente analítico tecnicamente robusto. Consultores com particularidades industriais e especialidades funcionais (como marketing ou rede de suprimentos) trabalham de perto com clientes, enquanto os que possuem habilidades puramente técnicas ou estatísticas estão, cada vez mais, alocados fora do país, particularmente na Índia.

Algumas vezes, as empresas que atuam em negócios analíticos assumem tarefas relacionadas a isso, como gerenciamento de dados e consultoria. No setor de varejo, a Dunnhumby (que se descreve como uma empresa de "ciência para o consumidor", utiliza dados e ciência para ajudar varejistas a agradarem seus clientes e construírem lealdade) trabalhou em estreito contato com a Tesco no desenvolvimento de seu enorme programa de fidelidade de varejo, o Clubcard, uma importante ferramenta na capacidade dessa empresa de utilizar os dados para otimizar seu mix de produtos (para saber mais sobre a Tesco, veja o Capítulo 5). A empresa também trabalhou de perto com a Kroeger nos EUA em programas de fidelidade similares.

A Catalina Marketing também vende serviços analíticos ao setor de supermercados que ajudam a entender os efeitos dos cupons e de outras promoções. A empresa coleta dados de cerca de 300 milhões de transações por semana em mais de 50 mil empresas de varejo.[34] A Catalina gerencia para essas lojas um dos maiores bancos de dados do mundo, contendo os históricos de compras de mais de 260 milhões de compradores.[35] A empresa agrega informações sobre comportamento de compra e demografia, atitudes e preferências dos clientes e vende essas informações a redes de supermercados. A Catalina afirma que sua abordagem analítica pode aumentar as taxas médias de resgate de cupons de uma empresa até dez vezes mais do que conseguiriam com métodos de promoção tradicionais.

Em muitos casos, a venda de dados não é suficiente. As empresas também precisam de ajuda na interpretação e utilização dos dados e, assim, recorrem a serviços de consultoria de fornecedores externos. A Information Resources Inc. (IRI), por exemplo, há muito tempo vem coletando dados de terminais de pontos de venda de varejo, de painéis de cerca de 100 mil consumidores e de auditorias de estoque para compreender os padrões de consumo. Mais recentemente, entretanto, a IRI desenvolveu sua capacidade de ajudar as empresas de bens de consumo, de varejo e as farmacêuticas a analisarem os dados para a tomada de decisões de marketing mais lucrativas. Sunil Garga, que lidera o grupo da Analytic Insights, argumenta que, em função do desenvolvimento da análise, "o marketing mudou mais nos últimos 24 meses do que nos últimos 24 anos, e essa velocidade de mudança permanecerá. Estamos testemunhando uma verdadeira revolução analítica".[36]

Nos casos de empresas que vendem dados e análise, o desafio muitas vezes é convencer os clientes da necessidade dos recursos analíticos. De acordo com os gerentes que entrevistamos nessas empresas, a principal objeção se refere a uma falta de compreensão dos métodos analíticos e do que eles podem realizar, e não ao custo. Essa é uma das razões pelas quais o Google assumiu uma postura educativa e evangelizadora à análise da web com o Google Analytics.

Em uma variação da abordagem de "venda da análise", muitas empresas tradicionais estão encontrando formas inovadoras de aprimorar os produtos físicos pela incorporação da análise. Por exemplo, empresas de produtos médicos estão projetando produtos com sensores, de modo que os dados relativos à saúde de um indivíduo possam ser analisados remotamente e não em uma clínica ou um hospital. Também surgem no horizonte copiadoras que podem transmitir dados que permitem que o prestador de serviços agende a manutenção preventiva e evitem o tempo de paralisação da máquina. E, num futuro próximo, máquinas de lavar roupas serão capazes de "conversar com" sensores embutidos nas roupas para determinar o ajuste correto de temperatura.

Com a disponibilidade de sensores portáteis, produtos analíticos estão chegando até ao golfe, um esporte que não tem sido estranho às inovações tecnológicas nas últimas décadas. O Garmin TruSwing consiste em um sensor que pode ser acoplado a qualquer taco ou software analítico em smartwatches, smartphones e tablets. Ele mede e analisa a métrica baseado nos mecanismos do movimento do profissional (como voo de bola, trajetória e distância) para prover insights em cada tacada e melhorar a performance. Os profissionais podem receber feedback instantâneo em seus pulsos após cada jogada ou usar um aplicativo móvel que permita animações em 3D e informações analíticas detalhadas. Os jogadores não apenas possuem a habilidade de analisar tacadas individuais: duas tacadas podem ser posicionadas uma em cima da outra ou, alternativamente, correr lado a lado para comparações e análise. Além disso, os profissionais podem compartilhar seus dados de performance, tanto com amigos ou com um profissional, para conseguir dicas de como melhorar sua tacada.

Quando a Análise Não É o Suficiente

Esperamos ter conseguido argumentar que a boa utilização da análise é tudo o que uma organização precisa para melhorar seu desempenho nos negócios. Há, contudo, bons exemplos que contradizem essa afirmação. Grandes companhias aéreas norte-americanas, como a American e a United, são as primeiras evidências disso. Elas representam empresas analíticas, mas não muito bem-sucedidas. Ambas as companhias aéreas (a American um pouco mais do que a United) foram pioneiras na adoção de abordagens analíticas como gerenciamento por retorno de precificação de passagens, otimização de rotas e agendamento de recursos e análise de dados de programas de fidelidade. Apesar de acreditarmos que essas empresas estariam em piores condições sem a utilização da análise, ambas tiveram um desempenho ruim ao longo da maior parte das últimas duas décadas (apesar de preços mais baixos de combustível e a consolidação da indústria as terem ajudado a melhorarem muito recentemente, e as duas trabalham duro em novas abordagens analíticas).

O que aconteceu? Dois fatores impediram o sucesso dessas empresas com suas estratégias analíticas. Um deles foi que sua análise apoiava um modelo de negócios obsoleto. Elas foram pioneiras em análise para o gerenciamento por retorno, mas outras companhias aéreas com custos mais baixos ainda conseguem oferecer preços mais baixos (em média, se não para uma passagem específica). Elas foram pioneiras em análise na complexa otimização de rotas para muitos diferentes tipos de aviões, mas concorrentes como a Southwest conseguem economizar a mesma quantia em termos tanto de dinheiro quanto de complexidade ao utilizar somente um tipo de avião. Elas foram pioneiras em programas de fidelidade e promoções baseadas na análise de dados, mas seus serviços de atendimento ao cliente são tão indiferentes que a fidelidade a essas companhias aéreas se torna difícil para viajantes frequentes.

O outro problema com as suas abordagens analíticas é que outras companhias aéreas também as adotaram. Mesmo companhias de desconto como a Southwest e a JetBlue praticam a utilização diligente de gerenciamento por retorno e análise de agendamento de tripulação. Mesmo quando não possuem recursos internos para a análise, elas podem comprá-los de fornecedores como a Navitaire, PROS ou a Sabre Airline Solutions (que fazia parte da American, mas hoje opera como uma empresa separada). Os dados do setor estão amplamente disponíveis, por meio de associações e fornecedores externos, a qualquer companhia aérea que deseje analisá-los.

Em resumo, praticamente não existem barreiras que impeçam qualquer companhia aérea de empregar abordagens analíticas padrão e, atualmente, uma companhia aérea precisaria de muito esforço para se diferenciar na competição analítica. Talvez no futuro outras fronteiras da orientação analítica surjam nesse setor.

Conclusão

O sucesso de empresas como Capital One, Marriott, Progressive e Google demonstra que a utilização da análise pode levar a um melhor desempenho do negócio e a uma verdadeira vantagem competitiva. Mais de uma década de pesquisas indica que projetos analíticos individuais pagam importantes dividendos, e dados de pesquisa confirmam que abordagens analíticas estão correlacionadas à alta performance. Identificamos também cinco fatores que fazem da abordagem analítica uma fonte de vantagem competitiva. Nos dois capítulos seguintes, exploraremos em mais detalhes como determinadas empresas estão utilizando a análise para superar a concorrência. O Capítulo 4 aborda os processos internos, enquanto o Capítulo 5 lida com processos externos, como os que envolvem clientes e fornecedores.

CAPÍTULO QUATRO

COMPETIÇÃO ANALÍTICA EM PROCESSOS INTERNOS

APLICAÇÕES EM FINANÇAS, FUSÕES E AQUISIÇÕES (M&A), PRODUÇÃO, P&D E RECURSOS HUMANOS

A ANÁLISE PODE SER APLICADA A MUITOS PROCESSOS DE NEGÓCIOS para obter uma vantagem competitiva. Dividimos o mundo do suporte analítico para processos de negócios em duas categorias: interna e externa. O próximo capítulo abordará as propostas externas — processos orientados para clientes e fornecedores — e este capítulo se concentrará nas aplicações internas (veja a Figura 4-1). Essa distinção nem sempre é perfeitamente clara; neste capítulo, por exemplo, as aplicações internas algumas vezes envolvem dados e entidades externas, apesar de não se concentrarem primordialmente em oferta e demanda, clientes e cadeias de suprimentos. Mas aqui nosso foco são as funções internas como administração geral, finanças e contabilidade, P&D, operações e gestão de recursos humanos. Essas foram as primeiras aplicações de "suporte à tomada de decisões". O propósito original foi utilizar esses dados e sistemas para gerenciar internamente o negócio. Só mais recentemente eles foram aplicados ao trabalho com clientes e fornecedores, à medida que as empresas acumulavam melhores dados sobre o mundo externo com o qual elas interagem.

O desafio, então, não é simplesmente identificar aplicações internas de análise de negócios, mas encontrar as que sejam claramente estratégicas e envolvam vantagem competitiva. Qualquer empresa, por exemplo, pode possuir um scorecard operacional ou financeiro, mas como isso contribui para uma competência estratégica distintiva? Aplicações voltadas aos clientes têm mais chances de serem estratégicas quase por definição; aplicações internas precisam se esforçar para ter um impacto estratégico. Elas precisam conduzir a melhorias mensuráveis do desempenho operacional ou financeiro. No quadro "Aplicações Analíticas Típicas de Processos Internos", listamos algumas abordagens comuns.

FIGURA 4-1

Campos de aplicação para a análise

APLICAÇÕES ANALÍTICAS TÍPICAS DE PROCESSOS INTERNOS

Custeio baseado em atividades (ABC). O primeiro passo de uma gestão baseada em atividades é alocar os custos de forma precisa em todos os aspectos do negócio, como clientes, processos ou canais de distribuição; modelos incorporando atividades, materiais, recursos e componentes de oferta de produtos permitem a otimização baseada em custos e a previsão das necessidades.

Inferência bayesiana (por exemplo, para prever a receita). Uma estimativa numérica do nível de crença em uma hipótese anterior e posterior à observação da evidência.

Otimização combinatória (por exemplo, para otimizar um portfólio de produtos). A alocação eficiente de recursos limitados a fim de gerar a melhor solução para objetivos específicos quando os valores de algumas ou de todas as variáveis (como um determinado número de pessoas) devem ser números inteiros (porque as pessoas não podem ser divididas em frações) e existem várias possíveis combinações. Também chamada de programação inteira.

Análise de restrições (por exemplo, para a configuração de produtos). A utilização de um ou mais algoritmos de satisfação de restrições para especificar o conjunto de soluções viáveis. As restrições são programadas em regras ou procedimentos que produzem soluções para uma configuração específica e projetam problemas utilizando um ou mais algoritmos de satisfação de restrições.

Design experimental (por exemplo, para a análise de sites). No mais simples tipo de experimento, os participantes são aleatoriamente separados em dois grupos equivalentes. Um grupo (o de programa ou tratamento) recebe o programa; outro grupo (de comparação ou de controle), não. Se o programa resultar em diferenças estatisticamente significativas na variável de resultado, pressupõe-se ter o efeito da hipótese.

Análise de valor futuro. A decomposição da capitalização de mercado em valor corrente (extrapolação dos retornos monetários existentes) e valor futuro ou expectativas de crescimento futuro.

Algoritmos Genéticos (por exemplo, para descriptografia/quebra de código ou engenharia de produto/design). Uma classe de modelos de otimização estocástica e técnicas de busca heurística, que usam princípios encontrados na evolução e na seleção natural. Particularmente útil quando um grande número de variáveis e constrangimentos complexos existem. Exemplos externos incluem: programação de comunicações via satélite, carregamento otimizado de contêineres de carga e otimização de rotas de entrega.

Simulação de Monte Carlo (por exemplo, para a avaliação de projetos de P&D). Uma técnica computadorizada utilizada para avaliar a probabilidade de certos resultados ou riscos pela modelagem matemática de um evento hipotético ao longo de várias experimentações e comparando o resultado com distribuições de probabilidade predefinidas.

Análise de regressão múltipla (por exemplo, para determinar como fatores não financeiros afetam o desempenho financeiro). Uma técnica estatística em que a influência de um conjunto de variáveis independentes em uma única variável dependente é determinada.

Análise de redes neurais (por exemplo, para prever o início de uma doença). Sistemas modelados com base na estrutura e no funcionamento do cérebro, em que o estado do sistema é modificado pelo treinamento até que ele possa diferenciar entre as classes de inputs; utilizado em grandes bancos de dados. Normalmente, uma rede neural é inicialmente "treinada" ou alimentada com grandes quantidades de dados e regras sobre relacionamentos entre dados — por exemplo: "Um avô é mais velho que o pai de uma pessoa."

(continua)

Simulação (por exemplo, em pesquisas farmacêuticas "in silico" — ou em ambiente virtual). Manipulação de parâmetros com a utilização da matemática e/ou regras para criar um modelo de como diferentes valores gerariam um resultado. O resultado simulado pode ser utilizado para obter uma saída ideal ou para prever um determinado comportamento. Pesquisadores farmacêuticos talvez utilizem a biossimulação para estudar como células ou outras entidades vivas reagem a substâncias químicas ou outras intervenções.

Análise textual (por exemplo, para avaliar performances de call center ou garimpar dados do Twitter para sentimentos do consumidor). Análise da frequência, relações semânticas e importância relativa de termos, frases e documentos específicos em um texto online.

Análise de rendimento (por exemplo, na fabricação de semicondutores). Emprego de estatística básica (média, mediana, desvio-padrão etc.) para compreender o volume e a qualidade do rendimento e comparar um lote de itens com outro — geralmente exibidos visualmente.

Análise Financeira

Apesar de ser um campo quantitativo por natureza, a finança trilhou outras funções, como marketing, cadeia de suprimentos, operações e até mesmo recursos humanos no sentido de empregar análise avançada para tomar decisões-chave. CFOs (chief financial officers) são, geralmente, pensados como a "pessoa dos números" em uma organização. Eles são, muitas vezes, defensores articulados da utilização de análise preditiva e prescritiva para o processo de tomada de decisões — mas, usualmente, quando isso é em outro departamento.

Grupos financeiros, naturalmente, usam há muito tempo relatórios, painéis, scorecards e consultas online no decorrer de seu trabalho. O problema é que essa aplicação de análise descritiva não diz a seu usuário nada sobre padrões subjacentes nos números e apenas descrevem o passado. Profissionais de finanças podem experimentar um ocasional modelo de regressão no Excel, mas a função financeira fazer da análise avançada uma capacidade essencial — no mesmo nível dos relatórios externos ou processos de fechamento — é muito raro.

Permanecemos otimistas que essa situação esteja começando a mudar. Conforme os CFOs ficam mais confortáveis com a utilização de modelos analíticos no restante dos negócios, esperamos que mais aplicações analíticas inovadoras comecem a ser implementadas nas finanças. Na Intel, por exemplo, um pequeno número de profissionais do financeiro começou a defender um maior uso da análise três anos atrás. Eles apresentaram ao time sênior de finanças a ideia de construir uma competência geral em análise avançada e a reação foi positiva. Uma das primeiras iniciativas foi comparar as capacidades analíticas do financeiro da Intel com as de empresas líderes na área. E a Intel descobriu que algumas empresas online ou voltadas para tecnologia no Vale do Silício (muitas das quais possuem uma forte orientação analítica no geral) tinham capacidades mais avançadas do que ela. A Intel começou uma série de iniciativas específicas na área de previsão, incluindo previsões estatísticas dos níveis de estoque e receita, além da previsão de prejuízos nos investimentos de capital da Intel. A função financeira na Intel também embarcou em um vasto esforço de educar profissionais e gerentes do setor de finanças sobre tópicos de análise avançada e está planejando programas de certificações para eles também.

Levando em conta a quantidade de dados disponíveis para funções financeiras e os níveis de insight que podem ser atingidos, parece inevitável que o uso da análise avançada pelo setor financeiro se torne mais predominante. Nas páginas seguintes, oferecemos alguns exemplos de aplicações financeiras da análise, já que elas, é claro, possuem ligação mais direta com a performance das finanças. Existem várias categorias de aplicações financeiras da análise, incluindo relatórios externos, gerenciamento de desempenho corporativo (relatório de gerenciamento e scorecards), gerenciamento de custos e riscos.

Relatórios Externos para Órgãos Reguladores e Acionistas

As prestações de contas externas não levam à vantagem competitiva em condições "normais" do negócio. Após um determinado nível, não costuma ser uma vantagem conseguir prestar contas de forma mais rápida e precisa. A Cisco Systems, por exemplo, tentou por muitos anos vender sua capacidade de fechar os livros instantaneamente e relatar os resultados quase imediatamente ao final de um período financeiro. Mas, muitas vezes, nos perguntamos por que a empresa se preocupava com isso; a SEC (Securities and Exchange Commissions, órgão norte-americano equivalente à CVM — Comissão de Valores Mobiliários no Brasil) não exige fechamentos instantâneos e não fica claro o que mais uma empresa poderia fazer com os resultados financeiros para o consumo externo. Mas a história é outra quando se trata de informações utilizadas pelos gestores para tomar melhores decisões estratégicas, de investimentos e operacionais.

Relatórios e scorecards, tanto financeiros quanto operacionais, são algumas das aplicações mais comuns de *business intelligence* e de suporte à tomada de decisões. Eles são claramente importantes para administrar qualquer negócio e são cada vez mais importantes (com o advento da lei Sarbanes-Oxley*, por exemplo) para manter os executivos seniores fora da cadeia. Apesar de as organizações não concorrerem com base em seus relatórios e scorecards, ter sistemas para monitorar o progresso em relação a indicadores operacionais essenciais e ao planejamento é fundamental para a execução da estratégia.

Novos requerimentos de regulamentação de dados podem se tornar uma oportunidade para se criar uma fonte rica de dados para melhorar a performance. Por exemplo, empresas farmacêuticas rotineiramente interagem com profissionais da área de saúde como clientes, consultores, pesquisadores e como palestrantes de marketing. Em função de um possível conflito de interesses, mais de 40 países promulgaram regulamentos "antipropina" que exigem transparência nessas relações. Como resultado, empresas precisam agregar todos os dados de gastos médicos em um único lugar para que seja reportado de maneira apropriada na jurisdição correta. De acordo com o Grupo Everest, "o setor industrial está vendo o aumento da supervisão reguladora como um fardo. No entanto os requerimentos regulatórios estão colocando em funcionamento uma fundação para requerimentos de dados que podem ser utilizados para orientar o setor farmacêutico e dar vida à ciência analítica. Organizações podem extrair valor adicional em um mercado desafiador e criar uma diferenciação competitiva utilizando essa oportunidade".[1] O fabricante de produtos médicos Zimmer Biomet, por exemplo, utiliza dados da MediSpend (empresa global de tecnologia que fornece soluções de conformidade e inteligência comercial ao setor de

* Nota da Tradutora: Lei norte-americana promulgada para garantir a criação de mecanismos de auditoria e segurança confiáveis nas empresas, visando evitar a ocorrência de fraudes ou dispor de meios de identificação quando elas ocorrem, garantindo a transparência na gestão das empresas.

ciências da vida) e painéis analíticos para monitorar a complacência com leis globais de conformidade. Mas também aproveita os dados para criar novos modelos de negócios que impulsionam desenvolvimentos de dispositivos e medicamentos. Como discutimos no Capítulo 1, atividades de relatórios tipicamente não utilizam extensivamente a análise, mas existem exceções. Uma delas é a predição de performance futura.

Empresas de capital aberto precisam fazer previsões regulares do desempenho futuro para investidores e analistas. As consequências de previsões incorretas podem ser dramáticas; os investidores podem punir severamente as empresas que falham em "cumprir seus números". A maioria das empresas faz extrapolações diretas de resultados de períodos anteriores para os posteriores. Contudo, em alguns setores com altos níveis de mudança e incerteza, as extrapolações podem ser problemáticas e gerar previsões incorretas.

O setor de tecnologia da informação é um desses setores incertos. Os produtos e os desejos dos clientes mudam rapidamente e volumes desproporcionais de vendas ocorrem nos finais dos períodos de informe. A Hewlett-Packard (HP) descobriu a dificuldade de se fazer previsões precisas de receita em um ambiente como esse e, em um trimestre de 2001, cometeu um erro de previsão de crescimento de receita "quase desastroso", na ordem de 12%.[2] Os executivos da HP decidiram designar alguns de seus pesquisadores quantitativos para trabalhar em HP Labs, debruçando-se sobre o problema da criação de previsões de receita mais precisas.

Os pesquisadores utilizaram uma abordagem de inferência bayesiana (veja o quadro no início deste capítulo) para prever receitas mensais e trimestrais a partir de dados do período. Depois de vários ajustes, o algoritmo produziu previsões de receita bem melhores do que a abordagem mais direta, utilizada anteriormente. A HP incorporou o novo algoritmo em seu painel de informes de desempenho e o então CFO da empresa, Bob Wayman, observou: "É reconfortante ter um sólido algoritmo de projeção. Ele é mais ágil e limpo, tem mais rigor e metodologia em relação a meu próprio algoritmo."[3]

Uma melhor previsão do desempenho futuro do ponto de vista operacional também permite que as empresas tomem providências mais cedo. Utilizando dados operacionais "quase em tempo real", os administradores podem identificar rapidamente tendências emergentes, fazer previsões e agir com prontidão. Por exemplo, durante a última recessão, os executivos da Dell utilizaram modelos preditivos para reconhecer, meses antes dos concorrentes, como as vendas, na ocasião em alta, cairiam aos poucos. Eles promoveram medidas preventivas em relação a preços e produtos, que resultaram em um melhor (ou pelo menos, menos terrível) desempenho financeiro durante a crise do mercado. Ainda mais importante: à medida que a recessão chegava ao fim, eles foram capazes de se ajustar novamente para aumentar a participação de mercado.

Gestão de Desempenho Empresarial e Scorecards

Outra exceção às aplicações de informes financeiros envolvendo a análise é quando as empresas tentam explicar o desempenho financeiro a partir de fatores não financeiros. Uma iniciativa bem-sucedida de gestão de desempenho empresarial requer que as empresas não apenas prevejam o desempenho de forma precisa, mas também se envolvam profundamente com algumas questões mais amplas: Quais atividades exercem maior impacto sobre o desempenho do negócio? Como sabemos se estamos agindo de acordo com a nossa estratégia? Uma organização precisa de insights quantificáveis sobre os fatores operacionais que contribuem para os resultados dos negócios e uma forma de mensurar o progresso em relação a eles.

Ao longo da última década, o maior avanço no gerenciamento de relatórios foi a mudança de relatórios estruturados de TI ou de scorecards razoavelmente estatísticos para dar aos gerentes acesso sem precedentes aos dados corporativos. Gerentes e trabalhadores da informação podem acessar e explorar informações financeiras e operacionais de toda a organização utilizando aplicações inteligentes de negócios, que incorporam alertas, painéis de gerenciamento, filtros dinâmicos e ferramentas de visualização de dados. Conforme as ferramentas analíticas incorporam tecnologias de inteligência artificial, como a geração de linguagem natural, elas conseguem ajudar os gerentes a entenderem e interpretarem os dados também. Por exemplo, a Credit Suisse integrou o Quill (uma plataforma da Narrative Science que gera uma linguagem natural avançada) no HOLT, sua plataforma analítica de dados de investimento. A Credit Suisse analisa tanto dados próprios quanto dados do mercado para produzir relatórios de pesquisa de investimentos que avaliam as expectativas da empresa, vantagens e riscos para auxiliar analistas, banqueiros e investidores a tomarem decisões de investimento em longo prazo. A Credit Suisse alcançou total cobertura de analistas nas cinco mil empresas analisadas em sua plataforma, aumentando o número de empresas que a Credit Suisse analisa em mais de 300%. Porque os analistas de investimentos não precisam mais escrever relatórios resumidos, eles podem focar melhor seus clientes e conduzir análises mais sofisticadas.

Esses sistemas de gerenciamento de performance informam não apenas o desempenho financeiro, mas também campos como relação com o cliente, aprendizado e inovação de colaboradores e operações.

Esse tem sido um ótimo passo à frente na compreensão de performance. No entanto, muitos adeptos dos *balanced scorecards* ainda não estão muito equilibrados, focando principalmente relatórios financeiros. É ótimo acrescentar métricas não financeiras no *scorecard,* mas investidores e reguladores não se importam muito com eles. É natural enfatizar os números do financeiro.

Outro problema com a maioria dos *scorecards* é que, mesmo quando as empresas possuem tanto medidas financeiras quanto não financeiras em seus scorecards, elas não as correlacionam. Os professores de administração David Larcker e Chris Ittner analisaram várias empresas que adotaram os *balanced scorecards.*[4] Nenhuma das empresas estudadas por eles tinha modelos causais que relacionavam o desempenho não financeiro ao financeiro.

Recursos não financeiros ou intangíveis (como capital de conhecimento humano, marca e recursos de P&D) estão crescendo em importância tanto para o desempenho dos negócios da empresa quanto para as percepções externas do valor da empresa.[5] Até os estudos mais favoráveis mostram apenas um poder explanatório de aproximadamente 50% para o efeito de mensurações financeiras como lucro por ação, renda líquida, lucro econômico ou retorno sobre o capital investido no valor de mercado de uma empresa.[6] Em alguns setores, o EPS é responsável por menos de 5% do valor. Acreditamos que uma equipe de gestão que administre todas as suas fontes de valor — tangíveis e intangíveis, atuais e futuras — tem uma vantagem significativa sobre as que não agem assim.

Algumas empresas estão trabalhando para desenvolver uma compreensão holística de impulsionadores de valor tanto financeiros quanto não financeiros. Poucas empresas na fronteira estão buscando gerenciar valores tanto dos acionistas atuais quanto dos futuros.[7] Essas organizações estão explorando como infundir seus scorecards com dados de analistas de Wall Street e análise de valor futuro, a fim de obter uma melhor compreensão das implicações das decisões sobre o valor aos acionistas. As empresas que desenvolvem recursos como esses podem muito bem estar no caminho da vantagem competitiva.

Os relatórios e scorecards têm grandes chances de levar à vantagem competitiva quando o ambiente de negócios está em dramática mudança. Nessas circunstâncias, é especialmente importante monitorar novas formas de desempenho. Novas medidas precisam ser desenvolvidas, novos modelos de desempenho precisam ser criados e novos comportamentos de gestão precisam surgir. A velocidade e a eficácia da mudança organizacional em períodos como esse podem, sem dúvida, levar à vantagem competitiva. Por exemplo, uma empresa seguradora de acidentes e bens com a qual trabalhamos precisava se transformar. Ela apresentava desempenhos financeiros baixos, com perdas de mais de US$1 bilhão ao longo dos últimos quatro anos. Ela pagava US$1,40 em pedidos de indenização e despesas para cada dólar que recebia. A empresa tinha monitorado seus resultados financeiros, mas não entendia o que estava criando esse baixo desempenho.

Como parte de uma grande mudança corporativa, a empresa se concentrou em três processos essenciais: relacionamentos com os agentes, contratos lucrativos e execução de pedidos de indenização. Além de redesenhar esses processos, a empresa criou novas métricas para eles e as reuniu em um balanced scorecard. O scorecard serviu como um recurso para comunicar rapidamente o desempenho e as mudanças nos processos e o sucesso da iniciativa de mudança em geral à equipe de gestão. O scorecard avaliava a capacidade da empresa de atender objetivos como:

- Selecionar novos mercados lucrativos para entrar.
- Atrair e selecionar os clientes certos.
- Precificar de acordo com o risco.
- Reduzir a seriedade dos pedidos de indenização.

Sistemas de recompensas para colaboradores e gerentes em todos os níveis da empresa foram revistos para relacionar o desempenho a esses objetivos. Algumas análises automatizadas foram incorporadas aos sistemas de contratação do seguro para agilizar o processo e melhorar a qualidade das decisões de precificação.

A empresa utilizou essas mudanças nos processos e nas abordagens de relatórios para promover uma virada dramática. Ela começou a ganhar um volume substancial de lucros e acabou sendo adquirida por uma outra seguradora por US$3,5 bilhões — um alto valor em comparação com o possível valor zero de alguns anos antes.

Gestão de Custos

Apesar de algumas pessoas talvez questionarem se a gestão de custos pode levar à vantagem competitiva, há um número cada vez maior de exemplos de empresas que fizeram uma análise eficaz e gerenciaram seus custos como uma competência estratégica.

Na saúde (pelo menos nos Estados Unidos), poucos hospitais sabem os custos de tratar pacientes e, por esse motivo, raramente conseguem controlá-los. Uma exceção é a Assistência Médica da Universidade de Utah (UUHC — *University of Utah Healthcare*), que inclui quatro centros médicos acadêmicos e uma variedade de clínicas e centros na área de Salt Lake City. A UUHC embarcou em um esforço multianual para medir precisamente seus custos. O projeto, chamado Resultados Impulsionados por Valor (VDO — *Value Driven Outcomes*), utiliza uma abordagem de custos baseada em atividades. O VDO integra totalmente todos os dados disponíveis a respeito do encontro com um paciente para prover uma visão completa e abrangente do cuidado com os pacientes. A UUHC começou a desenvolver dados precisos de contabilidade de custos utilizando o custo real da aquisição de cada item utilizado em cada encontro com o paciente. Uma vez que as informações de custos foram reunidas, a UUHC também desenvolveu uma métrica-chave de qualidade e integrou os dados de qualidade com os dados clínicos e de custo, para que a análise abrangente de efetividades de custos pudesse ser utilizada.

Dessa forma o hospital foi capaz de aplicar métodos estatísticos para responder a perguntas óbvias — mas anteriormente impossíveis de responder — como: Qual é o custo da má qualidade? Onde está a variação significativa de custos ou qualidade entre médicos? Onde os cuidados com o paciente estão superutilizando laboratórios e procedimentos com imagens sem qualidade adicional ou valor como resultado?

A UUHC também engajou seus médicos no desenvolvimento e uso dos dados de VDO e ferramentas analíticas. Eles desenvolveram ferramentas analíticas descritivas de autoatendimento com auxílio de médicos, incluindo um feedback contínuo para garantir que o que estava sendo desenvolvido iria de encontro às suas necessidades e responderia às suas perguntas. Os resultados foram impressionantes: enquanto o custo de outros centros médicos acadêmicos na área cresceu uma média de 2,9% ao longo dos últimos anos, a UUHC teve um declínio anual de 0,5%.

O custo com energia é outro recurso caro para muitas organizações. O campus corporativo da Microsoft de 500 hectares em Redmond, Washington, possui 1,38 milhão de metros quadrados de escritórios e laboratórios. Buscando economizar energia e reduzir custos com serviço e manutenção, a empresa considerou investir US$60 milhões para atualizar suas redes incompatíveis de equipamentos e mais de 30 mil sensores. Darrel Smith, diretor de Instalações e Energia, queria evitar um projeto de construção e substituição disruptivo e caro. Além disso, o time da Microsoft estava preocupado com o deslocamento de colaboradores e a consequente perda na produtividade. Então, em vez disso, Smith e seu time desenvolveram um "cobertor analítico" para conectar os diversos sistemas utilizados no gerenciamento dos prédios do campus. A camada analítica permitiu que o time juntasse dados de milhares de sensores nos prédios, assim como em equipamentos como climatização (HVAC), ventiladores e serviços de iluminação. Rapidamente, eles foram acumulando bilhões de pontos de dados toda semana. A Microsoft descreve os benefícios desta forma:

> Esses dados deram ao time profundos insights, permitiram melhores diagnósticos e possibilitaram muito mais tomadas de decisões inteligentes. Um teste do programa em 13 prédios da Microsoft forneceu resultados surpreendentes — a Microsoft não apenas economizou energia e milhões em manutenção e custos com utilidades, mas a empresa agora está hiperconsciente do desempenho de seus prédios... Não é algo pequeno — se um amortecedor está preso no Edifício 75 ou uma válvula está com vazamento no Estúdio H —, aquele engenheiro pode agora detectar (e muitas vezes consertar com apenas alguns cliques) até o menor dos problemas de seu painel de alta tecnologia em suas mesas... em vez de precisar entrar em um caminhão e ir procurar e consertar o problema pessoalmente.[8]

Por exemplo, em uma garagem, exaustores estavam funcionando continuamente por um ano (resultando um gasto de US$66 mil com energia desperdiçada). Momentos após ser colocada online, a solução de prédios inteligente detectou o erro e o problema foi consertado. O software também informou aos engenheiros sobre o problema de pressurização em um sistema de água gelada em outro prédio. Levou menos de cinco minutos para consertar o problema, que economizou cerca de US$12 mil por ano.

O sistema também prioriza problemas a serem consertados. Os algoritmos conseguem equilibrar o custo de um conserto em termos monetários e de energia gasta com outros fatores, como o impacto que solucionar um problema terá para os colaboradores daquele prédio. Portanto, um problema de baixo custo em um laboratório de pesquisa com operações críticas pode ter prioridade mais alta do que uma solução mais cara que está diretamente afetando poucos. De acordo com Smith, quase metade dos problemas identificados pelo sistema pode ser corrigida em menos de um minuto.

Engenheiros apreciam poder gastar seu tempo antecipando, prevenindo e resolvendo problemas, em vez de reunir dados e reagir a emergências. "Eu costumava gastar 70% do meu tempo reunindo e compilando dados e apenas 30% fazendo engenharia", afirma o engenheiro de instalações Jonathan Grove. "Nosso trabalho nos prédios inteligentes me fornece dados em formatos de fácil consumo, então agora posso gastar 95% do meu tempo fazendo engenharia, o que é ótimo."

A Microsoft está prevendo uma economia de energia de 6% a 10% ao ano. E, conforme cada novo algoritmo fica online, a empresa encontra novas formas de economizar energia. Por exemplo, um "novo algoritmo para detectar quando o ar-condicionado em determinado prédio está esfriando demais", pode economizar 15 minutos para cada instância detectada. O time parece confiante que ainda melhores economias em energia e gastos estão no horizonte.

Gerenciamento de Riscos

Identificar e minimizar riscos é uma prioridade para toda organização. Gerentes de risco estão utilizando dados e ferramentas analíticas para fazer seu trabalho há muitos anos. Avanços técnicos recentes e novos tipos de dados estão revigorando o uso de análise preditiva para atenuar riscos. Enquanto riscos específicos variam de acordo com a organização, duas das áreas mais ativas são: detecção de fraudes e cibersegurança.

Um desafio crescente para empresas de serviços financeiros é proteger seus consumidores e a si mesmas contra compras e reivindicações fraudulentas. A organização norte-americana Coalition Against Insurance Fraud (Aliança Contra Fraude de Seguros, em tradução livre) conservadoramente estima que a fraude custa US$80 bilhões por ano às seguradoras.[9] Cada vez mais as empresas contam com sofisticados algoritmos de detecção de fraudes para reconhecer compras fraudulentas em cartões de crédito em tempo real. Empresas de cartões de crédito como a Visa e a American Express estão utilizando métodos analíticos avançados há anos para identificar cartões de crédito roubados e compras fraudulentas em tempo real. Combinando ponto de venda, autorização e informações de geolocalização baseadas em comportamentos passados para compras, essas empresas estão se tornando melhores em identificar comportamento suspeito e alertar os donos do cartão sobre problemas em potencial.=

As seguradoras também estão lutando de volta, utilizando a análise preditiva para identificar onde elas precisam focar sua atenção. De acordo com Bill Dibble, vice-presidente sênior de operações de reivindicações da Infinity Property & Casualty:

> Percebemos que os pedidos de seguro de automóvel poderiam ser classificados da mesma forma que os pedidos de crédito ao consumidor, e que a tecnologia poderia realçar significativamente o processo ao fazer inferências específicas sobre comportamento... Desenvolvemos um processo para designar diferentes "pontos" em probabilidades de fraude quando os requerentes primeiramente reportam um acidente. Ao utilizar um mecanismo de regras que pontua requerimentos automaticamente com base nas probabilidades de fraude, podíamos enviar requerimentos suspeitos às mãos de investigadores em um ou dois dias para uma análise mais profunda. Como resultado do uso dessa tecnologia, não apenas reduzimos o tempo de identificação de um requerimento fraudulento para 24 horas — levava entre 30 a 60 dias — como também nos tornamos mais bem-sucedidos em pegar requerimentos fraudulentos.[10]

Em outro exemplo, a Infinity analisou relatórios de seus antigos avaliadores para desenvolver um novo algoritmo que resultou em US$12 milhões em recuperação de sub-rogações.[11]

Historicamente, grupos de TI têm sido melhores na criação de modelos preditivos para outras partes do negócio, mas foram os mais lentos em adotar a análise para gerenciar sua própria função. Isso tem mudado à medida que os desafios da cibersegurança se multiplicam e se tornam mais assustadores. O número de ameaças para grandes empresas está crescendo rapidamente, assim como o número de hackers que as criaram e o número de sistemas em risco de ciberataques. As violações de dados estão aumentando, segundo um relatório, em 85% ao ano e, em 2016, meio bilhão de registros pessoais foram roubados ou perdidos.[12]

E, com a proliferação de dispositivos conectados, não há dúvidas de que o desafio de proteger os dados de uma organização deve apenas crescer. Processos de cibersegurança dentro de empresas são muitas vezes reativos a hacks e violações; investigações e ações apenas são tomadas após (algumas vezes, muito depois) o problema ter ocorrido. A tecnologia mais comumente utilizada para lidar com ataques cibernéticos emprega "assinaturas de ameaças" com base em padrões de ataques anteriores. Claro que essas abordagens possuem pouco valor em prevenir novos tipos de ataques. Métodos analíticos preditivos originalmente desenvolvidos para detectar e prevenir fraudes de cartões de crédito — uma forma de detecção de anomalias — estão agora sendo aplicados a comportamento em ataques de cibersegurança.[13] Algumas tecnologias cognitivas, incluindo *deep learning*, também podem identificar anomalias em padrões de transações. Essas abordagens podem identificar anomalias emergentes muito mais rápido do que utilizar assinaturas de ameaças, e podem ser capazes de identificar ameaças muito antes e prevenir hacks substanciais e perda de dados antes que ocorram. Levando em conta a sensibilidade dos problemas de cibersegurança, humanos serão necessários para confirmar e investigar ameaças, particularmente quando são internas. Mas a quantidade de trabalho investigativo pode ser substancialmente reduzida através da análise. Atualmente, organizações dos setores público e privado estão usando a análise e — em uma escala menor — tecnologias cognitivas e de automação para melhorar seus programas de cibersegurança. Não está claro quando essas capacidades técnicas vão amadurecer totalmente, mas não deveria haver dúvidas sobre sua necessidade e a probabilidade de sua adoção final.[14]

Análise de Fusões e Aquisições

Historicamente, fusões e aquisições não têm sido o foco de muita atividade analítica, com exceção, talvez, de análises detalhadas de fluxo de caixa. Em geral, pouca atenção é dispensada à análise operacional envolvendo a eficiência da cadeia de suprimentos, as reações previstas dos clientes e os impactos sobre os custos na organização combinada. Essa pode ser a razão pela qual grande parte — as estimativas chegam a 70% e 80% — dos acordos de fusões e aquisições (M&A) não é terrivelmente bem-sucedida em termos de produção de valor econômico.

Ainda não encontramos nenhuma empresa que realmente se diferencia na qualidade da análise para fusões e aquisições. Mas isso pode estar começando a mudar. Uma pesquisa da Deloitte de 2015 com 500 executivos corporativos descobriu que 68% estavam usando dados analíticos para M&A (embora apenas 40% os considere como uma capacidade essencial para M&A), e mais de 80% via a análise de dados se tornar cada vez mais importante no futuro da M&A.[15] Seu uso mais comum era para o entendimento de clientes, mercados, forças de trabalho e compensações. Mas algumas organizações mais avançadas estavam usando análise preditiva para identificação e realização de potenciais sinergias.

Sem dúvida, alguns acordos de fusões e aquisições devem ser fechados tão rapidamente que a análise extensiva seria difícil ou impossível. Quando o Bank of America teve a oportunidade de adquirir o Fleet Bank, por exemplo, ele teve cerca de 48 horas para tomar uma decisão. Mas, para a maioria dos acordos, há bastante tempo para a análise. Na Procter & Gamble, por exemplo, a aquisição da Gillette foi discutida por mais de um ano antes do anúncio do acordo. As análises da P&G identificaram economias significativas (em sua cadeia de suprimentos, por meio de reduções de mão de obra e ganhos potenciais com sinergias de clientes) que foram utilizadas para definir o valor que a P&G ofereceu à Gillette no acordo. De forma similar, a CEMEX, empresa global de cimento, utiliza a análise para quantificar benefícios esperados de uma maior participação de mercado e maior lucratividade ao reforçar os processos e os sistemas no alvo da aquisição.

Uma empresa que está tentando injetar mais rigor analítico em sua atividade de integração de M&A é a IBM. A IBM tem estado em uma onda de aquisições ultimamente e, para melhorar as chances de alcançar seu objetivo, a empresa desenvolveu um algoritmo de aprendizado de máquina chamado M&A Pro. O sistema produz visualizações que quantificam os principais riscos de integração, oferece aconselhamento qualitativo e cria um painel financeiro comparando o desempenho de transações anteriores com o plano de negócios inicial. O diretor de Integração M&A da IBM, Paul Price, afirmou: "Nem todo mundo é expert nos processos de M&A. Mas o que fizemos foi criar uma linguagem comum, um esperanto, para execução de negócios em toda a organização... Nosso negócio agora é muito mais fundamentado na realidade econômica e operacional."[16]

Análise Operacional

Um domínio analítico que tem estado presente há muito tempo nas empresas é a área de operações, especialmente no que se refere à produção e à qualidade. Essa foi a origem, por exemplo, da Gestão da Qualidade Total e do Seis Sigma, que, quando executados com seriedade, envolvem análises estatísticas detalhadas de variações no processo, taxas de defeitos e fontes de problemas. A análise da produção e da qualidade teve um maior impacto nas indústrias manufatureiras globais, mas seu impacto tem sido menos revolucionário em setores de serviços e não manufatureiros de empresas de fabricação. Para a grande maioria das organizações, parece difícil reunir o nível necessário de disciplina e rigor a fim de aplicar o controle estatístico da qualidade ou até mesmo uma forte orientação aos processos fora da área de produção. Isso significa, é claro, que se torna difícil para empresas competirem amplamente com base na análise, uma vez que, muitas vezes, a análise se limita à função de produção e geralmente se concentra na obtenção de melhorias no produto, e não em inovações para ganhar vantagem competitiva.

Fabricação

Verdadeiros competidores analíticos na produção, portanto, são os que vão além da produção. Eis alguns excelentes exemplos dessa abordagem. Um deles é um pequeno fabricante do setor de aço nos Estados Unidos, que ilustra que a competição analítica se aplica tanto a pequenas empresas quanto à produção de bens de commodity. A Rocky Mountain Steel Mills, uma divisão de trilhos, barras e postes de aço da Oregon Steel, estava diante de uma decisão crítica em relação à capacidade de produção no início de 2005. Ela havia interrompido sua produção de canos contínuos em 2003, em função de pressões sobre os preços, mas os principais clientes de canos contínuos eram perfuradores de petróleo e, em 2005, os preços do petróleo haviam aumentado o suficiente para fazer com que Rob Simon, vice-presidente e diretor-geral da empresa, pensasse em retomar a produção. Entretanto, ele descobriu que os princípios básicos e as análises padrões de custo por volume aplicadas anteriormente para decisões como essa eram simplistas demais para um mix — sujeito a rápidas mudanças — de demanda, precificação, limitações de produção e capacidade de produção da indústria.

Simon decidiu se voltar a uma abordagem mais analítica e a Rocky Mountain instalou um software analítico chamado Profit InSight. Ele começou a trabalhar com análises mensais para decidir se a fábrica deveria ser reaberta. Os clientes potenciais e outros gerentes achavam que os altos preços dos canos claramente justificavam os gastos de capital necessários para reabrir a fábrica, mas as análises de Simon sugeriram que as maiores receitas para os canos seriam compensadas pela menor fabricação de outros produtos e, portanto, a operação não seria lucrativa. Somente quando os preços dos canos continuaram a subir ao longo de 2005, Simon decidiu reabrir a fábrica em dezembro daquele ano. Mesmo quando a produção foi iniciada, seus modelos sugeriam que seria melhor se abster de aceitar pedidos por ora, porque havia uma previsão de que os preços subiriam. De fato, em janeiro de 2006, os preços haviam aumentado 20% em relação ao trimestre anterior.

A Rocky Mountain estima que, além dos preços mais altos recebidos, ela evitou uma perda de US$34 milhões que teria tido se houvesse ignorado as limitações de produção e reaberto a fábrica antes. O sucesso da nova fábrica de canos também foi um elemento-chave para o aumento substancial do preço das ações da Oregon Steel. Atualmente, o Profit InSight está sendo utilizado como uma ferramenta de planejamento estratégico semanal e a Rocky Mountain Steel Mills abandonou completamente a abordagem "retórica" anterior para o planejamento e a previsão de vendas, a fim de adotar os novos métodos analíticos. Os resultados são bem superiores, mas, mesmo assim, Simon precisou exigir que todos prestassem atenção ao que as análises mostravam e deixassem de tentar conjecturar com base nas antigas abordagens.

Engenheiros envolvidos no design de produtos têm usado o desenho auxiliado por computador (CAD — computer aided design) há décadas. Mas avanços recentes usando modelagem paramétrica permitem designs personalizados mais flexíveis, que também reduzem o tempo de fabricação. A Firewire Surfboards, uma fabricante de pranchas de surfe premium de alta performance, queria dar a seus consumidores mais liberdade para customizarem sua prancha sem sacrificar a performance dela ou sobrecarregar seus processos de design e fabricação. As pranchas da Firewire são construídas através de métodos próprios e de uma combinação de materiais de alta tecnologia que não eram oferecidos por outras fabricantes comerciais de pranchas de surfe. Mas o CEO da Firewire, Mark Price, sabia que isso não era o suficiente para ser um líder no mercado. Surfistas assíduos querem pranchas customizadas — feitas para eles especificamente para se adequarem a seu estilo pessoal e às condições locais das ondas. Mas a complexidade do processo de produção da Firewire tornou a personalização através do CAD extremamente trabalhosa. A Firewire trabalhou com a ShapeLogic e o software NX 3D CAD da Siemens para desenvolver modelos paramétricos avançados de seu estoque e acrescentou regras específicas que controlam como as alterações do cliente afetam as curvas da prancha para garantir seu desempenho máximo.

Os clientes online começaram a selecionar um dos modelos padrões da Firewire Surfboards e depois alteraram o design para se adaptar às suas necessidades. Uma vez que o consumidor faz o pedido de sua prancha customizada, um modelo sólido preciso é enviado diretamente para a fábrica, onde é utilizado para executar as máquinas que fabricam a prancha. O modelo torna possível rapidamente customizar pranchas através de máquinas para cerca de 97% de sua forma final, o que minimiza os processos de acabamento, o tempo de fabricação e os custos necessários.[17] Conforme soluções mais poderosas e avançadas (ainda que amigáveis para o consumidor) do CAD se tornam acessíveis, esperamos que o consumidor customize bicicletas, equipamentos de esporte, automóveis e até mesmo dispositivos médicos vão se tornar um lugar-comum.

Para negócios na internet, o termo *operações* significa desenvolver os serviços básicos pelos quais os clientes visitam um site. Negócios online bem-sucedidos utilizam a análise para testar praticamente todos os aspectos de seus sites antes de implementá-los extensivamente. Por exemplo, a principal razão pela qual os clientes visitam o Google é utilizar seus recursos de busca. O Google possui um programa muito abrangente de testes e análises em relação à sua ferramenta de busca. A empresa emprega uma ampla variedade de dados operacionais e de clientes e a análise para aprimorar os atributos das buscas, inclusive relevância, agilidade e experiência do usuário. A empresa desenvolveu várias de suas próprias mensurações patenteadas para a relevância da busca. A maioria dos indicadores é reunida de forma automatizada, como a porcentagem de resultados estrangeiros, a profundidade da utilização dos usuários da lista de itens resultantes da busca, a porcentagem de usuários que consultam todas as páginas do resultado da busca e as medidas de latência ou de agilidade da busca. Mas o Google também coleta opiniões humanas sobre o processo de busca e chega a observar usuários individuais (na matriz do Google e nas casas dos usuários) enquanto utilizam o site para fazer consultas individuais ou sessões inteiras. Uma das técnicas empregadas é a tecnologia de rastreamento do olhar, por meio da qual "roteiros" são criados para mostrar quais regiões da página recebem mais atenção.

O Google se compromete com a condução de pesquisas experimentais antes de promover qualquer alteração em seu site de busca. Como disse Bill Brougher:

> Os experimentos são uma exigência para lançar um novo recurso. Consideramos essa ferramenta muito poderosa. Temos conduzido experimentos durante anos e acumulamos muito conhecimento institucional sobre o que funciona melhor. Antes de qualquer novo recurso ser implementado, ele tem de passar por um funil que envolve vários testes. Por exemplo, qualquer alteração em nossos algoritmos de busca precisa ser testada em relação à nossa qualidade de busca atual para nos certificarmos de que a mudança representa um aprimoramento substancial de qualidade. Um pequeno incremento na qualidade não é considerado significativo o suficiente para justificar a adoção.[18]

Os métodos do Google para as operações analíticas são tão rigorosos quanto os de qualquer empresa, e a natureza do negócio disponibiliza uma enorme quantidade de dados para análise.

Outro aspecto central da análise na produção é garantir que os produtos certos sejam fabricados. Faremos referência a isso como *problema de configuração* — certificar-se de que os produtos oferecidos ao mercado são aqueles que o mercado quer. O problema de configuração, como os da Rocky Mountain Steel e da Firewire Surfboards, que descrevemos acima, é interfuncional; ele ocorre na interseção das vendas com a produção e costuma envolver também a cadeia de suprimentos, os processos financeiros e até os de recursos humanos da empresa. Assim, competir com base na configuração é, por definição, uma atividade que envolve a empresa inteira. A configuração é altamente analítica. Ela envolve a modelagem preditiva do que os clientes querem comprar, bem como análises complexas (normalmente com base em regras) de quais componentes devem acompanhar quais outros componentes em quais produtos finais.

Que empresas competem com base na configuração? Algumas empresas de alta tecnologia, como a Dell, são reconhecidas por seus produtos configuráveis. As empresas de telecomunicação sem fio podem ter muitos planos diferentes de serviço; algumas desenvolveram aplicações analíticas automatizadas para encontrar o melhor plano para cada cliente. Elas também customizam seus serviços para cada conta corporativa. As empresas do setor automobilístico precisam configurar para competir, apesar de os fabricantes norte-americanos e europeus terem um desempenho tradicionalmente baixo nesse sentido. Como a fabricação de um carro de acordo com as especificações do cliente desde o início é considerada um processo muito demorado (pelo menos fora do Japão, onde isso é comumente feito), os fabricantes precisam prever os tipos de veículos e os opcionais que os clientes desejam, fabricá-los e vendê-los aos revendedores. Com muita frequência, os pacotes de modelos e opcionais não correspondiam ao que os clientes queriam, de forma que os carros precisavam ser vendidos com descontos substanciais em promoções ou ao final do ano de fabricação do modelo do carro. O descompasso entre os desejos do consumidor e o produto disponível tem sido um dos maiores problemas enfrentados pela Ford e pela General Motors.

Ambas as empresas estão tentando fazer algo em relação à configuração, mas a Ford é provavelmente a mais agressiva das duas. Ela redirecionou seu foco de produção de fabricar o que podia e só depois se preocupar com a venda, para tentar encontrar uma boa correspondência entre oferta e demanda. Como parte dessa iniciativa, a Ford está utilizando um software de configuração para assegurar as regras sobre opcionais e componentes, que reduzirão o número de erros de produção e obterão uma melhor correspondência entre os pedidos dos revendedores e o cronograma de produção. O Sistema Inteligente de Gerenciamento de Inventário (SIMS — *Smart Inventory Management System*) otimiza o inventário para quase três mil concessionárias Ford e Lincoln na América do Norte. O SIMS usa análise avançada para produzir veículos conforme recomendações específicas dos pedidos dos revendedores, para garantir que eles tenham a quantia e a combinação correta de estoque para atender as preferências e demandas do cliente. Como resultado, a receita anual aumentou e as concessionárias Ford estão confiantemente tomando decisões de pedidos inteligentes de estoque e com boa relação entre custo e benefício.[19] A Ford ainda não dominou completamente a arte de configurar para competir, mas está claramente evoluindo nessa direção.

Qualidade

A análise também pode ser aplicada para avaliar a qualidade produzida. A Honda, por exemplo, há muito tempo é reconhecida pela qualidade de seus automóveis e outros produtos. Com certeza, a empresa possui um pessoal analítico em seu departamento de qualidade de produção. Contudo, eles vão muito além dessa função na identificação de problemas potenciais de qualidade. A Honda instituiu um programa de "sinal de alerta" analítico para identificar grandes problemas potenciais de qualidade a partir dos registros de serviços da garantia. Esses registros são enviados à Honda pelas concessionárias e incluem tanto problemas de qualidade categorizados quanto descrições qualitativas. Outras informações provêm de transcrições de telefonemas de mecânicos a especialistas de várias áreas na matriz e de ligações de clientes aos call centers. A principal preocupação da Honda era que quaisquer problemas sérios identificados pelas concessionárias ou pelos clientes deveriam ser notados na matriz e rapidamente resolvidos. Assim, os analistas da Honda montaram um sistema para a filtragem dos dados textuais provenientes dessas diferentes fontes. A primeira ocorrência de uma palavra (especialmente as que sugerem grandes problemas, como "fogo") e palavras que apareciam mais do que o previsto eram assinaladas para que analistas humanos as examinassem. A Honda não entra em detalhes sobre quaisquer problemas específicos que detectou, mas diz que o programa tem sido muito bem-sucedido.

A Toshiba Semiconductor Company é outra empresa que fez uso extensivo da análise — especificamente, a representação visual da análise estatística — no controle de qualidade da produção. As aplicações iniciais se concentraram em análises avançadas voltadas ao desenvolvimento de novos produtos e tecnologia, mas eles as expandiram rapidamente para outras áreas como vendas, marketing, desenvolvimento, produção e garantia da qualidade. Os executivos da empresa são grandes defensores da análise e têm conduzido a empresa com base nesse conceito por mais de seis anos. A abordagem geral na Toshiba gira em torno de uma iniciativa mais ampla, denominada "atividade e política de inovação na gestão".

A abordagem da análise visual foi primeiramente utilizada pelos engenheiros em várias fábricas de semicondutores para a análise de rendimento — um problema essencial no setor. De acordo com Shigeru Komatsu, o diretor de conhecimento (chief knowledge officer — CKO) da empresa (é raro ver a análise sendo abordada com uma função desse porte, mas isso acontece na Toshiba Semiconductor), "trabalhamos na padronização de indicadores de desempenho, criamos bancos de dados compartilhados, esforçamo-nos para compartilhar casos e resultados das análises e implementamos ferramentas analíticas como o Minitab e o Spotfire DecisionSite, a fim de aumentar nossa eficiência analítica".[20] A Toshiba Semiconductor continua inventando em análise de rendimento, mais recentemente através da incorporação da inteligência artificial nos modelos analíticos utilizados para determinar a raiz da causa de defeitos e impulsionar ainda mais a qualidade da produção.[21]

Segurança

A segurança não foi a primeira área a aplicar dados e análise, mas está crescendo rápido atualmente. Acontece que certos tipos de acidentes são — até certo ponto — previsíveis. Eles são uma função de pessoas, equipamentos e configurações da empresa envolvidos. Se você possui dados de incidentes passados e os atributos associados a eles, não é um esforço muito grande predizer quando eles acontecerão no futuro e intervir para tentar preveni-los.

A análise de segurança é uma das especialidades da empresa de consultoria de análise boutique First Analytics, que Tom ajudou a fundar em 2009. Um gerente de uma grande ferrovia leu o artigo original "Competição Analítica" e contactou o CEO da First Analytics, Mike Thompson, em 2010. Eles começaram a discutir como a empresa poderia melhorar sua segurança utilizando a análise.

O gerente da ferrovia explicou que a segurança era uma das principais prioridades para a empresa e que ela havia melhorado consideravelmente nesse quesito, mas que tinha se tornado difícil continuar melhorando. Ele disse que a empresa já havia usado dados para identificar riscos prováveis, mas havia muito mais a ser explorado.

A ferrovia e a First Analytics começaram com um projeto que prova o conceito para pegar os dados já existentes da companhia sobre operadores de trens e pontuar a probabilidade de eles estarem em risco. Os dados disponíveis incluíam lugar, posição de trabalho, condições de clima, horários de trabalho e absentismo, pontuação em testes de regras e exercícios de treinamento, violações de regras anteriores e mais. Eventualmente, os dados vieram de cerca de 20 bancos de dados diferentes da empresa. A ferrovia havia, anteriormente, utilizado um sistema de pontuação de risco baseado em lógica razoável, mas o novo modelo baseado na análise melhorou dramaticamente.

Como a prova de conceito havia funcionado bem, a ferrovia trabalhou com a First Analytics para expandir a análise para outras áreas de segurança; por exemplo, foi criada uma análise para identificar e priorizar as passagens de nível mais em risco da ferrovia. A análise de segurança de pessoal foi estendida além daqueles operando os trens aos que gerenciavam dezenas de milhares de quilômetros de trilhos. O resultado geral desses esforços foi uma dramática melhora na segurança. O vice-presidente de segurança recentemente discutiu as melhorias com seus clientes:

> Big data. Estamos por dentro. Acreditamos que é o responsável por esses últimos 18 meses [de resultados em segurança]. Existem 250 gerentes de operação... não há como os vermos, passar tempo com eles e ensinar todos os colaboradores, o tempo todo, todo dia. Isso é sobre focar a atenção dos gerentes naqueles que exibem maior risco. Estamos em nossa quarta iteração desse modelo e o estamos ajustando constantemente... Se você der uma olhada em nossos gráficos de controle, há uma década que temos uma tendência para baixo. Desde que nos voltamos a muitas dessas coisas, tem sido uma escala de etapas: um completo desvio de nossas taxas normais.[22]

Algumas empresas em outras indústrias de transporte adotaram abordagens similares para análise de segurança. Isso é proporcionado pela crescente facilidade de capturar dados de condução. A Schneider National, Inc., por exemplo, uma grande empresa de caminhões, captura dados comportamentais de seus motoristas como velocidade, aceleração e desaceleração e tempo dirigindo. Um algoritmo que prediz a segurança alerta os supervisores de que os motoristas estão em risco de acidentes antes que eles sofram um.

Outros setores que tiveram uma abordagem agressiva na análise de segurança incluem mineração, energia e manufatura. Conforme os sensores se tornam mais difusos, a probabilidade de vermos mais empresas e setores adotando essas abordagens aumenta.

Logística

Quando você investe em análise operacional ao nível de centenas de milhares de dólares — e, mais importante, entrega valores em múltiplos dessa soma — é seguro assumir que você está participando da competição analítica. A UPS possui uma longa história de melhoria e mensuração através da engenharia industrial. Hoje, a UPS capta informações dos seus milhões de pacotes e documentos, em média, que são entregues diariamente, e recebe 69,4 milhões de pedidos de rastreamento por dia. A empresa possui um comprometimento profundo e de longo prazo em utilizar a análise para tomar decisões.

Jack Levis, diretor sênior de gerenciamento de processos da empresa, também lidera o grupo de Pesquisa de Operações e Análise Avançada e o projeto ORION. ORION, um acrônimo que significa *On-Road Integrated Optimization and Navigation* ("Otimização Integrada e Navegação On-Road", em tradução livre), pode ser o maior projeto analítico comercial já feito.[23] O ORION é um modelo logístico de análise prescritiva para os 55 mil motoristas da UPS nos Estados Unidos (os lançamentos internacionais virão em breve). Antes que os motoristas comecem suas rotas, o ORION analisa os pacotes que precisam ser entregues naquele dia e determina uma rota otimizada para os "carros de pacotes". Computadores portáteis dizem aos motoristas aonde ir em seguida.

A UPS é uma grande empresa e os benefícios do ORION são proporcionalmente grandes. Jack Levis gosta de dizer: "Grandes economias vêm da atenção aos detalhes." Encurtar a rota de cada motorista em um quilômetro por dia é traduzido em uma economia de US$50 milhões por ano para a UPS. Cada minuto economizado por motorista diariamente vale US$14,6 milhões, e prevenir um minuto de tempo ocioso economiza US$515 mil. Como resultado, o que parecem ser pequenas melhoras pode acumular grande economia. Por exemplo, economizar em produtividade do motorista e combustível ao dirigir em rotas mais eficientes somam quase US$400 milhões por ano. Ao cortar rotas em um quarto de quilômetro aqui e ali, a UPS está dirigindo 160 milhões de quilômetros a menos, com uma redução de emissão de gás carbônico de 100.000 toneladas métricas por ano. Você não vê esses níveis de benefícios de um projeto analítico com muita frequência, e esses dados foram confirmados através de intensas medidas e reportados aos analistas de Wall Street.

O ORION exigiu um compromisso sustentado ao longo de mais de uma década por parte do gerenciamento da UPS. O sistema levou mais de uma década desde o início até seu lançamento, e mais de US$250 milhões em investimento. A empresa claramente entrou de cabeça nesse projeto. Por que demorou tanto? Primeiramente, o simples volume de dados e a complexidade da matemática necessária para otimizar as rotas são verdadeiramente surpreendentes. Considere que, para apenas um motorista fazendo 120 entregas, o número de rotas em potencial é 120 fatorial, que é uma soma maior que a idade da Terra — em segundos.[24] Agora, imagine computar uma rota otimizada para cada motorista, todo dia.

A otimização do próprio algoritmo foi difícil de desenvolver, mas esse aspecto do trabalho empalideceu em comparação com os outros desafios. A UPS precisou desenvolver mapas próprios para garantir que os motoristas seriam direcionados aos lugares certos sempre e para poder corrigir a localização por entrega ou recebimento de pacotes. Nenhum mapa comercialmente disponível poderia fazer isso para 250 milhões de localidades diferentes em que a UPS faz entregas. Em seguida, sensores de telemática foram instalados em mais de 4.600 caminhões da empresa, que rastreiam métricas como velocidade, direção, frenagem e desempenho do trem de força.

Mas as mudanças no gerenciamento foram os desafios mais complexos de abordar. Imagine comunicar e incluir uma nova maneira de executar uma tarefa diária básica por dia para 55 mil colaboradores habilidosos e sindicalizados. A UPS dedicou seis dias de treinamento e suporte para cada motorista. A maioria dos motoristas queria saber como o sistema funcionava antes de abdicar de suas honradas rotas, e um esforço considerável foi dedicado para transformar o algoritmo de "caixa preta" em uma "caixa de vidro". Em sua defesa, a maioria dos motoristas ficou entusiasmada com a nova abordagem uma vez que a experienciaram.

Até o momento, os benefícios do ORION são apenas o começo para a UPS. Existe, claro, o lançamento global dessas ferramentas. E, para manter o nível de simplicidade para os motoristas, o ORION apenas otimiza rotas no início do dia. Mais adiante, programas mais sofisticados vão reotimizar a rota ao longo do dia, levando em consideração fatores climáticos e padrões de trânsito. A UPS planeja continuar estendendo as capacidades do ORION. Levis explica que aprimoramentos futuros também tomarão decisões para melhorar o serviço ao cliente sem perder eficiência. "Se um cliente liga com um pedido enquanto motoristas estão na rua, o ORION vai olhar todos os motoristas e determinar qual é a sua melhor escolha. Depois, o ORION vai colocar a informação em seu computador portátil e ajustar a rota de acordo."

Não existem muitas empresas que fizeram apostas na análise nesse nível. Mas, com a iniciativa do ORION, a UPS verdadeiramente se transformou de uma empresa de caminhões que usa tecnologia para uma "empresa de tecnologia com caminhões".

Gerenciar a logística de uma rede de suprimentos global é outro campo fértil para investimentos em análise. A Global Supply Network Division (GSND), da Caterpillar, é responsável por supervisionar uma rede de suprimentos interdependente com mais de 11 mil fornecedores e 150 instalações. Mas durante 30 anos o desempenho dos fornecedores da Caterpillar parecia estagnado, sem melhoras substanciais. Os colaboradores da GSND foram prejudicados por processos manuais desatualizados, indisponibilidade de dados e complexidade de rede. Os usuários se acostumaram a tomar decisões em suposições e dados incompletos. "Estávamos tentando gerenciar uma rede de suprimentos no escuro e em planilhas."[25]

Para resolver esse problema, em 2012 a Caterpillar começou a desenvolver a Garantia do Centro de Abastecimento (ASC — *Assurance of Supply Center*). A ASC é uma plataforma de visualização e dados analíticos que captura e transforma os dados da rede de suprimentos de dezenas de sistemas em um conjunto de poderosas ferramentas de negócios que são utilizadas para conduzir decisões diárias e decisões estratégias de design de rede. Três anos depois, a transformação foi notável. O CEO Doug Oberhelman disse aos acionistas: "[A ASC] simplifica a rede de suprimentos — uma rede que envolve milhares de fornecedores enviando mais de um milhão de partes e componentes todo ano. Agora, a Caterpillar pode ver pedidos desde a produção até a entrega — por instalação, unidade de negócios e custo."[26]

Utilizando dispositivos móveis, usuários podem ver dados de inventário, transporte, fornecedores, performance, *network footprint*, defeitos e tarifas. Uma nova remessa ocorre a cada 90 segundos, produzindo diariamente milhões de novos pontos de dados que serão analisados e visualizados para apoiar decisões de mais de dez mil usuários. O sistema incorpora uma biblioteca de mais de 100 milhões de pontos de dados alimentando 45 mil modelos prescritivos e preditivos, incluindo dados de 640 mil números de peças de mais de sete mil fornecedores, fazendo transporte para 127 instalações em todo o mundo. Todos esses dados permitem que eles respondam a questões importantes como:

- Onde está meu inventário?
- Estamos prontos para uma recuperação?
- Por que o fornecedor X está com desempenho ruim?
- Qual é o impacto da rede de um grande desastre natural?
- Levando em conta a demanda projetada, consumo e performance, qual deve ser o estoque de peças para todos os números de peça no ano que vem?
- Como posso mudar minha rede para torná-la mais economicamente viável e lucrativa?

A Caterpillar divide seus dados e insights com fornecedores e trabalha com eles para melhorar sua performance. Em apenas três anos, os resultados foram dramáticos: em 2012, 67% da programação foi enviada no tempo correto; agora são 93%. Defeitos de qualidade foram reduzidos em 50%. Agora, a organização possui a habilidade de manter a rede em movimento mesmo quando desastres acontecem. Os usuários podem resolver problemas de performance na rede em minutos em vez de meses. E a ASC se tornou uma fonte contínua de vantagem competitiva para a Caterpillar ao continuar introduzindo mais soluções analíticas inovadoras em seu negócio.

Análise de Pesquisa e Desenvolvimento de Produtos

A pesquisa e desenvolvimento (P&D) talvez seja a função mais analítica nas empresas. A área de P&D representou o primeiro alicerce do método científico nas empresas, apresentando testes de hipóteses, grupos de controle e análise estatística.

Sem dúvida, parte desse trabalho altamente analítico ainda ocorre em funções de P&D, apesar de grande parte das pesquisas básicas em P&D ter sido suplantada pela pesquisa aplicada (que também pode utilizar métodos analíticos) e pela criação de extensões para produtos existentes. Em vários setores, a pesquisa tem se tornado mais matemática e estatística por natureza, à medida que os métodos computadorizados substituem ou complementam as abordagens experimentais tradicionais. Por exemplo, os carros conectados da montadora da Tesla compartilham um fluxo constante de informações com a empresa, que as utiliza para identificar problemas e criar correções de software que são baixadas automaticamente.

Descreveremos o ambiente analítico para a P&D em um setor que está passando por uma mudança significativa no que se refere à análise. Na indústria farmacêutica, a análise — em especial, a análise de dados de testes clínicos para ver se os medicamentos apresentam um efeito benéfico — sempre foi importante. Nos últimos anos, entretanto, houve um crescimento marcante em biologia de sistemas, em que as empresas tentam integrar dados genômicos, proteômicos, metabólicos e clínicos de uma grande variedade de fontes, criar modelos e identificar padrões para esses dados, correlacioná-los a resultados clínicos e, ocasionalmente, gerar conhecimento sobre as doenças e suas reações aos medicamentos. Isso representa um desafio considerável e as empresas estão apenas começando a abordá-lo. Entrevistamos três empresas farmacêuticas — uma grande e duas menores, mas todas orientadas à pesquisa — e descobrimos que todas têm empreendido esforços nesse sentido, mas ainda estão longe de atingir sua meta. No entanto, esse setor está mudando rapidamente e muitas empresas estão tentando utilizar inteligência artificial — especialmente o Watson, da IBM — para auxiliar no desenvolvimento de novos compostos de medicamentos.

A análise também tem sido utilizada de maneira eficaz para lidar com os desafios atuais em P&D e representa uma das estratégias que a Vertex Pharmaceuticals, Inc. utiliza para competir. A Vertex, empresa de biotecnologia global com sede em Boston, Massachusetts, adotou uma abordagem analítica para P&D e seus resultados estão começando a ser recompensados. O presidente e CEO da Vertex, Joshua Boger, é um grande defensor do poder da análise para elevar a produtividade do desenvolvimento de medicamentos. Já em 1988 (quando saiu da Merck & Co. para fundar a Vertex), ele argumentava: "Neste negócio você precisa ter mais informações do que o outro. Não precisa ter mais inteligência. Nem mais intuição. Só mais informações."[27]

A Vertex promoveu várias iniciativas analíticas — em pesquisa, desenvolvimento e marketing. Na pesquisa, a Vertex se concentrou em análises que buscavam maximizar as chances de sucesso de uma fórmula. Isso inclui o desenvolvimento de múltiplas séries de aberturas de patentes por projeto e a garantia de que os compostos apresentariam atributos favoráveis aos medicamentos. A abordagem da Vertex ao desenvolvimento de medicamentos é conhecida como racional ou estrutural. Essa abordagem busca "entradas de projetos" com propriedades medicamentosas desde o início de um projeto de desenvolvimento de um medicamento e permite que a Vertex identifique, assim que possível, se um composto terá, de fato, esses atributos semelhantes a medicamentos.

A maioria dos esforços da Vertex na utilização da análise foi alocada no estágio de desenvolvimento de P&D, no qual sua análise indica a ocorrência da maior parte dos aumentos de custo no setor. Um custo particularmente alto é o projeto de testes clínicos. Um projeto insatisfatório de testes clínicos leva a resultados ambíguos ou a testes clínicos longos demais. Isso causa atrasos substanciais e eleva os custos. A Vertex lidou com esse desafio por meio do desenvolvimento de novas ferramentas de simulação de testes. Essas ferramentas permitem que a Vertex projete testes clínicos mais informativos e eficazes em muito menos tempo. Atualmente, a empresa consegue conduzir simulações de testes centenas de vezes mais rápidos do que era possível antes da implementação desse recurso. Com essas simulações, a Vertex também consegue reduzir o risco de testes fracassados ou ambíguos causados por um projeto mal elaborado. Essa vantagem com a simulação permite que a Vertex otimize o projeto de testes em uma fração do tempo que se leva com ferramentas de projetos utilizadas pelo setor em geral, portanto, reduzindo o tempo dos testes.

A operação dos testes clínicos também representa um dos maiores aumentos de custo em toda a indústria farmacêutica. A operação de testes clínicos, como no caso do projeto de testes, ocorre no estágio de desenvolvimento da P&D. As atividades operacionais que não são automatizadas incorrem em custos significativos. A Vertex utiliza a análise para automatizar e aprimorar as operações de testes clínicos; exemplos incluem ferramentas para o acúmulo e a captação de dados eletrônicos (electronic data capture — EDC).

Independentemente de ser na P&D ou em qualquer outra área, a empresa começa a desenvolver a métrica correta para o fenômeno que precisa otimizar. Os analistas especificam como obter os dados adequados e quais análises conduzir. Com esses resultados, a Vertex se compara constantemente com os concorrentes e com os benchmarks de melhores práticas para a indústria farmacêutica. "Competimos por meio da análise e da cultura", diz Steve Schmidt, antigo CIO da Vertex. "Incentivamos a busca destemida da inovação, mas mensuramos impiedosamente o efeito dessas inovações em nosso negócio principal. Estamos sempre em busca de novos indicadores analíticos significativos, mas a escolha de onde aplicá-los é motivada por nossa estratégia, nossos valores corporativos essenciais, pontos fortes e nosso entendimento da proposição de valor do negócio."[28] A Vertex é um excelente exemplo da aplicação da análise à P&D de produtos e, em consequência, a empresa tem uma variedade impressionante de novos medicamentos em todos os estágios de desenvolvimento.

A indústria farmacêutica também está buscando abordagens analíticas que nem chegam a envolver o laboratório. A chamada pesquisa in silico (ou em ambiente virtual) utiliza modelos computacionais tanto de pacientes quanto de medicamentos para simular experimentos de forma mais rápida e barata do que se fossem conduzidos em um laboratório. Uma startup em biologia de sistemas, a Entelos, Inc., produziu plataformas de programas de computador para simular doenças e tratamentos nas áreas de doenças cardiovasculares, diabetes, inflamações e asma, entre outras. A Entelos faz parcerias com empresas farmacêuticas e outras organizações de pesquisa para identificar e testar novos compostos. A meta é utilizar simulações de computadores para reduzir o custo altíssimo, o longo tempo de desenvolvimento e as altas taxas de fracasso das pesquisas laboratoriais convencionais na indústria farmacêutica. Uma colaboração para o desenvolvimento de um medicamento para diabetes entre a Entelos e a Johnson & Johnson, por exemplo, levou a uma redução de 40% no tempo e de 66% no número de pacientes necessários para testes clínicos preliminares.[29]

A área de P&D hoje, sem dúvida, envolve não somente inovação do produto, como também inovação em outros âmbitos: processos e operações; modelos de negócios; inovações voltadas ao cliente, como marketing, vendas e serviços e novas abordagens de gestão. Em um sentido muito importante, a ideia por trás deste livro é que a P&D pode ser conduzida em cada área na qual uma organização faz negócios. No capítulo anterior, observamos como a Capital One identifica novas ofertas ao mercado por meio de sua abordagem de testes e aprendizado para a pesquisa de mercado. Em empresas baseadas na internet, como a Amazon, o Facebook e o Google, qualquer alteração em uma página da web é tratada como um pequeno projeto de P&D. Qual é a medida de referência para mensurações como páginas consultadas, tempo gasto no site e número de cliques? Como a mudança funciona em uma pequena escala? Como isso funciona em uma escala mais ampla? Essa abordagem de testes e aprendizado para a P&D operacional é tão importante quanto a P&D de produtos.

O modelo de negócios de P&D operacional também não precisa envolver a internet. Na saúde, por exemplo, apesar da aparente natureza científica da medicina, muitos estudos sugerem que apenas de um quarto a um terço das decisões médicas são baseadas na ciência. A indústria em crescimento de assistência médica, empresas de seguro e fornecedores terceirizados de dados e serviços analíticos estão trabalhando para tornar a assistência médica mais eficiente e eficaz por meio da análise. Um dos adotantes mais agressivos dessa abordagem é a Intermountain Healthcare, uma associação de 22 hospitais sediada em Utah. Brent James, um médico com mestrado em estatística, começou a propor pequenos "projetos de ciências" para ver quais intervenções clínicas levavam aos melhores resultados na Intermountain. Esses projetos eventualmente evoluíram para abranger dez programas clínicos baseados em pesquisa e evidências. Cada programa clínico é apoiado por sistemas de informações que incorporam protocolos de atendimento recomendados e acompanham os custos do paciente. A Intermountain tornou-se um modelo para a prestação eficaz de cuidados de saúde a um custo razoável e treinou muitos outros médicos e administradores em todo o mundo.

Um aspecto-chave da análise na saúde é a saúde da população, ou a análise de resultados de saúde para grupos de pessoas. Uma abordagem cada vez mais comum, por exemplo, é tentar prever as chances de os associados de um plano de saúde desenvolverem um risco mais alto de doenças mais graves com o tempo. A Healthways é uma das empresas que trabalham com seguradoras para fazer previsões como essas e para identificar formas de melhorar a saúde dos segurados e, assim, reduzir o custo provável das seguradoras. A Healthways utiliza dados sobre demografia, pedidos de indenização, prescrições e procedimentos laboratoriais dos associados para prever (com a utilização de tecnologia de redes neurais e inteligência artificial) quais clientes terão o risco mais elevado de apresentar maiores despesas médicas futuras ao longo do próximo ano. A Healthways emprega mais de 1.500 enfermeiros registrados que fazem intervenções por telefone e mala direta de um de seus dez call centers distribuídos em todo o território norte-americano, com o objetivo de ajudar os segurados a desenvolverem comportamentos mais saudáveis que reduzirão a gravidade da doença, melhorarão a saúde e reduzirão os custos do plano de saúde. Essa abordagem do gerenciamento de riscos também pode reduzir os custos de manutenção da saúde e o risco de recorrência da doença.[30] A gigante de planos de saúde United Healthcare vai um passo à frente ao não apenas determinar se um paciente está em risco de pegar uma doença específica, mas também utilizar a análise para determinar qual é a probabilidade de um paciente adotar e seguir as intervenções do gerenciamento de doenças.

Análise de Recursos Humanos

A última aplicação analítica interna que discutiremos neste capítulo é a de recursos humanos. Anteriormente uma área atrasada para análise, as empresas líderes estão adotando métodos sofisticados de análise de dados dos colaboradores para obter o máximo de valor de seu pessoal.

Google, eBay, Walmart e outras empresas estão usando análise preditiva para aumentar a produtividade, para compensar e incentivar seus colaboradores apropriadamente, ajudá-los a serem bem-sucedidos em seu trabalho e reduzir a retenção.

Como em outras partes da organização, as ferramentas para aplicar a análise no RH estão se tornando amplamente disponíveis. A maioria das grandes organizações possui sistemas de informação de recursos humanos que registram transações básicas de RH, como data de contratação, remuneração, promoções e avaliação de desempenho. Algumas vão muito além desse nível, registrando níveis de competência em uma ampla variedade de aptidões e programas de aprendizado conduzidos para aprimorar essas competências. As empresas estão cada vez mais desenvolvendo a capacidade de relacionar seus investimentos em capital humano com seus retornos sobre o capital financeiro. Se elas têm esse desejo, entretanto, é outra questão. As pessoas podem ser "nosso ativo mais importante" e até mais caro, mas raramente são nosso ativo mais mensurado. Muitas empresas podem estar começando a empregar a análise nos recursos humanos, mas dificilmente estão utilizando isso para competir.

A exceção mais evidente, é claro, está na área dos esportes profissionais. Times de beisebol, futebol americano, basquetebol e futebol (pelo menos fora dos Estados Unidos) pagam altos salários para seus jogadores e têm poucos recursos adicionais além desses jogadores para competir. Muitos times de sucesso estão adotando abordagens inovadoras para a mensuração das habilidades de seus jogadores e a seleção de jogadores para seus times. Já falamos sobre a abordagem analítica da avaliação de jogadores no beisebol, que foi muito bem descrita por Michael Lewis em *Moneyball — O Homem que Mudou o Jogo*. No futebol americano profissional, o time que melhor exemplifica o RH analítico é o New England Patriots, campeão do Super Bowl de 2017 e vencedor de cinco Super Bowls ao longo dos últimos 15 anos.

Os Patriots definitivamente assumem uma abordagem diferente em relação ao RH quando comparados às outras equipes da National Football League (NFL). Eles não utilizam os mesmos serviços de olheiros aos quais outros times recorrem. Eles avaliam jogadores universitários nas menores e mais obscuras faculdades. Eles examinam as seleções universitárias potenciais com base em critérios que outros times não utilizam — a inteligência, por exemplo, e um baixo nível de egocentrismo. Como explica o técnico Bill Belichick: "Quando você traz um jogador para um time, traz tudo o que vem com ele. Você traz sua atitude, sua velocidade, sua força, seu equilíbrio, sua rapidez. Nossa avaliação é abrangente. Scott Pioli [vice-presidente de recursos humanos do time] e o departamento de olheiros fazem um excelente trabalho coletando muitos detalhes ao analisar o histórico de um jogador: sua composição mental e física, bem como sua atitude e personalidade. Ao final do processo, ele recebe uma classificação que determina seu valor geral para o time."[31] Belichick costuma se referir aos atributos não físicos dos jogadores como "intangíveis" e se sente perfeitamente confortável discutindo esses atributos com os jogadores e os representantes da imprensa. Qualquer um que tenha testemunhado a vitória sem precedentes do Patriots no Super Bowl de 2017 provavelmente sabe que uma particularidade intangível — força mental — foi o elemento-chave em sua vitória. O Patriots mede e ativamente desenvolve essa característica em seus jogadores com o auxílio de testes de inteligência emocional e comportamental utilizando o TAP — *Troutwine Athletic Profile*. Belichick afirma: "Estou familiarizado [com o TAP] há mais de 15 anos... Estou dizendo por experiência que isso dá a você tremendos insights sobre jogadores, você mesmo e o seu programa."[32]

Os Patriots administram os dados do jogador potencial em um Draft Decision Support System (Sistema de Apoio à Decisão Preliminar), que é atualizado diariamente com novos relatórios dos olheiros. Verificações cruzadas nos escritórios do time confirmam ou rejeitam a classificação do olheiro por meio da comparação das classificações dos olheiros da Costa Oeste com classificações similares da Costa Leste (isso é, respondendo à pergunta: "Um jogador da UCLA se compara com um jogador da Georgia Tech?"). Nenhum detalhe que possa fornecer um diferencial é ignorado.

Com o sucesso da análise em outros setores, líderes de negócios possuem altas expectativas (mas até o momento não atendidas) sobre como a análise deveria também revolucionar o RH. Muitos departamentos de RH deram pequenos passos à frente para acompanhar seus pares em outras partes da organização. As empresas estão mensurando os processos globais de RH de forma mais regular e inserindo essas informações em um sistema. Há várias abordagens ao RH quantitativo, incluindo avaliações de 360 graus, *forced rankings**, previsões de conflitos e assim por diante. Nenhuma dessas abordagens é altamente sofisticada ou complexa, mas elas de fato representam uma abordagem muito mais disciplinada e metódica. Na American Express, por exemplo, que possui colaboradores em 83 países, um executivo de RH na Ásia comentou: "Tudo o que fazemos tem uma métrica embutida. Em cada uma de nossas ações, utilizamos processos, métricas e bancos de dados globalmente consistentes. Fazemos as coisas de maneira metódica, deliberada e consistente e temos plataformas consistentes."[33]

Outras empresas estão dando passos mais modestos no gerenciamento de seus talentos. Uma empresa de fabricação que entrevistamos, por exemplo, desenvolveu um "índice de gestão de talentos" a partir de quatro medidas próprias, e utiliza esse índice para avaliar como cada unidade organizacional gerencia seus investimentos em capital humano. A Goldman Sachs que, assim como times profissionais de esporte, paga seus colaboradores muito bem, está começando a aplicar abordagens analíticas em sua força de trabalho. As empresas GE, Accenture, Capital One e Procter & Gamble buscam habilidades de raciocínio quantitativo em potenciais recrutas. A Caesars, outra competidora analítica em geral, também utiliza análise de RH extensivamente em seu processo de recrutamento.

Empresas digitais estão adotando técnicas mais analíticas para manter sua força de trabalho altamente qualificada e móvel. Em 2014, quando o eBay estava se preparando para se separar do PayPal, gerentes estavam preocupados com o efeito que isso teria em sua força de trabalho. A gerência pediu que Katie Meger, gerente sênior de análise de talentos do eBay (e PhD em psicologia), ajudasse a determinar as melhores maneiras de evitar atrito indesejado. Conforme foi reportado no *Wall Street Journal,* Meger desenvolveu um modelo preditivo utilizando análise de sobrevivência, uma técnica estatística para predizer a morte:

---

* Nota da Tradutora: Avaliação profissional que caracteriza o desempenho individual em comparação com o dos outros, e não em comparação com padrões predeterminados, compondo uma distribuição de frequência da produção individual graficamente representada por uma curva de Gauss (em forma de sino).

> Naquele momento, quando o eBay se preparava para a separação com o PayPal, os gerentes pressionaram por mais dinheiro para impedir que bons colaboradores saíssem, ela relembra. Mas, de acordo com o modelo, a compensação não estava nas cinco principais variáveis que indicavam se alguém estava em risco de pedir demissão. Também foi revelado que o atrito era contagioso, especialmente em times pequenos, ela afirmou. Um remédio aprovado pelo eBay: Se um colaborador pedisse demissão, um software de RH automaticamente enviaria um e-mail para seu antigo gerente explicando o fator de contágio e oferecendo sugestões para que se mantivesse próximo do restante de seus colaboradores.[34]

Outro fator que impulsiona a mudança para a análise no RH é o aumento do rigor nos processos de recrutamento. Empresas estão cada vez mais vendo esses processos como atividades que podem ser mensuradas e melhoradas; pessoas estão quase se tornando apenas outro recurso, como a rede de suprimentos. Isso é particularmente notável em relações com empresas de recrutamento externas. A Apex Systems, uma divisão da On Assignment, é uma das principais empresas de recrutamento para TI. Ela observou um movimento de longo prazo entre seus clientes para maior uso de processos e métricas mais rigorosas, e está tentando ficar à frente da tendência ao adotar medidas mais analíticas e abordagens de gerenciamento em seu próprio negócio. A Apex olha uma série de métricas de recrutamento, incluindo:

- Tempo de resposta com o primeiro, segundo e terceiro candidato qualificado.
- Quantos candidatos o cliente vê?
- Frequência de erros na folha de pagamento ou defeitos na fatura do cliente.
- Níveis gerais de satisfação do cliente.

Os clientes da Apex estão cada vez mais utilizando a análise eles mesmos para acompanhar a eficiência e a eficácia dos processos de recrutamento, para que a empresa precise estabelecer e entender sua própria análise para permanecer à frente da demanda.

Três empresas que batem de frente com o New England Patriots como potências analíticas para gerenciamento de talentos são: Google, Capital One e Walmart. A cultura e as práticas altamente analíticas do Google são evidentes em suas funções de recursos humanos. O grupo Google's People Operations opera de forma muito diferente de um típico departamento de RH. Seu lema é: "Todas as decisões de pessoas devem ser baseadas em dados e na análise." Para alcançar seu objetivo, o Google criou uma função analítica com seu próprio diretor e equipe de mais de 60 pesquisadores, analistas e consultores que estudam questões e decisões relacionadas a colaboradores.

Ao nomear Laszlo Bock, antigo vice-presidente de people operations (operações de pessoas) do Google, o Profissional de RH da Década em 2016, a ERE Recruiting (rede em que pessoas buscam informações e insights sobre RH, além da realização de conferências) nota que Bock vê os dados como um caminho para a busca da verdade e insights únicos. Em contraste com a típica organização de RH, o antigo grupo de Bock se comporta como uma função de P&D aplicada, que experimenta e encontra soluções para os desafios do gerenciamento de pessoas: gerenciamento de pessoas no Google frequentemente vai muito além do escopo e métrica usuais em RH, utilizando análise preditiva para encontrar formas de melhorar sua performance gerencial, de recrutamento, retenção, bem-estar do colaborador e saúde. Os pesquisadores do setor de People Operations do Google encontraram até mesmo caminhos para que seus colaboradores se alimentassem melhor e consumissem menos calorias. Dados e experimentos sobre a melhora na saúde de seus colaboradores levaram a empresa a trocar para pratos menores em seus ambientes de alimentação.[35]

O Laboratório de Pessoas e Inovação (PiLab — People and Innovation Lab) é o grupo de P&D dentro do People Operations, que conduz investigações focadas em nome de clientes internos. Na medida em que o Google analisa diferentes questões de RH, muitas vezes a empresa se moveu em direções diferentes como resultado. O PiLab determinou quais históricos e capacidades são associados à alta performance e quais fatores provavelmente levarão a atritos — como um colaborador se sentindo pouco útil na empresa. O setor também determinou o número ideal de entrevistas de recrutamento em quatro, uma diminuição em relação ao número anterior de dez. Um desses projetos foi chamado de Projeto Oxigênio — nomeado assim porque bom gerenciamento mantém a empresa viva. O objetivo desse projeto era determinar os atributos de gerentes bem-sucedidos. O time do PiLab analisou pesquisas anuais com colaboradores, pontuação de performance de gerenciamento e outros dados para dividir os gerentes em quatro grupos de acordo com as suas qualidades. Depois, entrevistaram os gerentes com as maiores e menores pontuações (as entrevistas eram duplamente cegas — nem o entrevistador e nem o gerente sabiam em que categoria estavam) para determinar suas práticas gerenciais. O grupo analítico de RH do Google identificou oito comportamentos que caracterizavam bom gerenciamento e cinco que todo gerente deveria evitar. Um ano após o time dividir suas descobertas, o Google mediu significativa melhora em 75% dos gerentes de baixa performance.

Os modelos de valor do talento do Google abordam questões como "Por que os colaboradores escolhem permanecer na empresa?" para calcular o que os colaboradores mais valorizam, e depois aplicam esses insights para melhorar as taxas de retenção, criar incentivos de performance personalizados, decidir equiparar uma oferta de trabalho de um competidor ou determinar quando promover alguém. O Google também utiliza dados de performance de colaboradores para determinar as formas mais apropriadas para ajudar colaboradores de alto e baixo desempenho a se tornarem mais bem-sucedidos. Bock nos falou: "Não usamos os dados de performance para observar os que estão na média, mas sim as melhores e piores performances na curva de distribuição. Tentamos ativamente ajudar os 5% de performance mais baixa. Sabemos que contratamos pessoas talentosas, e genuinamente queremos que elas sejam bem-sucedidas." A hipótese da empresa é que esses indivíduos podem ter sido mal colocados ou estarem sendo mal gerenciados, e uma análise detalhada apoiou essa ideia. Entender necessidades e valores individuais permite que o time de People Operations aborde com sucesso um número de situações difíceis. O time possui os dados para provar isso. Bock afirmou: "Não é o almoço servido pela empresa que mantém as pessoas aqui. Os colaboradores do Google nos dizem que há três razões para ficarem: a missão, a qualidade das pessoas e a chance de construir um conjunto de habilidades de um melhor líder ou empreendedor. E toda a nossa análise é construída ao redor dessas três razões."[36]

A Capital One utiliza amplamente a análise no processo de seleção, solicitando que todos os candidatos potenciais em todos os níveis se submetam a vários testes para mensurar sua capacidade analítica. Ela utiliza entrevistas de casos matemáticos, uma série de testes comportamentais e atitudinais e inúmeras sessões de entrevistas para se certificar de conseguir as pessoas que a empresa procura. O processo se aplica a todos os níveis — inclusive aos vice-presidentes seniores que lideram as funções de negócios. Por exemplo:

> Quando Dennis Liberson foi para Washington para ser entrevistado para a posição mais alta na área de recursos humanos na Capital One Financial Corp., ele foi informado de que suas entrevistas com os 16 executivos da alta administração teriam de esperar. Antes de mais nada, ele foi encaminhado a um quarto de hotel para fazer um teste de álgebra e redigir um plano de negócios. Liberson, que quase sete anos mais tarde brinca que deve ter sido "o único sujeito de RH que conseguiu passar na prova de matemática", conseguiu o emprego e hoje é um dos vice-presidentes executivos da empresa. Ele também teve uma amostra da obsessão da Capital One no que se refere aos testes.[37]

Liberson não lidera mais o RH, mas o foco nos testes permanece. Um candidato a uma posição de gerência na Capital One, por exemplo, ainda precisa analisar uma série de demonstrações financeiras e gráficos para uma editora fictícia e responder a perguntas como estas:

> Qual foi o índice de receita de vendas para os custos de distribuição de livros científicos em 2016? (Arredonde para o número inteiro mais próximo):
>
> A. 27 para 1
> B. 53 para 1
> C. 39 para 1
> D. 4 para 1
> E. Impossível determinar

Mesmo o executivo mais sênior sem algumas habilidades quantitativas não seria contratado.

O Walmart emprega uma grande quantidade de pessoas — mais de 2,2 milhões de associados em todo o mundo. Saba Beyene lidera a equipe global de People Analytics do Walmart, composta por 70 analistas dedicados. Obter insights sobre as implicações comerciais da rotatividade de pessoal era uma grande prioridade para o grupo: "Como todas as organizações de varejo, o Walmart possui um grande problema de grande volume de negócios. Estávamos tentando entender o que poderíamos fazer para que a organização compreendesse que isso é um grande problema. Eles pensavam que se alguém se movesse poderiam contratar outra pessoa com menor custo. O que eles não entendiam era o custo de contratação, de fazer o colaborador embarcar e de treinamento. Nós conseguimos quantificar tudo isso e deixar claro que, quando você perde um associado, em cerca de 90 dias a empresa não conseguiu de volta o dinheiro de sua contratação."[38]

À luz dessas descobertas, não é uma surpresa que o Walmart tenha olhado mais de perto para a compensação de novas contratações. A empresa está investindo bilhões para melhorar seus processos de treinamento, melhorar salários iniciais e dar aumentos para associados que estão na empresa há seis meses.

Em toda parte, entretanto, além desse pequeno número de empresas e times esportivos profissionais, poucas organizações estão verdadeiramente competindo com análise em RH. Talvez essa ênfase surja com o tempo, mas o que parece estar faltando é um desejo da administração de competir com o RH. Talvez, à medida que os custos de pessoal continuem a crescer e constituam porcentagens maiores dos custos totais das organizações, e quando os executivos perceberem que seu pessoal é de fato seu recurso mais importante, a análise passe a ser mais aplicada à área de recursos humanos.

Este capítulo abordou uma grande variedade de aplicações internas da análise. Em cada caso, nosso objetivo foi ilustrar não somente que a análise é possível em uma função particular, mas que pode representar a base para uma abordagem diferente da concorrência e da estratégia. Esperamos que esses exemplos motivem os executivos seniores a pensarem sobre as próprias estratégias e como suas atividades internas são conduzidas. O próximo capítulo, que aborda a utilização da análise em relacionamentos externos (como, por exemplo, clientes e fornecedores), oferece ainda mais possibilidades para a competição.

CAPÍTULO CINCO

ANALISAR PARA COMPETIR EM PROCESSOS EXTERNOS

APLICAÇÕES EM CLIENTES E FORNECEDORES

A ANÁLISE GANHOU UM GRANDE IMPULSO QUANDO AS EMPRESAS começaram a utilizá-la para aprimorar seus processos externos — os processos relacionados à gestão e à reação às demandas do cliente e de relacionamentos com o fornecedor. As fronteiras entre os processos de gestão de relacionamento com o cliente (customer relationship management — CRM) e processos como vendas e marketing e gerenciamento da cadeia de suprimentos (supply chain management — SCM), como compras e logística, têm sido revistas pelas organizações que procuram alinhar a oferta e a demanda de modo mais preciso. Diferentemente dos processos internos, que são mantidos totalmente sob o controle direto da organização, os processos orientados externamente requerem cooperação de terceiros, bem como seus recursos. Por essas razões, a gestão da análise relacionada aos processos externos representa um desafio maior.

Apesar do desafio, muitas empresas em vários setores estão alavancando seus recursos de CRM (gestão de relacionamento com o cliente) e SCM (gestão da cadeia de suprimentos) com a análise repetitiva e estão conseguindo mais crescimento e melhor desempenho como resultado.

FIGURA 5-1

Domínios de aplicação para análise

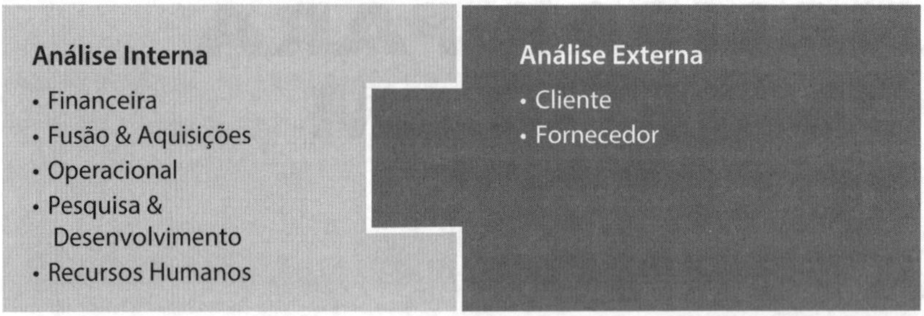

Muitas empresas geram estatísticas descritivas sobre aspectos externos de seus negócios — receita média por cliente, por exemplo, ou tamanho médio do pedido. Mas os competidores analíticos enxergam além da estatística básica e fazem o seguinte:

- Utilizam modelagem preditiva para identificar os clientes mais lucrativos — assim como os clientes que apresentam o maior potencial de lucro e os mais propensos a cancelar suas contas.
- Integram dados gerados na empresa com dados coletados de fontes externas (provedores de dados de terceiros, mídias sociais e assim por diante) para uma compreensão abrangente de seus clientes.
- Otimizam suas cadeias de suprimentos e, assim, podem definir o impacto de problemas inesperados, simular alternativas e desviar-se dos problemas.
- Analisam o histórico de vendas e as tendências de precificação para determinar preços em tempo real e conseguir o maior rendimento possível em cada transação.
- Utilizam pesquisas experimentais sofisticadas para mensurar o impacto geral ou impulso ("lift" — melhoria nas taxas de conversão de clientes), assim como a atribuição de intervenções específicas de publicidade e outras estratégias de marketing para, em seguida, aplicar os resultados em análises futuras.

Aliados Desconhecidos?

À primeira vista, a gestão da cadeia de suprimentos e a gestão de relacionamento com o cliente podem parecer ter pouco em comum. A gestão da cadeia de suprimentos, por um lado, parece naturalmente adequada a um foco analítico. Durante anos, especialistas de gestão de operações têm criado algoritmos para ajudar as empresas a manterem níveis mínimos de estoque e, ao mesmo tempo, impedir a falta de estoque — entre outros desafios da cadeia de suprimentos. E empresas manufatureiras, há muito tempo, têm contado com modelos matemáticos sofisticados para prever a demanda, gerenciar o estoque e otimizar processos de manufatura. Elas também tomaram iniciativas com foco em qualidade, como o Seis Sigma e o *kaizen*, ferramentas para as quais a análise de dados é uma parte integral da metodologia.

Entretanto a gestão de relacionamento com o cliente, que anteriormente pode ter parecido menos receptiva à intervenção analítica, agora tem sido foco de uma explosão de marketing, vendas e serviço analítico. O foco tradicional em vendas tem se voltado às habilidades individuais do pessoal de vendas — sua capacidade de estabelecer relacionamentos de longo prazo e convencer clientes potenciais céticos. E, há muito tempo, o marketing tem sido visto como uma função criativa cujo desafio tem consistido em entender o comportamento do cliente e converter esse entendimento em formas de persuasão que aumentarão as vendas. O serviço era visto, muitas vezes, como uma atividade a ser minimizada como um custo de fazer negócios e raramente era alvo da análise.

Na verdade, as raízes da análise nos negócios provêm tanto do lado do cliente quanto do lado do fornecedor. Trinta anos atrás, empresas de produtos de consumo como a Procter & Gamble começaram a utilizar bancos de dados e aplicativos analíticos para analisar as vendas e identificar os parâmetros para as promoções de seus produtos. Essas empresas inventaram a disciplina da análise do mix de marketing a fim de observar o impacto de investimentos individuais, como promoções comerciais e ofertas de cupons. Elas coletaram e analisaram dados de fornecedores, como a ACNielsen e a Information Resources, Inc. (IRI), para entender como os seus clientes (os varejistas) e o comportamento dos consumidores eram influenciados pelos diferentes canais. Atualmente, essas inovações estão sendo adotadas por empresas em praticamente qualquer setor, incluindo varejistas como a 7-Eleven Japan, fabricantes como a Samsung, empresas de telefonia como a Verizon e AT&T e empresas farmacêuticas como a Merk e a AstraZeneca. Mais recentemente, organizações de marketing reforçaram radicalmente suas orientações analíticas com o surgimento do software de gerenciamento de campanhas. Hoje em dia, empresas quantitativamente orientadas podem utilizar essas ferramentas para conduzir pesquisas experimentais com diferentes campanhas voltadas a diferentes grupos de clientes e determinar quais delas funcionam melhor para quais públicos.

Os competidores analíticos, entretanto, utilizam a análise de forma muito mais abrangente do que a maioria das empresas. Em muitos casos, eles estão desafiando fronteiras não somente em relação aos dados, mas também aos resultados das análises de seus clientes. Os dados de nosso levantamento sugerem que eles também estão integrando seus sistemas de maneira mais profunda e compartilhando dados com seus fornecedores.[1] Com a integração dos dados sobre produtos, clientes e preços, as empresas podem encontrar novas oportunidades que surgem com o alinhamento e a integração de atividades de oferta e demanda. Em vez de conduzir análises post hoc, que permitem corrigir ações futuras, elas geram e analisam dados de processos quase em tempo real e ajustam seus processos de forma dinâmica.

Nos cassinos da Caesars Entertainment, por exemplo, os clientes utilizam cartões de fidelidade que coletam dados sobre seu comportamento. Os dados são utilizados quase em tempo real tanto pelo marketing quanto pelas operações a fim de otimizar o rendimento, determinar preços para jogos e quartos de hotel e projetar o fluxo de tráfego otimizado entre os cassinos. O CIO da Caesars, Tim Stanley, durante a mudança inicial para a análise, descreve a mudança na orientação: "Estamos em uma transição da gestão analítica de relacionamento com o cliente, na qual os dados dos clientes são analisados e levam a ações no futuro, a análise de clientes em tempo real, no ponto de venda do cassino, em que... as ações são tomadas com base nos dados à medida que vão sendo coletados."[2]

Como isso funciona na prática? Um exemplo pode ser visto quando um cliente perde muito dinheiro em pouquíssimo tempo. Os sistemas do Caesars conseguem identificar esse problema e, de imediato, enviar uma mensagem (eletronicamente, ou por meio de um representante do serviço, algumas vezes chamado de "fada da sorte") ao cliente em um caça-níquel como: "Parece que você não está tendo sorte no caça-níquel. Este pode ser um bom momento para conhecer nosso restaurante. Eis um cupom de US$20 que você pode utilizar na próxima hora." A Caesars também está testando intervenções de marketing em tempo real por meio de smartphones, que ajudam os clientes a administrarem sua experiência de férias como um todo em Las Vegas, cidade na qual a empresa possui várias propriedades adjacentes. "Temos dois ingressos sobrando para o show da Celine Dion hoje à noite", uma mensagem de texto pode informar, "e você pode comprá-los pela metade do preço por ser um cliente fiel do Caesars! Envie uma mensagem de texto dizendo 'sim, 2', se quiser comprar os dois ingressos".

Ao longo deste capítulo, explicaremos como outras empresas estão utilizando suas competências analíticas para otimizar os processos com clientes e fornecedores.

Processos Baseados no Cliente

Hoje em dia, as empresas se deparam com uma grande necessidade de processos robustos baseados nos clientes. Para começar, conquistar e reter clientes está ficando cada vez mais caro, especialmente em setores de serviços como telecomunicações e serviços financeiros. Além disso, os consumidores estão ficando cada vez mais difíceis de satisfazer e mais exigentes.[3] Para competir com sucesso nesse ambiente, os competidores analíticos estão adotando uma série de táticas que lhes permitem atrair e reter clientes de maneira mais eficaz, engajar-se na "precificação dinâmica", otimizar a gestão de marcas, transformar as interações com os clientes em vendas, administrar ciclos de vida dos clientes e diferenciar seus produtos por meio da personalização (veja o quadro "Aplicações Analíticas Típicas no Marketing").

Atraindo e Retendo Clientes

Existe, é claro, uma série de maneiras de atrair e reter clientes, e a análise pode apoiar a maioria delas. Uma das formas tradicionais de atrair os clientes tem sido a propaganda. Esse setor já foi — e continuará a ser — transformado pela análise. Dois fatores estão mais estreitamente associados à transformação. Um deles é a análise econométrica de dados ao longo do tempo a fim de determinar se a propaganda pode ser estatisticamente associada a maiores vendas de um produto ou serviço. O outro é a natureza acessível e relativamente fácil de análise da propaganda na internet, como exemplificado pelo Google. Descreveremos sucintamente cada um deles.

APLICAÇÕES ANALÍTICAS TÍPICAS NO MARKETING

CHAID. Abreviatura de Chi-square Automatic Interaction Detection (detecção de interação automática do coeficiente qui-quadrado), esta técnica estatística é utilizada para segmentar clientes com base em múltiplas variáveis alternativas. A análise cria uma "árvore" de segmentação e continua a acrescentar diferentes variáveis, ou galhos, à árvore se forem estatisticamente significativos.

Análise conjunta. Normalmente utilizada para avaliar a intensidade e a orientação das preferências do cliente por uma combinação de atributos de um produto ou serviço. Por exemplo, uma análise conjunta pode ser utilizada para determinar quais fatores — preço, qualidade, localização da concessionária e assim por diante — são mais importantes para os clientes que estão comprando um novo carro.

Modelagem econométrica. Adaptação de teorias, métodos quantitativos e modelos desenvolvidos para estudo da economia com o objetivo de ganhar insights de complexas tendências de mercado e as variáveis que afetam a demanda do mercado, fornecimento e custos.

Análise de valor ao longo do tempo. Essa análise emprega modelos analíticos para estimar a lucratividade de um cliente individual (ou categoria de clientes) ao longo de uma série de transações. Modelos sofisticados geram estimativas precisas dos custos incorridos pelo cliente na compra e na utilização do produto, incluindo o custo do canal de compra, a probabilidade de devoluções, as despesas com ligações para o atendimento ao cliente e assim por diante.

Pesquisas experimentais de mercado. Por meio da utilização de mala direta, mudanças no site (conhecido como testes A/B), promoções e outras técnicas, os profissionais de marketing testam variáveis para descobrir quais clientes reagem melhor a uma determinada oferta. Essa aplicação normalmente envolve diferentes tratamentos com base em variáveis causais presumidas para diferentes grupos (teoricamente aleatórios), com uma mensuração e uma comparação de resultados por meio dos quais o efeito do tratamento pode ser observado.

Análise de regressão múltipla. A técnica estatística mais comum para prever o valor de uma variável dependente (como as vendas) em relação a uma ou mais variáveis independentes (como o número de vendedores, a temperatura ou o dia do mês). Apesar de a regressão básica pressupor relacionamentos lineares, modificações do modelo podem lidar com a não linearidade, os relacionamentos logarítmicos e assim por diante. Formas deste conjunto de métodos são usadas em econometria e em análise de valor ao longo do tempo.

Otimização do preço. Também conhecida como gerenciamento da receita ou do rendimento, esta técnica pressupõe que a principal variável causal no comportamento de compra do cliente é o preço. A questão central costuma ser a elasticidade do preço, ou a reação (mudanças na demanda) do comprador em relação a aumentos ou reduções do preço do produto. Iniciativas de otimização de preços normalmente geram curvas de elasticidade que visam a compreender o impacto desse fator de acordo com várias mudanças e condições.

Otimização de mecanismos de pesquisa (SEO — *search engine optimization*). Métodos estatísticos e atividades criadas para melhorar o ranking de um site em ferramentas de busca como o Google.

Máquina de vetor de suporte (SVM — *support vector machine*). Este método de aprendizado de máquina utiliza dados de treinamento para classificar casos em uma ou outra categoria. É frequentemente usado para segmentação de clientes e análise de rotatividade.

Experimentos estatísticos baseados em séries temporais. Estes experimentos acompanham uma população específica em sucessivos pontos no tempo. Eles são utilizados para verificar se uma condição que se aplicava em um determinado momento levou a uma mudança nas variáveis em estudo. Essa abordagem pode ser utilizada, por exemplo, para identificar o impacto da exposição à propaganda sobre as compras do produto ao longo do tempo.

Uplift modeling. Uma técnica de modelagem preditiva que avalia o impacto progressivo de um tratamento (como uma promoção ou outro tipo de iniciativa de marketing) no comportamento de um cliente.

A análise econométrica começou a abordar o velho problema da propaganda em mídias tradicionais, como descrito pelo pioneiro de lojas de departamento John Wanamaker (ou atribuído, na Europa, ao fundador da Lever Brothers, Lord Leverhulme): "Metade do dinheiro que eu gasto em propaganda é perdida; o problema é que eu não sei qual das metades."

Sir Martin Sorrell, CEO do WPP Group, uma das maiores agências de publicidade do mundo, considera a econometria o Santo Graal da propaganda. Em uma entrevista, ele observou: "Não tenho nenhuma dúvida de que a análise científica, incluindo a econometria, é uma das áreas mais importantes no setor de serviços de marketing."[4]

A maioria das grandes agências de publicidade criou grupos de especialistas em econometria para conduzir essas análises para os clientes. Essas empresas coletam dados para seus clientes, montam *data warehouses* e *Hadoop-based data lakes* (plataforma de software voltada para clusters e processamento de grandes volumes de dados) e analisam os dados para encontrar respostas a uma variedade de questões sobre a eficácia da propaganda. Algumas dessas questões são: se a mídia escolhida é de fato a mais eficaz, se vale a pena pagar o custo adicional de cores na propaganda impressa e quais dias da semana são melhores para os anúncios. Obviamente, um volume considerável de dados deve ser coletado a fim de eliminar explicações alternativas aos resultados da propaganda.

A outra mudança radical na propaganda é o crescimento dos anúncios digitais. Isso é revolucionário, é claro, porque torna possível saber se alguém clica em um anúncio. Há uma grande variedade de abordagens de propaganda na web — banners, pop-ups, baseadas em ferramentas de busca, entre outras — e a eficácia de cada uma pode ser facilmente rastreada.

Algoritmos analíticos são usados para determinar quais anúncios digitais são colocados em quais sites para cada usuário. Os anúncios personalizados (pelo menos até certo ponto) e as decisões sobre sua colocação são amplamente automatizados. A combinação da publicidade digital e a análise levou empresas de consultoria orientadas à TI como a Accenture, Deloitte e IBM a entrarem nesses negócios, em grande parte, por meio de aquisições.

Obviamente, uma das formas mais poderosas de propaganda online é o anúncio baseado em ferramentas de busca exemplificado pelo Google. Como a ferramenta de busca líder do setor, o Google pode exibir anúncios que correspondem aos termos de busca (AdWords) utilizados por um cliente potencial. O Google também mostra anúncios nos sites de outras empresas, por meio de sua rede AdSense. Uma das razões pelas quais o Google obteve sucesso com os anunciantes foi seu amplo uso da análise. Como a propaganda no Google é feita para uma grande base de clientes em troca de pequenos incrementos de pagamento (alguns centavos por clique), grande parte da análise deve ser automatizada e altamente escalável. O Google emprega algoritmos que aprendem sozinhos e que estão, com frequência, analisando a eficácia (normalmente em taxas de conversão) de diferentes palavras-chave (o principal meio de propaganda no próprio site do Google), localização na página, material criativo e assim por diante. O aprendizado é alimentado em uma ferramenta de otimização que desenvolve sugestões para os anunciantes sem nenhuma intervenção humana. Os anunciantes podem ver as sugestões ao analisar os relatórios de atividade relativos a seus anúncios. As sugestões podem diferir para diferentes tipos de sites, como mercado de entretenimento versus mercado editorial. Grandes anunciantes do Google também têm acesso a gerentes de conta que podem trabalhar com o anunciante e proporcionar consultoria com base na análise. A filosofia do Google é que os indicadores e as análises tornarão os anunciantes mais bem-sucedidos ao trabalharem com a empresa, de modo que eles tentam fornecer o máximo de sofisticação analítica que pode ser utilizada pelos anunciantes. Os desafios atuais da publicidade online envolvem como exibir anúncios personalizados em um ambiente omnichannel e como determinar a atribuição de uma venda em canais online e offline.

Outras abordagens da análise dos clientes se concentram principalmente na retenção e nas vendas cruzadas. Por exemplo, o banco norueguês DnB NOR desenvolveu a análise com base no warehouse Teradata para criar relacionamentos mais eficazes com o cliente. O banco utiliza "gatilhos de eventos" no data warehouse para acionar os analistas de relacionamento com o cliente a oferecerem um ou mais serviços customizados com base no evento. Por exemplo, se um cliente receber uma herança substancial, um representante da instituição entrará em contato para oferecer produtos de investimento. O DnB NOR possui um conjunto de ferramentas automatizadas para corresponder aos perfis dos clientes e aos eventos, e com isso gerar uma série de produtos sugeridos. Com base na experiência passada dos clientes, o DnB escolhe o canal mais eficaz para entrar em contato com um cliente para falar sobre os produtos mais apropriados. Utilizando essas ferramentas, a empresa conseguiu uma taxa de conversão de vendas cruzadas entre 40% e 50% e reduziu seu orçamento de marketing pela metade, ao mesmo tempo em que aumentou a satisfação do cliente.[5]

Claro que as organizações devem tomar cuidado para que seus gatilhos de eventos não violem a privacidade do cliente. O exemplo mais conhecido desse problema foi quando os analistas da Target reconheceram que mulheres grávidas eram um alvo “fértil” para marketing direcionado, comprando uma grande variedade de itens das lojas da Target. Eles perceberam que conseguiam identificar uma mulher grávida rapidamente em função de seus hábitos de compra. Quando uma adolescente recebeu uma circular segmentada com itens orientados para a gravidez, seu pai — enfurecido com a suposição de que sua filha solteira estivesse grávida — fez uma reclamação para a Target. Embora sua filha realmente estivesse grávida, a Target descontinuou rapidamente essa abordagem específica de marketing de gatilhos de evento.[6]

Uma das usuárias mais impressionantes da análise para reter os clientes é a Tesco. Fundada em 1924, hoje a Tesco é a maior varejista do setor alimentício no Reino Unido e uma das maiores varejistas do mundo. Localizada em 11 países, ela opera em todas as modalidades de canais de varejo alimentício — lojas de conveniência, lojas especializadas, supermercados e hipermercados. A espetacular transformação da Tesco teve início em 1995, quando a empresa lançou seu cartão de fidelidade, o Clubcard. O cartão funciona como um mecanismo para coletar informações sobre os clientes, recompensando-os por fazerem compras na Tesco e direcionando as variações de cupons ao máximo retorno. Os clientes ganham pontos que podem ser resgatados na Tesco com a taxa de 1% do volume de compras. A Tesco estima que teve 1 bilhão de libras em resgates do programa de fidelidade.

Os resultados são impressionantes. Enquanto a média geral de resposta ao marketing é de apenas 2%, a Tesco e seu consultor interno Dunnhumby alcançaram taxas médias de resgate entre 8% e 20%. O CEO da empresa que fundou o programa, Sir Terry Leahy, acredita que o Clubcard também tenha sido o responsável pelo sucesso da empresa em seu negócio na internet. Maior supermercado do mundo na internet, a Tesco entrega alimentos a mais de um milhão de lares e atende 400 mil clientes regulares. Todos os clientes online da Tesco devem possuir um Clubcard, de forma que a Tesco possa saber o que eles compram e direcionar as promoções online. Ao analisar os dados do Clubcard, combinados com um rigoroso programa de testes, o negócio da Tesco na internet assistiu a uma explosão das vendas de itens não alimentícios, incluindo acessórios para o lar, downloads de música e seguros de imóveis e carros. A empresa também estabeleceu um banco que faz uso dos dados do Clubcard.

A Tesco utiliza os dados coletados sobre as compras para agrupar os clientes de acordo com o estilo de vida. A empresa perseguiu agressivamente um sistema de classificação para determinar quais produtos teriam apelo para clientes com gosto aventureiro, saudável, "mão de vaca" etc. Alguns atributos, como se um produto está ou não congelado, ou qual seu custo por quilograma, podem ser retirados de seu banco de dados para produtos. Mas outros, que envolvem gosto e estilo de vida, são mais difíceis de classificar. Quando a Tesco quer identificar produtos que têm apelo para paladares aventureiros, por exemplo, ela vai começar com um produto que é amplamente aceito como uma escolha aventureira em determinado país — digamos, a pasta de curry verde tailandesa no Reino Unido — e depois analisar as outras compras das pessoas que compraram a pasta. Se clientes que compram a pasta também compram frequentemente lula ou pesto de rúcula, esses produtos possuem um alto coeficiente de relação e provavelmente também têm apelo para clientes aventureiros.

A Tesco afirma que emite 12 milhões de variações direcionadas de cupons de produtos por ano, levando as taxas de resgate do cupom, lealdade de clientes e desempenho financeiro a patamares de líderes de mercado.[7] Quando Leahy se aposentou, a performance da Tesco se deteriorou um pouco, mas não existem evidências de que o problema era o Clubcard ou os analistas. Kroger, que utilizava uma abordagem similar (e o mesmo consultor, Dunnhumby), possui taxas de uso do cartão fidelidade e de resgate de cupom líderes do setor nos EUA, e teve 52 trimestres consecutivos de crescimento positivo nas vendas.

As empresas também utilizam a análise para evitar maus clientes ao mesmo tempo em que atraem os poucos clientes que resistem às mensurações convencionais de adequação ou risco — abordagem conhecida como separar o joio do trigo. Como mencionamos no Capítulo 3, tanto a Progressive quanto a Capital One evitam as tradicionais métricas-padrão de risco utilizadas pelo setor. Na Progressive, por exemplo, em vez de classificar automaticamente um motociclista como um cliente de alto risco, os analistas levam em consideração fatores como o histórico profissional do motorista, a participação em outras atividades de alto risco (como paraquedismo) e as pontuações de crédito. Um motorista que apresenta um longo histórico com um empregador que também tem um baixo risco de crédito e evita outras atividades de risco será classificado como um cliente de baixo risco.

A Capital One melhorou suas abordagens convencionais para atrair os clientes chamados de subprime — aqueles indivíduos que, através de sua avaliação de crédito, possuem alto risco de falência ou inadimplência. A Capital One emprega a própria ferramenta patenteada de avaliação de valor do crédito do consumidor para identificar e atrair os clientes que a empresa percebe como menos arriscados do que suas pontuações de crédito indicariam.

Otimização da Precificação

A precificação é outra tarefa especialmente suscetível à manipulação analítica. As empresas utilizam a análise para obter uma vantagem competitiva pela precificação adequada de produtos, seja a abordagem de "preços baixos todo dia" do Walmart ou o ajuste de preços de um hotel em resposta à demanda dos clientes. A análise também pode facilitar a adoção da *precificação dinâmica* — a prática de ajustar o preço de um bem ou serviço em tempo real em resposta às condições do mercado, como demanda, nível de estoque, comportamento do concorrente e histórico do cliente. Essa tática foi primeiramente adotada no setor de transporte aéreo, mas atualmente já se espalhou para outros setores.

Os preços do varejo, por exemplo, foram historicamente definidos pela intuição. Hoje em dia, entretanto, muitos varejistas (e até empresas B2B) estão adotando software analítico como parte do "varejo científico". Esses aplicativos funcionam analisando dados históricos de pontos de venda de um varejista a fim de determinar a elasticidade preço e a elasticidade cruzada (uma medida para identificar se um produto substitui outro) para cada item em cada loja. Uma equação é calculada para determinar o preço ótimo, a fim de maximizar as vendas e a lucratividade.

Em geral, os varejistas começam utilizando a análise de precificação para otimizar descontos — descobrindo quando e o quanto abaixar os preços. Alguns passam a precificar assim todas as mercadorias do varejo e analisar promoções, mix de categorias e profundidade e amplitude dos sortimentos. A maioria dos varejistas obtém um aumento de 5% a 10% em margem bruta como resultado da utilização de sistemas de otimização de preços. Alguns conseguem benefícios ainda maiores. De acordo com um relatório do Yankee Group: "As empresas obtiveram até 20% de aumento nos lucros pela utilização de soluções de gerenciamento de preços e otimização de lucros (price management and profit optimization

— PMPO). Nenhum outro sistema pode entregar o mesmo tipo de benefícios de primeira linha e lidar com as ineficiências de base. O PMPO é o segredo mais bem guardado no que se refere à tecnologia de empresas."[8]

Atualmente, praticamente todos os varejistas adotaram alguma versão do software de precificação analítica. Muitos o adotaram inicialmente para precificação de descontos e, mais tarde, para precificação de todos os itens. Algumas empresas, como a Macy's, o combinaram com um software de análise de memória para precificar rapidamente as mercadorias baseados em fatores como clima e preços do competidor. A cadeia de lojas de departamento foi capaz de reduzir o tempo de otimização de precificação de seus 73 milhões de itens de mais de 27 horas para apenas uma hora.

O software de precificação baseado na análise está se espalhando para outros setores também. Muitos vendedores oferecem o software de otimização de preços, e muitas indústrias estão se aproveitando disso. O San Francisco Giants, por exemplo, foi pioneiro na otimização de precificação de ingressos para partidas de beisebol. Se o time está jogando contra um rival popular ou se o confronto de arremessos for considerado bom, os preços podem subir quase dez vezes. Além do beisebol profissional, a otimização de precificação é usada por alguns times profissionais de futebol americano, basquete, hóquei e futebol.

Também foi aplicada com sucesso em cassinos. Gary Loveman, antigo CEO da Caesars Entertainment, escreveu sobre isso no prefácio da primeira edição deste livro:

> Em resumo, há muitas oportunidades de aplicar simples métodos analíticos para aumentar a lucratividade de forma substancial ou marginal, especialmente em grandes negócios como o meu, em que um único insight pode acionar a caixa registradora literalmente milhares ou milhões de vezes. Os exemplos no setor de resorts com cassinos são abundantes, incluindo gerenciamento por retorno, precificação de jogos, gestão de relacionamento com o cliente, programas de fidelidade e processo de compras. Para pegar a mais fácil e a maior oportunidade durante meu exercício no cargo, descobrimos que um deslocamento de dez pontos bases do preço de promoção na direção de uma curva de demanda estimada para um determinado jogo aumentaria nossa lucratividade em um montante de oito algarismos e não seria observável pelo cliente.[9]

Um alerta: mudanças na precificação nem sempre são inobserváveis. A maioria dos consumidores está acostumada com a ideia de precificação dinâmica no contexto de condições de mercado em mudança — resorts que reduzem os preços dos quartos na baixa temporada e os elevam durante a alta temporada, por exemplo — e, provavelmente, considera isso justo. Contudo, as empresas podem ver um recuo quando utilizam a elasticidade de demanda (o fato de que clientes fiéis pagarão mais por algo em relação a clientes mais instáveis) para tomar decisões de precificação. Por exemplo, por algum tempo, a Amazon cobrava mais pelos DVDs das pessoas que gastavam mais. Quando essa prática se tornou pública, a Amazon foi forçada a recuar diante da fúria resultante.

Gestão de Marcas

Da mesma forma como a análise proporciona um nível mais elevado à disciplina da precificação, também proporciona a disciplina necessária às atividades de marketing como um todo. As empresas líderes desenvolveram recursos analíticos que lhes permitem projetar e executar de forma eficiente campanhas de marketing de multicanais altamente eficazes, mensurar os resultados e aprimorar continuamente as campanhas futuras. Muitas estão utilizando a modelagem econométrica e o planejamento por cenários para prever os resultados de desempenho, dependendo dos níveis de orçamento geral ou o quanto é gasto em canais diferentes.

No entanto o maior desafio para gerentes de marca atualmente é desenvolver um *circuito fechado* (*closed loop*) de análise descrevendo como clientes interagem com a marca através de diferentes canais. Com essa informação, as marcas podem aprender não apenas quais anúncios e promoções os clientes veem, mas como interagem em termos de cliques, conversões e serviço. A maioria das empresas acha difícil reunir todos esses dados e entendê-los através da análise.

Entretanto uma empresa faz isso muito bem: a unidade de negócios Parques e Resorts Disney. O negócio há muito tempo é altamente analítico, otimizando preços de hotéis, tempos de viagem e ofertas de marketing. Atualmente, no entanto, em função de um projeto de "gestão de férias" chamado MyMagic+, que custou mais de US$1 bilhão e começou em 2008, a empresa conseguiu fechar o circuito sobre como todo esse marketing é traduzido na experiência do cliente.[10] O objetivo ambicioso do MyMagic+ é prover uma experiência mais mágica, imersiva, perfeita e pessoal para cada um dos visitantes. Desde o início do planejamento de uma reserva para os parques ou hotéis da Disney, o cliente é encorajado a registrar e fornecer um endereço de e-mail.

O cliente pode planejar uma viagem de família (e naquele momento registrar todos os membros da família ou amigos que estão participando da viagem) com o site ou o aplicativo MyDisneyExperience. Após isso, a Disney consegue apreender quais atividades o cliente está considerando e quais páginas da internet engajam diferentes membros da família. Os clientes também são encorajados a se inscreverem para o serviço FastPass+, que oferece tempos menores de espera; em troca, os clientes compartilham informações sobre as atrações do parque, opções de entretenimento e até mesmo cumprimentos de personagens da Disney que pretendem experienciar.

No entanto, o que realmente fecha o circuito para a Disney, é a MagicBand. Lançada em 2013, essas pulseiras são comumente enviadas por correios para a família antes de a visita começar. Do ponto de vista do cliente, elas permitem acesso ao parque e aos quartos de hotel, entrada FastPass+ para atrações em horários específicos e compras dentro do parque e do hotel. Elas também armazenam fotos tiradas com personagens da Disney e permitem que eles tenham interações personalizadas com as crianças. Do ponto de vista da Disney, elas provêm uma mina de ouro de dados, incluindo localizações de clientes, interações com personagens, histórico de compras, padrões de atrações e muito mais. Se os clientes optarem, a Disney vai lhes enviar ofertas personalizadas durante sua estadia e após seu retorno para casa.

A escala e o gasto com sistema MyMagic+ refletem o fato de que a aposta foi levantada para competição analítica. Pode demorar um pouco para que a Disney recupere seu investimento bilionário nesse sistema de circuito fechado, mas a empresa já observou benefícios operacionais em poder permitir mais clientes nos parques em dias cheios. Há também a crença de que o sistema vai dissuadir os clientes de visitarem parques concorrentes. No entanto a chave para o valor final do programa será análises abrangentes sobre como os programas de marketing e branding se traduzem em atividade real do cliente.

Convertendo Interações com o Cliente em Vendas

As estratégias descritas até agora se relacionam às amplas interações entre as empresas e os clientes, mas também é possível utilizar a análise para melhorar os encontros cara a cara entre os clientes e os vendedores. Esse processo — antigamente envolvido em muita intuição — está se tornando cada vez mais analítico. Muitos processos de vendas, tais como fluxos de *lead* (potencial comprador), oleodutos e taxas de conversão, atualmente são abordados analiticamente. Nos primeiros dias da venda analítica, quase todos os métodos eram descritivos. Um gráfico de barras seria considerado de ponta. Atualmente, no entanto, empresas como a Salesforce.com incorporaram análise preditiva e prescritiva em seus sistemas transacionais principais. Em vez de decidir qual lead abordar, por exemplo, o vendedor pode recorrer a um sistema preditivo de pontuação de leads.

Vejamos como a Capital One Health Care, que vende serviços financeiros por meio de médicos para procedimentos médicos sem cobertura pelo seguro (como cirurgias estéticas), supera os concorrentes. A maioria das empresas de financiamento comercializa seus serviços de crédito para médicos da mesma forma que muitos representantes da indústria farmacêutica fazem — uma prática conhecida no negócio como "caneta, bloco de notas e pizza". Fazendo visitas na hora do almoço, os representantes esperam atrair o médico para fazer uma rápida pausa para o almoço e incluir uma apresentação de vendas. Na Capital One, entretanto, os representantes não perseguem aleatoriamente os clientes potenciais, esperando que alguns pedaços de pizza façam a mágica. Em vez disso, os analistas fornecem aos representantes da empresa as informações sobre as quais os médicos devem concentrar seus esforços e quais mensagens de vendas e produtos têm mais chances de ser eficazes.

A Editora HMH, com base em Boston, talvez mais conhecida como Houghton Miffl in Harcourt, publica livros desde 1830.[11] No entanto, atualmente, muito de seu conteúdo é eletrônico ou baseado em software, e os líderes da empresa queriam transformar os processos de vendas de forma similar. Como muitas empresas, a HMH utilizava um sistema transacional para gestão de relacionamento com o cliente, da Salesforce.com. Mas ele tinha poucas análises para informar e motivar os vendedores e os gerentes de vendas.

Os vendedores da HMH ligavam primeiramente para distritos escolares e costumavam acompanhar suas oportunidades e previsões de vendas no Excel. Mas essa abordagem não facilitou a comunicação sobre esses processos de vendas, e era apenas análise descritiva. Mas, quando a venda se tonou um foco-chave dos executivos da empresa, a HMH começou uma colaboração entre a organização do marketing — responsável pela geração de leads — e vendas, que possui a responsabilidade de convertê-los. Parte da iniciativa envolve adquirir novo software para análise descritiva de vendas e um sistema diferente para pontuação de lead.

A HMH melhorou todo o processo para gestão de leads, incluindo captação de leads de eventos e seminários online, assim como vendedores. Ela lançou a pontuação preditiva de leads e o sistema de roteamento que priorizava leads para venda, o que eventualmente reduziu dias de leads de trinta dias para seis. A empresa também criou um modelo de atribuição de leads em todo o funil de vendas para determinar o mix ideal de canais para o menor custo por lead e custo por conversão. Uma série de novos relatórios abordou essas métricas à medida que os dias levam à excelente curva de sobrevivência do lead, o valor estimado do lead e a velocidade de conversão do funil.

Às vezes, a análise de vendas não tem muito a ver com a força de venda. O Caesars, por exemplo, é capaz de utilizar as informações que coleta para melhorar a experiência do cliente ao mesmo tempo em que otimiza e agiliza o tráfego do cassino. Os clientes odeiam esperar; eles podem se sentir tentados a ir embora. Pior ainda, do ponto de vista do cassino, um cliente que está esperando não está gastando dinheiro. Quando ocorrem gargalos em alguns caça-níqueis, a empresa pode oferecer um jogo grátis a um cliente em um caça-níquel localizado em uma área menos movimentada do cassino. Os clientes em espera podem ser informados de que outra máquina não está em uso. Esses avisos ajudam a redirecionar o tráfego e equilibrar a demanda. De acordo com um professor da Wharton School, David Bell, o Caesars é capaz de dizer "quem entra no cassino, onde vão depois que entram, quanto tempo passam em diferentes jogos e assim por diante. Isso lhe permite otimizar a variedade e a configuração de seus jogos".[12]

Gerenciando Ciclos de Vida dos Clientes

Além de facilitar as compras de um cliente em um determinado dia, as empresas buscam otimizar o valor ao longo do tempo do cliente. Ferramentas de análise preditiva ajudam as organizações a compreenderem o ciclo de vida de compras e o comportamento de um cliente individual. Os modelos preditivos da Best Buy permitem que a empresa aumente as vendas subsequentes depois de uma compra inicial. Uma pessoa que compra uma câmera digital, por exemplo, receberá da Best Buy um cupom eletrônico em um momento cuidadosamente definido para uma impressora de fotos digitais.

A Sprint também demonstra grande interesse pelos ciclos de vida dos clientes. Ela utiliza a análise para lidar com 42 atributos que caracterizam as interações, percepções e emoções de clientes ao longo de um ciclo de vida de seis estágios, desde a conscientização inicial do produto até a renovação ou upgrade do serviço. A empresa integra essas análises do ciclo de vida em suas operações utilizando 25 modelos para definir as melhores formas de maximizar a fidelidade dos clientes e seus gastos ao longo do tempo.

A meta da Sprint é fazer com que cada ponto de contato faça a "próxima melhor oferta" ao cliente e, ao mesmo tempo, elimine as interações que possam ser percebidas como ruídos. Quando a Sprint descobriu, por exemplo, que uma porcentagem significativa de clientes com contas não pagas não constituíam maus pagadores, mas indivíduos e empresas com questões mal resolvidas em relação às suas contas, ela passou as cobranças de cobradores a agentes de retenção, cujo papel é solucionar conflitos e reter clientes satisfeitos.

De acordo com a Sprint, o grupo designado para fazer essas análises foi responsável por mais de US$1 bilhão em valor para a empresa e US$500 milhões em receita ao reduzir a rotatividade de clientes, convencê-los a comprar mais e melhorar os índices de satisfação.

Personalização do Conteúdo

Uma estratégia final para a utilização da análise para captar e reter clientes é customizar as ofertas de acordo com as preferências individuais. No negócio de redes de telefonia móvel, as empresas estão competindo para aumentar a receita média por usuário vendendo aos assinantes informações (como notícias e atualizações de ações na bolsa de valores) e serviços de entretenimento (como downloads de música, tons de toque e videoclipes). Mas, devido às pequenas telas dos aparelhos celulares, navegar pelo conteúdo constitui um grande desafio.

A O2, uma operadora de redes de telefonia móvel do Reino Unido, utiliza a análise para ajudar os usuários de celulares a solucionar esse desafio. A empresa foi uma pioneira na utilização de software de inteligência artificial para fornecer aos assinantes o conteúdo que quisessem antes de eles mesmos saberem que queriam isso. A tecnologia analítica monitora o comportamento do assinante, como a frequência com que os usuários acessam um conteúdo específico, a fim de determinar suas preferências pessoais. O software, então, disponibiliza o conteúdo desejável em um local de fácil acesso aos usuários.

A maioria absoluta (97%) dos assinantes da O2 optou por utilizar menus personalizados e se beneficiam da praticidade de ter um serviço que pode prever e apresentar conteúdos que correspondem às suas preferências. Atualmente, a O2 detém mais de 50% do tráfego de internet pelo celular no Reino Unido, e a empresa continua a explorar novas formas de utilização da análise; por exemplo, ela está avaliando uma nova tecnologia de filtragem colaborativa, que analisaria as preferências de clientes similares para fazer sugestões de conteúdo. Hugh Griffiths, antigo vice-presidente de produtos digitais, serviços e conteúdos, acredita que "a personalização é nosso principal diferenciador de serviços".[13]

A personalização também está sendo aplicada em contextos como jogos e educação. Na conferência Strata + Hadoop World, o desenvolvedor de jogos online Jagex Games Studio descreveu seu modelo que analisa uma década de conteúdo de jogos e contas de 220 milhões de jogadores para prover recomendação em tempo real a seus jogadores. Um de seus jogos mais populares, RuneScape, é um gratuito *massively multiplayer online roleplaying game* ("MMORPG — jogo de RPG online multijogador em massa", em tradução livre). Ao incorporar recomendações que apontam para os jogadores os conteúdos mais interessantes e relevantes durante o jogo, a Jagex aumentou sua receita (através de publicidade, inscrições pagas e compras dentro do jogo) enquanto também melhorou o engajamento do jogador e as taxas de finalização dos desafios (*quests*).[14]

A empresa de ensino eletrônico Skillsoft está utilizando big data para melhorar a efetividade de sua tecnologia de fornecimento de soluções educacionais para 6 mil clientes e 19 milhões de aprendizes no mundo todo. As recomendações de aprendizado dos clientes e o conteúdo são personalizados por dados detalhadamente analisados sobre como e quando os indivíduos usam mais de 60 mil ativos de aprendizado, assim como outros fatores como dados de pesquisa e comportamento de resposta de e-mail direto. Embora a personalização de ambos, conteúdo e recomendações, seja sofisticada, a Skillsoft percebeu uma melhoria de 128% no engajamento do usuário. De acordo com John Ambrose, vice-presidente sênior de Estratégia, Desenvolvimento Corporativo e Negócios Emergentes: "Nós estamos construindo um novo motor de big data poderoso, que vai nos permitir otimizar experiências de aprendizado e descobrir novos padrões de aprendizado que podem ser aplicados imediatamente para que o sistema continue melhorando. Essa é a perfeita aplicação do big data — aproveitá-lo e aplicá-lo para melhorar a performance individual e organizacional."[15]

Processos com Fornecedores

Os processos atuais de cadeia de suprimentos fazem com que as fronteiras entre os processos voltados para clientes e fornecedores fiquem cada vez mais indefinidas. Em alguns casos, os clientes penetram profundamente na organização e ao longo dela, chegando aos fornecedores. Em outros casos, as empresas estão administrando a logística para os clientes (veja o quadro "Aplicações Analíticas Típicas nas Cadeias de Suprimentos").

Conectando Clientes e Fornecedores

O pai de todos os concorrentes analíticos da cadeia de suprimentos é o Walmart. A empresa coleta enormes volumes de dados sobre vendas e estoque (mais de 30 terabytes em 2015) em uma única plataforma tecnológica integrada. Seus gestores analisam rotineiramente vários aspectos da cadeia de suprimentos e os gerentes de loja utilizam ferramentas analíticas para otimizar a variedade dos produtos; eles analisam não apenas dados detalhados sobre as vendas, mas também fatores qualitativos, como a oportunidade de customizar a variedade de ofertas conforme as necessidades da comunidade local.[16]

O elemento mais diferenciado dos dados de cadeia de suprimento do Walmart é a disponibilização aos fornecedores. O Walmart compra produtos de mais de 60 mil fornecedores em 80 países e cada um deles utiliza o sistema Retail Link da empresa para monitorar o movimento de seus produtos — na verdade, a utilização do sistema é obrigatória. Juntos, os fornecedores rodam dezenas de milhões de consultas no data warehouse todos os anos, cobrindo dados como vendas diárias, expedições, pedidos de compra, faturas, pedidos de indenização, devoluções, previsões, dados de identificação por radiofrequência e assim por diante.[17] Os fornecedores também têm acesso ao Modular Category Assortment Planning System (Sistema Modular de Planejamento de Variedade de Categorias), que pode ser utilizado para criar layouts modulares de produtos específicos para cada loja. Os layouts se baseiam em dados de vendas, características de loja e dados sobre dez segmentos de consumidores. Alguns fornecedores criaram mais de mil layouts modulares.

APLICAÇÕES ANALÍTICAS TÍPICAS NAS CADEIAS DE SUPRIMENTOS

Planejamento da capacidade. Identificação da capacidade de uma cadeia de suprimentos ou dos seus elementos; identificação e eliminação de gargalos; normalmente emprega análise repetitiva de planos alternativos.

Combinatória. Uma técnica matemática sofisticada que modela componentes em uma rede de suprimentos, tipicamente com o objetivo de otimizá-las ou seus atributos.

Correspondência entre demanda e oferta. Determinação das interseções das curvas de oferta e demanda para otimizar o estoque e minimizar estoques excedentes ou escassos. Normalmente envolve questões como processos de chegada, tempo de espera e perdas no envio.

Análise de localização. Otimização das localizações de lojas, centros de distribuição, fábricas e assim por diante. Utiliza cada vez mais a análise geográfica e roteiros digitais para, por exemplo, relacionar as localizações da empresa às dos clientes.

Modelagem. Criação de modelos para simular, explorar contingências e otimizar cadeias de suprimento. Muitas dessas abordagens empregam alguma forma de software de programação linear, que permite que os programas busquem metas específicas, dado um conjunto de variáveis e restrições. Abordagens mais recentes envolvem aplicações de aprendizado de máquina.

Rotas de transporte. Identificação do melhor caminho para um veículo de entrega, dado um conjunto de localizações. Muitas dessas abordagens são versões do "problema do caixeiro-viajante".

(continua)

Agendamento. Criação de cronogramas detalhados para o fluxo de recursos e acompanhamento de um processo. Alguns modelos de agendamento são "finitos", por levarem em consideração a capacidade de produção ao agendar os pedidos. As abordagens de planejamento avançado e de agendamento também reconhecem limitações materiais em termos de estoque atual e entregas ou distribuições planejadas.

Simulação. Simulações da cadeia de suprimentos modificam a variação nos fluxos de suprimentos, recursos, armazéns e vários tipos de restrições. Elas permitem a otimização e visualização de redes de suprimentos complexas.

À medida que o data warehouse do Walmart disponibilizava informações adicionais sobre o comportamento do cliente, aplicativos utilizando o enorme banco de dados da empresa começaram a se expandir muito além da cadeia de suprimento. Atualmente, o Walmart coleta mais dados sobre os consumidores do que qualquer outra empresa do setor privado. Os profissionais de marketing do Walmart analisam esses dados para garantir que os clientes tenham os produtos que desejarem, quando os desejarem e ao preço certo. Por exemplo, eles aprenderam que, antes de um furacão, os consumidores estocam alimentos que não precisam de cozimento ou refrigeração. O produto mais vendido: Strawberry Pop Tarts, as tortas de morango da Kellogg's. Com essa informação em mãos, o Walmart pede à Kellogg's para apressar o envio desses produtos às lojas antes da ocorrência de um furacão. Em resumo, há muitas aplicações analíticas por trás do sucesso do Walmart como o maior varejista do mundo.

O Walmart pode ser o maior varejista do mundo, mas sabe onde todas as suas lojas estão localizadas. O modelo de negócios da Amazon, por outro lado, requer que a empresa gerencie um fluxo constante de novos produtos, fornecedores, clientes e promoções, e que entregue os pedidos diretamente a seus clientes até as datas prometidas.

A Amazon é muito quieta sobre todos os seus projetos analíticos, mas, ao longo dos anos, conseguimos coletar alguns detalhes. A empresa é mais conhecida por sua análise de "filtragem colaborativa", que recomenda produtos aos consumidores, mas também trabalhou diligentemente na análise da cadeia de suprimentos. Ela integrou todos os elementos de sua rede de suprimentos para coordenar decisões de fornecimento. A fim de determinar a melhor estratégia de obtenção de recursos (definindo o mix correto de abastecimento conjunto, abastecimento coordenado e obtenção única de recursos), bem como gerenciar toda a logística para assegurar que um produto saia do fabricante e chegue ao cliente, a Amazon aplica as metodologias e técnicas de otimização avançada e gestão da cadeia de suprimentos em todas as suas funções de abastecimento, expansão de capacidade, gestão de estoque, processo de compras e logística.

Por exemplo, depois de conduzir experimentos com uma variedade de aplicativos não customizados para soluções e técnicas, a Amazon concluiu que nenhuma abordagem existente para modelagem e gestão de cadeias de suprimentos se adequaria às suas necessidades específicas. No final, ela acabou desenvolvendo um modelo de estoque patenteado empregando técnicas de otimização estocástica não estacionária que lhe permite modelar e otimizar as diversas variáveis associadas com seu negócio altamente dinâmico e de rápido crescimento. Uma descrição de trabalho da Amazon fornece alguns detalhes sobre os métodos que a empresa usa:

> Quando consumidores fazem pedidos, nosso sistema usa tempo real, técnicas de otimização de larga escala para escolher de forma ideal de onde enviar e como consolidar múltiplos pedidos para que os consumidores recebam seus pedidos a tempo, ou mais rápido, com o menor custo possível de transporte. Esse time é focado em economizar centenas de milhões de dólares usando ciência de ponta, aprendizado de máquina e software distribuído de forma ajustável na nuvem, que automatiza e otimiza estoques e remessas para clientes sob a incerteza da demanda, preços e fornecimento.[18]

A Amazon vende mais de 30 categorias de produtos, de livros e alimentos a ferramentas industriais e científicas. A empresa possui uma série de centros de distribuição para diferentes bens. Quando a Amazon lança uma nova categoria de produtos, utiliza a análise no planejamento da cadeia de suprimentos para os produtos e na alavancagem dos sistemas e processos existentes na empresa. Para isso, ela prevê a demanda e a capacidade de produção no nível nacional e o nível do centro de distribuição para cada unidade de armazenamento. Seus analistas de cadeia de suprimentos tentam otimizar as quantidades do pedido, satisfazer restrições e minimizar custos de armazenamento, remessa e falta de estoque. Para otimizar sua cadeia de suprimento de bens de consumo, por exemplo, ela utilizou um "problema do fluxo viável de custo mínimo (min-cost flow) com restrições secundárias"; para arredondar remessas fracionadas, ela utilizou o "problema de múltiplas mochilas (multiple knapsack problem) com o 'algoritmo ganancioso'" (se você sabe o que isso significa, talvez você devesse estar trabalhando para a Amazon). A empresa é obcecada até mesmo com o jeito otimizado de carregar um caminhão.

Uma das inovações mais recentes da Amazon na rede de suprimentos foi uma patente feita em 2012 para um "método e sistema para envio antecipado de pacotes". Isso significa que algumas vezes a Amazon prediz o que consumidores vão pedir e a empresa envia pacotes para uma área geográfica sem saber exatamente aonde eles vão. É uma combinação única de venda preditiva e gestão de rede de suprimentos.

A Amazon também está planejando assumir muitos aspectos de sua cadeia de suprimentos, contornando corretores de carga e até transportadoras. A Amazon então estaria "acumulando inventário de milhares de comerciantes de todo o mundo e depois comprando espaço em caminhões, aviões e navios com taxas reduzidas", de acordo com a Bloomberg Technology.[19] A empresa já recebeu aprovação da China e dos EUA para atuar como atacadista de transporte marítimo de contêineres. Enquanto as aplicações disso ainda não estão claras, é possível que a Amazon traga um novo nível de insights baseados em dados para os negócios tradicionais.

Gerenciamento da Logística

Algumas vezes, uma empresa de serviços utiliza a análise com tamanha habilidade e capacidade de execução que linhas inteiras de negócios podem ser criadas. A United Parcel Service (UPS) entrou nesse caminho em 1986, quando formou a UPS Logistics, uma subsidiária integral da UPS Supply Chain Solutions. A UPS Logistics fornece sistemas de rotas, agendamento e despacho para negócios com frotas privadas e distribuição no atacado.[20] A empresa afirma ter mais de 1.000 clientes utilizando seus serviços diariamente. Essa abordagem, divulgada na campanha "Não precisa se preocupar com nada", está permitindo que a UPS expanda sua reputação de remessas confiáveis à administração confiável das cadeias logísticas de valor dos clientes. A UPS também entrou no negócio de produtos de dados, cobrando extra de seus clientes pela opção My Choice para redirecionar, reprogramar ou autorizar a entrega de pacotes no caminho.

A UPS, é claro, tem sido um competidor analítico em cadeias de suprimentos por muitos anos. Em 1954, seu CEO observou: "Sem a pesquisa operacional, estivemos analisando nossos problemas só de forma intuitiva."[21] Há muito, a empresa tem sido reconhecida em seu setor pela otimização de rotas de caminhões de entrega e, mais recentemente, pela otimização de rotas de aviões. Mike Eskew, CEO da UPS de 2002 a 2007, fundou o atual grupo de pesquisa operacional da UPS em 1987. Em 2003, ele anunciou que esperava da otimização uma economia de US$600 milhões anuais. Ele descreveu a importância da otimização de rotas da seguinte maneira: "É fundamental que administremos nossas redes em todo o mundo da melhor forma possível. Quando as coisas não ocorrem exatamente da forma como esperávamos em função de mudanças de volume ou no clima, tentamos pensar nas melhores maneiras de nos recuperar e ainda manter nossos níveis de serviço."[22] A UPS desenvolveu esses recursos ao longo do tempo para desenvolver o aplicativo de roteamento ORION, aplicativo em tempo real que descrevemos em detalhes no Capítulo 4.

A FedEx também adotou tanto a análise quanto o fornecimento de serviços terceirizados de logística a empresas. Apesar de tanto a UPS quanto a FedEx proporcionarem aos clientes uma ampla variedade de ferramentas analíticas com base em TI, a FedEx fornece esses aplicativos a empresas que não contratam todos os seus serviços logísticos, levando um analista a observar: "A FedEx é tanto uma empresa de tecnologia quanto uma empresa de remessas."[23] A UPS e a FedEx se tornaram tão eficientes e eficazes em todos os aspectos da logística de remessas que outras empresas descobriram a vantagem econômica de terceirizar todas as suas operações logísticas.

Outra empresa que tem ajudado seus clientes a gerenciarem a logística é a CEMEX, fornecedora global líder de cimento. O cimento é altamente perecível; ele começa a secar assim que o caminhão é carregado e o produtor tem um tempo limitado para levá-lo a seu destino. No México, o trânsito, o clima e o mercado de trabalho imprevisível fazem com que seja incrivelmente difícil planejar as entregas de forma precisa. Assim, um empreiteiro pode ter o concreto pronto para entrega quando o local ainda não está pronto ou as equipes de trabalho podem ficar ociosas porque o concreto ainda não chegou.

A CEMEX percebeu que poderia aumentar sua participação de mercado e cobrar um adicional de empreiteiros preocupados com a questão do momento certo da entrega reduzindo o tempo de entrega dos pedidos. Para descobrir como atingir essa meta, o pessoal da CEMEX analisou a

FedEx, empresas de entrega de pizzas e frotas de ambulâncias. Depois dessa pesquisa, a CEMEX equipou a maioria de seus caminhões misturadores de concreto no México com localizadores de posicionamento global por satélite e utilizou a análise preditiva para aprimorar seus processos de entrega. Essa abordagem permite que os despachantes reduzam o tempo médio de resposta a alterações nos pedidos de três horas a vinte minutos.[24] Esse sistema não somente aumentou a produtividade dos caminhões em 35%, como também cimentou a sólida dedicação dos clientes à marca.[25] A CEMEX também utilizou a análise para otimizar outros aspectos de seu negócio, incluindo produção na fábrica, o tamanho de sua frota de caminhões, consumo de eletricidade e gerenciamento de estoque. Sua abordagem disciplinada e analítica nas operações a transformou em uma das empresas de cimento de crescimento mais rápido e mais lucrativa do mundo. E, se você pode ser analítico com cimento — uma das commodities mais antigas do mundo —, você pode aplicar análise em qualquer negócio.

Conclusão

Competidores analíticos reconheceram que os limites entre a oferta e a demanda não são mais tão claros. Como resultado, eles estão utilizando análises sofisticadas em sua cadeia de suprimentos e processos orientados ao cliente, a fim de criar competências distintivas que os ajudem a atender melhor os clientes e trabalhar com os fornecedores de maneira mais eficaz.

A disciplina da gestão da cadeia de suprimentos possui profundas raízes no domínio analítico; as empresas que se sobressaíram nessa área possuem um histórico de décadas de utilização de análise quantitativa para otimizar a logística. As empresas que começam mais tarde, entretanto, têm oportunidades claras de adotar uma abordagem analítica na gestão de relacionamento com o cliente e em outros processos de demanda.

Na Parte 1 deste livro, descrevemos a natureza da competição analítica. Na Parte 2, exploraremos as providências que as empresas precisam tomar e os recursos técnicos e humanos necessários para competição analítica.

PARTE 2

DESENVOLVENDO COMPETÊNCIAS ANALÍTICAS

CAPÍTULO SEIS

UM ROTEIRO PARA APRIMORAR AS COMPETÊNCIAS ANALÍTICAS

AVANÇANDO PELOS CINCO ESTÁGIOS DO DESENVOLVIMENTO

ATÉ ESTE PONTO, O DESENVOLVIMENTO DE UMA CAPACIDADE ANALÍTICA pode ter parecido um processo um tanto quanto direto. De fato, algumas organizações como Marriott, GE e Procter & Gamble têm utilizado a análise intensiva de dados durante décadas. Outras, como Google, Amazon, Netflix, Zillow e Capital One, foram fundadas com a ideia de utilizar a análise como a base para a competição. Essas empresas, com seu histórico de grande atenção aos dados, patrocínio da alta administração e utilização em todo o empreendimento da análise, atingiram o mais alto estágio de capacidade analítica.

A maioria absoluta das organizações, entretanto, não possui uma capacidade analítica bem desenvolvida, nem um plano detalhado para desenvolver uma. Para as empresas que desejam analisar para competir, não é possível prometer uma jornada rápida e indolor. Há muitas peças para encaixar, incluindo aplicativos de computador, tecnologia, dados, processos, indicadores, incentivos, habilidades, cultura e patrocínio. Um executivo que entrevistamos comparou a complexidade da gestão do desenvolvimento das competências analíticas com um jogo de xadrez de 15 níveis.

Uma vez que as peças são encaixadas, ainda leva algum tempo para a organização obter os resultados de grande escala necessários para se tornar uma competidora analítica. Mudar os processos de negócios e o comportamento dos colaboradores é sempre a parte mais difícil e que demanda mais tempo em qualquer grande mudança organizacional. E, pela sua natureza, desenvolver competência analítica é um processo contínuo, à medida que os gestores adquirem uma visão melhor da dinâmica de seu negócio ao longo do tempo por meio do trabalho com os dados e do refinamento de modelos analíticos. Nossa pesquisa e nossos experimentos sugerem que leva entre 18 a 36 meses de trabalho regular com os dados para começar a desenvolver uma linha estável de insights que possam ser transpostos para a prática. Muitas organizações, sem disposição para isso ou que se veem diante de outras prioridades, levarão muito mais tempo.

Mesmo empresas altamente analíticas têm muito trabalho pela frente para aprimorar suas competências analíticas. Por exemplo, a Sprint, que utilizou a análise para concretizar mais de US$1 bilhão em valor e US$500 milhões em receita incremental ao longo de cinco anos, acredita que apenas arranhou a superfície do que pode realizar com a sua capacidade analítica. E os gerentes de um banco, que tem sido líder analítico durante anos, relataram que unidades diferentes estão retornando aos silos de dados desagregados de clientes. Os líderes analíticos não podem parar para descansar sobre seus louros.

Mesmo assim, os benefícios de se tornar um competidor analítico superam em muito os custos. Neste capítulo, apresentaremos um roteiro que descreve como as organizações analisam para competir e os benefícios associados a cada estágio do processo de desenvolvimento.

Visão Geral do Roteiro

O roteiro descreve os comportamentos, recursos e desafios típicos de cada estágio de desenvolvimento. Ele fornece orientações sobre as ações e os investimentos necessários para criar e desenvolver as competências analíticas em uma organização e passar para estágios mais altos de competição analítica.

A Figura 6-1 apresenta uma visão geral do roteiro para a competição analítica e os critérios a serem adotados em cada estágio.

FIGURA 6-1

Roteiro para se tornar um competidor analítico

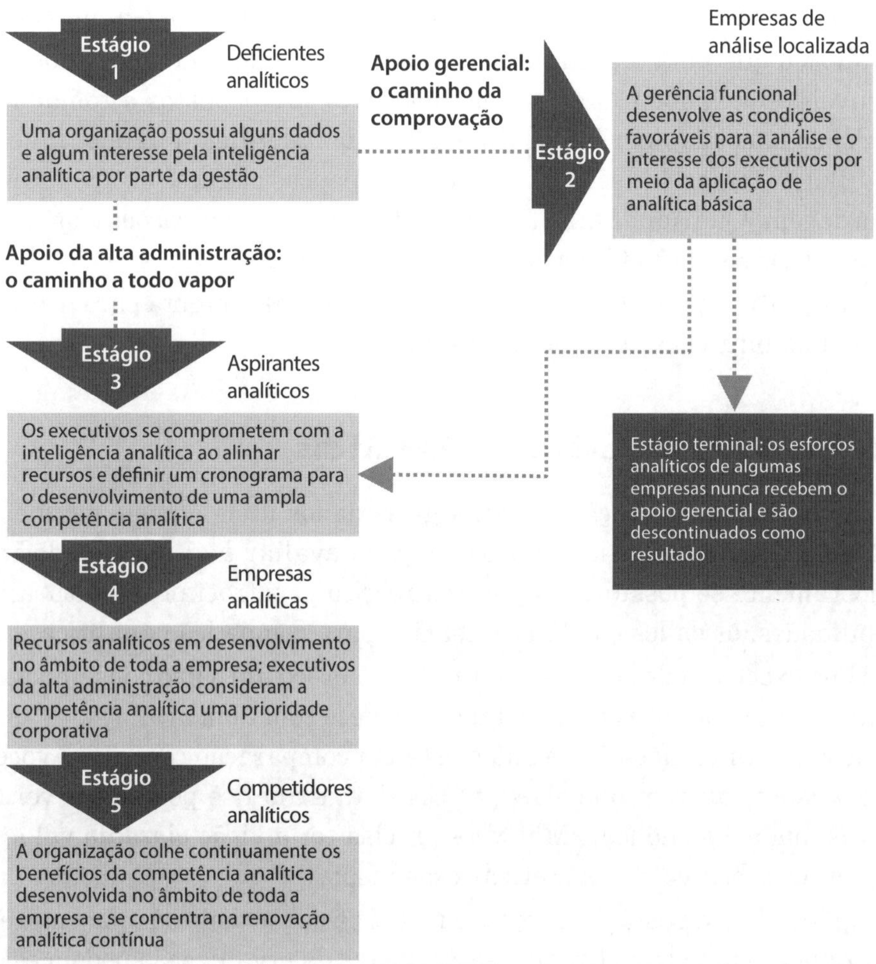

Estágio 1: Pré-requisitos para a Competição Analítica

No estágio 1, as organizações ainda não possuem os pré-requisitos para a análise. Antes de mais nada, essas empresas têm de melhorar seu ambiente de dados transacionais a fim de reunir dados consistentes e de alta qualidade para a tomada de decisões. Se uma empresa dispuser de dados de qualidade insuficiente, deve adiar os planos para a competição analítica e corrigir seus dados em primeiro lugar. O percurso da Dow

Chemical é ilustrativo nesse sentido. A empresa começou instalando um dos primeiros sistemas SAP nos Estados Unidos no final da década de 1980, mas não promoveu iniciativas sérias sobre a utilização analítica dos dados até que dados transacionais suficientes fossem acumulados.

Mesmo que uma organização possua alguns dados de qualidade disponíveis, ela também precisa ter executivos predispostos à tomada de decisões baseadas em fatos. Uma gerência “alérgica a dados”, que se orgulha de tomar decisões intuitivas, terá poucas chances de apoiar essa abordagem. Quaisquer iniciativas analíticas em organizações com essas características serão táticas e de impacto limitado.

Quando a empresa transpõe esses obstáculos, está pronta para avançar para uma bifurcação crítica no caminho.

Acessando as Capacidades Analíticas

Quando uma organização possui alguns dados úteis e apoio gerencial, a tarefa seguinte consiste em parar para avaliar a situação e definir sinceramente se possui o insight estratégico, o patrocínio, a cultura, as habilidades, os dados e a TI necessários para competição analítica.

Uma executiva de serviços financeiros oferece um sábio conselho para qualquer um que estiver começando: “Comece com uma avaliação — qual é o nível de diferenciação de sua oferta em comparação com o que você e seus clientes querem que ela seja? Big data e análise podem ser verdadeiras mudanças no jogo. Mas você precisa ter a visão clara do valor se quiser descobrir como concretizar essa visão.”

Apesar de cada estágio do roteiro refletir a capacidade de uma empresa de analisar para competir, diferentes partes da organização podem estar em estágios muito diferentes de desenvolvimento. Por exemplo, o trabalho atuarial requer uma valorização dos métodos estatísticos que pode não existir com a mesma extensão em outras partes de uma seguradora. Ou o departamento de análise de marketing de uma empresa farmacêutica nos Estados Unidos pode ser muito mais sofisticado do que em outros países ou regiões simplesmente porque as operações nos Estados Unidos têm um acesso maior aos dados e um gestor de orientação analítica na liderança.

Da mesma forma como alguns processos ou unidades de negócio podem estar em estágios mais ou menos avançados do que outros na empresa, alguns aspectos do negócio têm mais chances de se mostrar mais inteligentes analiticamente do que outros. Por exemplo, uma organização pode ter um ambiente de TI flexível, altamente padronizado e extremamente integrado, mas pouca demanda para a análise ou, por outro lado, a demanda para a análise pode ser muito maior do que os recursos de TI da organização. Pode haver muitos departamentos de usuários e até indivíduos com suas próprias aplicações analíticas e fontes de dados, mas pouca sinergia ou coordenação central.

As organizações têm de estimar seu nível de capacidade analítica em três áreas. (A Tabela 6-1 fornece uma visão geral dos principais atributos; cada um deles é igualmente vital à utilização bem-sucedida da análise.) Um alerta: os executivos costumam se sentir tentados a simplesmente obter os dados e o software analítico de que precisam, achando que a análise é sinônimo de tecnologia. Mas, a não ser que os executivos lidem conscientemente com os outros elementos, eles terão dificuldades em progredir para os outros estágios. Abordaremos as questões organizacionais neste capítulo e analisaremos em maiores detalhes os fatores humanos no Capítulo 7 e os técnicos no Capítulo 8.

TABELA 6-1

Os elementos centrais da capacidade analítica

Competências	Elementos centrais
Organizacionais	• Conhecimento dos vetores de desempenho • Escolha de uma competência distintiva • Gestão de desempenho e execução da estratégia • Integração e redesenho do processo
Humanas	• Liderança e comprometimento da alta administração • Estabelecimento de uma cultura baseada em fatos • Desenvolvimento e retenção de competências • Gerenciamento do pessoal analítico
Tecnológicas	• Dados de qualidade • Tecnologias analíticas

Uma empresa precisa dispor de uma estratégia clara para saber em quais dados se concentrar, como alocar os recursos analíticos e o que está tentando realizar (ao que nos referimos como “alvos” no modelo DELTA que descrevemos no Capítulo 2 e mais adiante neste capítulo). Por exemplo, a estratégia de negócios da Caesars Entertainment também ditou a estratégia analítica da empresa. Quando a explosão de novas jurisdições da indústria dos jogos em meados dos anos 90 chegou ao fim, os gestores da Caesars (os então gerentes da Harrah's) perceberam que o crescimento não poderia mais ser gerado pela construção de novos cassinos. Eles sabiam que o crescimento precisaria vir de cassinos existentes e de um aumento de visitas dos clientes nas várias propriedades da Caesars. Com o propósito de atingir essa meta, a empresa estabeleceu um novo foco estratégico para impulsionar o crescimento por meio da fidelidade dos clientes e de operações de marketing orientadas por dados. Esse foco estratégico permite que a Caesars concentre seus investimentos nas atividades e nos processos que representam o maior impacto no desempenho financeiro — sua competência distintiva. Implementar essa estratégia exigiu que a empresa expandisse e explorasse os dados que havia coletado sobre os comportamentos de jogos e preferências de hotéis dos clientes existentes (veja o quadro "Escolhendo um Foco ou Alvo Estratégico" para exemplos de como as empresas escolhem concentrar seus investimentos analíticos iniciais).

Para um impacto significativo no desempenho do negócio, as empresas analíticas devem se esforçar constantemente para quantificar e melhorar seu entendimento acerca dos vetores de desempenho — os fatores causais que impulsionam os custos, a lucratividade, o crescimento e o valor para o acionista em seu setor (somente as organizações mais avançadas tentam desenvolver um modelo aplicado na empresa inteira voltado para a criação de valor). Na prática, a maioria das organizações desenvolve aos poucos sua compreensão sobre apenas algumas áreas principais, aprendendo a cada nova análise e experimento.

Para decidir onde focar seus recursos para o maior impacto estratégico, os gerentes devem responder às seguintes perguntas:

- Como podemos nos distinguir no mercado?
- Qual é a nossa competência distintiva?
- Quais decisões-chave nesse processo, e em outros, requerem o apoio dos insights analíticos?
- Quais informações são realmente importantes para o negócio?
- Quais são os pontos de alavancagem do conhecimento e das informações para o desempenho da empresa?

ESCOLHENDO UM FOCO OU ALVO ESTRATÉGICO

As organizações inicialmente se concentram em uma ou duas áreas para competição analítica:

Caesars: Fidelidade e serviços.

New England Patriots: Seleção de jogadores e experiência dos fãs.

Intuit: Inovações movidas pelos clientes e disciplina operacional.

Dreyfus Corporation: Análise do patrimônio e gestão de desgaste do patrimônio.

UPS: Operações e dados dos clientes.

Walmart: Cadeia de suprimentos e marketing.

Owens & Minor: Logística interna e redução do custo do consumidor.

Progressive: Precificação e novas ofertas de serviços analíticos.

À medida que as organizações desenvolvem um maior entendimento, elas podem incorporá-lo em modelos analíticos e adaptar os processos de negócios para alavancá-los e aumentar a diferenciação competitiva. Esses insights, processos e recursos estrategicamente focados constituem a base da competência distintiva da organização.

Os competidores analíticos aplicam um processo decisório eficaz em seus processos a fim de garantir que os insights analíticos sejam traduzidos em ação e, em consequência, melhorem o desempenho do negócio. Eles incorporam uma forma de pensar liderando planos, monitorando-os e corrigindo-os, além de aprender com os resultados, a fim de ajudar a moldar as ações futuras.[1] Por exemplo, analistas da polícia do Reino Unido descobriram que podiam prever, com base nos comportamentos anteriores, quais jovens teriam mais chances de se tornar adultos criminosos. A análise concluiu que se a polícia do Reino Unido pudesse intervir de forma proativa quando as crianças começassem a trilhar o caminho do crime e impedi-las de prosseguirem nessa direção, seria possível reduzir significativamente o número de crimes cometidos.[2] Entretanto, para esse conhecimento ter qualquer impacto sobre os índices de criminalidade, faz-se necessário algo mais do que a conscientização; é preciso contar com uma estreita colaboração entre a polícia, os educadores e os assistentes sociais, a fim de estabelecer programas e práticas que visem a eliminação das raízes do crime.

Finalmente, para garantir que a estratégia seja convertida em resultados operacionais, as organizações devem definir e monitorar indicadores ligados aos objetivos estratégicos da empresa e alinhar incentivos e indicadores individuais aos objetivos do negócio.

Escolhendo um Caminho

Depois de uma organização ter estimado, de forma realista, suas competências analíticas, ela precisa definir o caminho a seguir. As organizações que contam com a sorte de ter o comprometimento e a paixão pela análise na alta administração podem passar pelo caminho "a todo vapor", enquanto as outras são forçadas a pegar o retorno mais lento, o caminho da "comprovação".

A Todo Vapor

Um CEO comprometido e empolgado pode colocar a organização no caminho mais rápido da competição analítica. Até agora, as empresas que seguem esse caminho geralmente são startups (Google, Amazon, LinkedIn, Zillow) cuja estratégia, desde o começo, consistiu em analisar para competir, apesar de, eventualmente, um novo CEO em uma empresa tradicional (como Gary Loveman, na Caesars, ou os novos gerentes gerais do Chicago Cubs e do Boston Red Sox no beisebol) ter liderado uma grande mudança organizacional com a análise.

Para uma startup, o principal desafio nesse caminho é adquirir e alocar os recursos humanos e financeiros necessários para desenvolver suas competências analíticas. Empresas tradicionais enfrentam um conjunto mais complexo de desafios por já terem o pessoal, os dados, os processos, a tecnologia e a cultura. A existência desses recursos é uma faca de dois gumes — eles podem proporcionar uma base para o desenvolvimento de uma capacidade analítica ou consistir em uma fonte de resistência à utilização de novos métodos. Se a resistência organizacional for grande demais, talvez seja necessário pegar o caminho mais lento, a fim de desenvolver o apoio por meio da demonstração dos benefícios da análise.

A organização que vai a todo vapor é facilmente reconhecida, porque o CEO (ou outro executivo do alto escalão) articula continuamente a plataforma para competir com análise. Esse profissional constantemente investe e age para desenvolver a competência analítica estratégica de uma organização. Em empresas desse tipo, a prioridade máxima é integrar a análise à competência distintiva da organização e, ao mesmo tempo, desenvolver a diferenciação competitiva. O sucesso é definido em termos que englobam a empresa inteira; os indicadores da empresa enfatizam o desempenho corporativo, como o crescimento e a lucratividade, em vez de metas departamentais ou retorno sobre o investimento.

Um planejamento de patrocínio executivo para seguir esse caminho deve colocar o resto da organização no mesmo barco. O primeiro passo é estabelecer um bom exemplo. Os executivos enviam uma mensagem poderosa à organização inteira quando tomam decisões baseadas em fatos, não em opiniões. Eles também exigem que os subordinados apoiem suas recomendações com insights baseados na análise. O segundo passo deve ser a articulação de uma necessidade clara e urgente para a mudança. Obviamente, é sempre mais fácil conduzir uma organização em uma direção completamente nova quando ela estiver enfrentando uma grande crise. Os executivos de empresas altamente bem-sucedidas admitem a dificuldade de persuadir (ou compelir) os colaboradores a se tornarem mais analíticos na ausência de uma necessidade clara de mudança.

Em terceiro lugar, o CEO também deve ser capaz de comprometer os recursos necessários. Empresas gravemente feridas (apesar de terem a necessidade clara de fazer as coisas de forma diferente para sobreviver) podem não dispor dos recursos necessários para competição analítica. Nesses casos, buscar a estratégia analítica soa como propor "sessões de qualidade de vida" a um paciente que esteja passando por um ataque cardíaco. Essas organizações terão de se revigorar antes de entrar no caminho a todo vapor para a aplicação da análise.

Uma organização que faz da competição analítica sua prioridade máxima pode começar a andar a passos largos em um ou dois anos. Apesar de estarmos convencidos de que o caminho a todo vapor é mais rápido, mais barato e conduz aos maiores benefícios, encontramos relativamente poucas empresas preparadas para seguir esse caminho. Se a alta administração não tiver a paixão e o comprometimento suficientes para buscar a competição analítica com todas as forças da organização, é necessário comprovar o valor da análise por meio de uma série de projetos menores e localizados.

Estágio 2: Retorno à Comprovação

Para as pessoas que já se convenceram dos benefícios da competição analítica, precisar evitar o caminho mais rápido pode parecer um desvio desnecessário. De fato, esse caminho é muito mais lento e tortuoso, e há um risco real de uma organização permanecer parada indefinidamente. Estimamos que a necessidade de "comprovação" acrescentará entre um a três anos ao tempo necessário para competição analítica. Mas os executivos que não estiverem dispostos a promover mudanças radicais devem optar pela abordagem de testes e aprendizado — demonstrando a análise em uma série de pequenos passos.

Para as organizações que pegam o retorno, os patrocinadores analíticos podem vir de qualquer lugar da organização. Por exemplo, em um fabricante de bens de consumo, um novo vice-presidente de marketing ficou chocado ao descobrir que as competências analíticas naturais na empresa em que ele trabalhava anteriormente eram inexistentes em sua nova empresa. Em vez de tentar promover o apoio para um programa maior e que abrangesse a empresa inteira, ele logicamente escolheu começar em seu próprio departamento, pela adoção de um modelo de base analítico, a fim de planejar promoções no varejo. Em situações tais, as aplicações iniciais muitas vezes devem ser relativamente táticas, pequenas em escala e limitadas em extensão.

Apesar de suas desvantagens, o caminho mais lento também apresenta importantes vantagens. Qualquer empresa analítica séria deseja ter uma série de experimentos e evidências documentando o valor da abordagem, e o caminho da comprovação ajuda a organização a acumular essas evidências empíricas. À medida que os gestores adquirem mais experiência com a utilização de aplicações menores e localizadas, podem obter um conhecimento valioso que pode ser traduzido em benefícios para o negócio. Cada insight incremental nos negócios cria uma oportunidade na organização, favorecendo o movimento para estágios superiores de competição analítica.

Também há razões práticas para escolher o caminho da comprovação. Ao começar pequeno, os gerentes funcionais podem aproveitar a análise a fim de melhorar a eficiência e a eficácia de seus próprios departamentos sem necessariamente ter o apoio dos outros. Essa abordagem também requer um nível mais baixo de investimento inicial, já que ferramentas analíticas independentes e dados para uma única função de negócios apresentam custos menores em comparação a um programa que envolva a empresa inteira.

No estágio 2, é melhor manter as coisas simples e de alcance restrito. Os passos essencialmente se resumem em:

1. Encontrar um patrocinador e um problema que possa ser beneficiado pela análise.
2. Implementar um projeto pequeno e localizado, a fim de agregar valor e produzir benefícios mensuráveis.
3. Documentar os benefícios e compartilhar as novidades com os principais stakeholders.
4. Dar continuidade ao desenvolvimento de uma série de sucessos localizados até a organização ter adquirido experiência e patrocínio suficientes para passar ao próximo estágio.

Uma organização pode demorar-se indefinidamente no estágio 2 se os executivos não perceberem os resultados, mas a maioria das organizações estará pronta para passar ao estágio seguinte entre um a três anos. Ao desenvolver uma série de sucessos e ao coletar cuidadosamente os dados sobre os resultados, os gerentes podem atrair a atenção da alta administração e o patrocínio executivo para uma aplicação mais ampla da análise. Nesse ponto, elas estão prontas para progredir para o estágio 3.

A Tabela 6-2 resume algumas das principais diferenças em extensão, recursos e abordagem entre o caminho a todo vapor e o caminho da comprovação.

TABELA 6-2

Atributos de dois caminhos para a competição analítica

	A todo vapor	Comprovação
Patrocínio da alta gestão	Diretor-geral/CEO	Gerente funcional
Solução de problemas	Competência distintiva/estratégica	Local e tática, onde houver um patrocinador
Valor mensurável/ demonstrável	Indicadores de desempenho organizacional com a análise (como crescimento da receita, lucratividade, valor para os acionistas)	Indicadores dos benefícios do projeto: retorno sobre o investimento, ganhos de produtividade, redução de custos
Tecnologia	No âmbito de toda a empresa	Proliferação de ferramentas analíticas, desafios de integração
Pessoal	Centralizado, de elite, capacitado	Bolsões isolados de excelência
Processos	Análise incorporada ao processo, oportunidade por meio da integração entre oferta e demanda	Individuais ou em silos funcionais
Cultura	Mudança em grande escala, no âmbito de toda a empresa	Adotantes imediatos departamentais/ funcionais

Como exemplo de uma empresa que escolheu o caminho da comprovação, analisaremos agora as experiências de uma organização que começou a desenvolver suas competências analíticas. (O nome e a caracterização da empresa e das pessoas foram alterados.)

PulpCo: Implementando a Análise para Combater a Pressão Competitiva

A PulpCo é uma empresa bem-sucedida que comercializa produtos à base de madeira, papel e recicláveis, incluindo bens de consumo como copos de papel; produtos industriais, como papel jornal; produtos baseados em madeira, tais como madeira compensada para a construção de casas. Ela tem vendido esses produtos com sucesso nos Estados Unidos e na Europa por mais de 20 anos, mas vem enfrentando cada vez mais pressão de novos membros de economias em desenvolvimento, empresas europeias recém-competitivas e fornecedores de materiais substitutos para construção e bens de consumo. A equipe gerencial da PulpCo já trabalha na empresa há anos; a maioria começou a carreira trabalhando no "chão de fábrica". Tradicionalmente, a análise ficou em segundo plano, dando lugar ao entendimento mais intuitivo da PulpCo em relação ao setor e à sua dinâmica.

Sob uma pressão competitiva cada vez maior, o CEO, atendendo à insistência de um membro do Conselho, rompeu a antiga tradição e contratou um novo CFO de fora do setor. Azmil Yatim, o novo CFO, foi atraído pela escala de operações da PulpCo e pelo posicionamento de mercado proeminente. Mas, depois de um mês na função, ele começou a se perguntar se não teria cometido um equívoco em sua carreira. Os membros da equipe gerencial da PulpCo se comportavam como se tivessem uma conscientização limitada das implicações financeiras de suas ações. Grandes decisões de investimento eram geralmente tomadas com base em pressupostos imprecisos e não comprovados. Nas operações, os gerentes se acostumaram a tomar decisões sem dispor dos dados corretos. Eles tinham um entendimento incompleto de seus custos para os principais produtos, como madeira compensada, madeira para construção, papel higiênico e papel jornal. Como resultado, cometiam alguns erros custosos, com investimentos desnecessários de capital em fábricas e maquinário ou precificação imprecisa.

O CFO resolveu aprimorar as competências financeiras e de tomada de decisões da organização. Sentindo que o COO (chief operating officer), Daniel Ghani, que era altamente respeitado na empresa, ofereceria resistência a seus esforços, Yatim buscou inicialmente seu apoio para uma iniciativa de mudança ousada e ampla, a fim de transformar a organização. Ghani rejeitou a ideia, considerando-a radical demais. Mas o COO estava cansado de lidar constantemente com uma crise após a outra e, depois de conversar com Yatim, começou a perceber que muitas dessas crises eram resultado de uma falta de informações financeiras precisas que, por sua vez, resultava em decisões erradas. Ghani se convenceu de que a organização não tinha como continuar a tomar decisões em um vácuo analítico. Ele incentivou o CFO a traçar um novo plano que utilizaria com eficácia os dados financeiros gerados pelo sistema corporativo da empresa recentemente instalado. Melhores informações financeiras e controle se tornaram a prioridade compartilhada pelos dois executivos.

Utilizando como ponto de ataque uma série de erros vergonhosos recentes — incluindo a perda de um grande cliente para o principal concorrente —, o CFO (junto com o CIO, que se reportava a ele) conseguiu aprovação e verba para uma iniciativa com objetivo de melhorar o conhecimento e a tomada de decisões baseadas na análise financeira. Ele começou revendo as habilidades do pessoal para a função financeira e os gestores nas fábricas e percebeu que os gerentes operacionais precisavam de ajuda para utilizarem o novo sistema. Ele tomou as providências necessárias a fim de promover um treinamento formal e também criou um pequeno grupo de analistas para ajudar os gerentes das fábricas a utilizarem e interpretarem os dados. Além disso, forneceu treinamento aos colaboradores envolvidos em funções de orçamento e previsão.

À medida que Yatim começou a analisar os novos dados que estava recebendo, um cenário preocupante começou a se delinear. Na verdade, a PulpCo estava perdendo dinheiro com algumas de suas principais contas. Outras contas, consideradas menos estrategicamente valiosas, na verdade, eram muito mais lucrativas. Munido dessas informações, o CFO e seus analistas trabalharam com executivos individuais para interpretar os dados e compreender suas implicações. Com isso, a equipe executiva começou a se convencer de que precisava incutir mais disciplina financeira e agilidade em suas funções gerenciais.

Um avanço revolucionário ocorreu quando as análises financeiras detalhadas revelaram que uma nova fábrica, já nos primeiros estágios de construção, seria um equívoco custoso. A gestão percebeu que a empresa poderia aumentar sua capacidade de produção com uma melhor relação de custo e benefício se expandisse e atualizasse duas fábricas existentes. Assim, o projeto foi cancelado. Gestores em toda a empresa ficaram chocados, já que "todo mundo sabia" que a PulpCo precisava da nova fábrica e que isso representaria uma grande oportunidade para a empresa.

Então, a equipe executiva declarou que todos os grandes investimentos em andamento, ou planejados para os próximos 12, meses seriam revistos. Projetos que não eram sustentados por sólidos argumentos e fatos do sistema corporativo da empresa seriam descontinuados. Novos projetos não seriam aprovados sem evidências suficientes baseadas em fatos. Os gestores remexeram ansiosamente o sistema a fim de encontrar dados para apoiar seus projetos. Mas foi só depois do lançamento de um novo programa de desempenho gerencial e de bonificações que os gerentes realmente começaram a levar a análise financeira a sério.

Depois de um ano de esforços coletivos, tropeços iniciais e dores de crescimento, a PulpCo é uma organização transformada. As grandes decisões financeiras encontram-se alinhadas com os objetivos estratégicos e baseiam-se em fatos. A gerência tem uma postura altamente positiva em relação aos insights obtidos da melhor análise financeira e apoia iniciativas analíticas adicionais em outras partes do negócio. As previsões são mais precisas e os gestores são mais capazes de antecipar e evitar problemas. A cultura não é mais hostil em relação à utilização dos dados. Os gerentes operacionais nas fábricas e na matriz corporativa aumentaram sua agilidade financeira e se sentem mais confortáveis em interpretar as análises financeiras. A utilização da análise começou a se expandir quando os gerentes da organização perceberam que um maior entendimento dos custos e da lucratividade pode proporcionar vantagem em situações competitivas. Inspirada em empresas analíticas como a CEMEX, a PulpCo lançou um programa de testes para contornar os depósitos de madeira e entregar os produtos diretamente nos locais de construção. Não é de surpreender que a PulpCo também esteja apresentando um desempenho financeiro melhor.

Inicialmente, Yatim só queria reunir dados financeiros melhores para o processo decisório. Com patrocínio limitado e sistemas inadequados, o CFO percebeu que teria de conduzir alguns testes e criar credibilidade na organização antes de tentar promover um programa de mudanças mais amplas. A cada sucesso, a equipe de liderança da PulpCo se entusiasmava mais com a utilização da análise, até que começou a enxergar seu potencial mais amplo. A PulpCo ainda não é uma competidora analítica e talvez nunca venha a atingir o estágio 5, mas hoje a administração está empolgada com os benefícios da análise e está analisando a possibilidade de saltar para o estágio 3.

Estágio 3: Aspirações Analíticas

O estágio 3 é acionado quando a análise consegue o patrocínio executivo. O patrocinador executivo se torna um defensor aberto de uma cultura mais baseada em fatos e desenvolve o patrocínio com outros membros da equipe executiva.

O patrocínio executivo é tão vital para a competição analítica que o simples fato de ter o patrocinador certo é suficiente para levar a organização ao estágio 3 sem qualquer melhoria de suas competências analíticas. Entretanto as organizações que seguem o caminho da comprovação já terão estabelecido bolsões de conhecimento analítico e terão algumas ferramentas analíticas à mão. O risco consiste no fato de que vários pequenos grupos terão seus próprios feudos analíticos, repletos de ferramentas de software, conjuntos de dados e práticas de difícil integração.

Independentemente de uma organização ter muitos grupos analíticos, ou nenhum, ela precisa de uma perspectiva mais ampla e mais estratégica no estágio 3. A primeira tarefa é, então, articular uma visão dos benefícios esperados da análise. Sustentada por uma série de pequenos sucessos, a gestão deve estabelecer sua visão utilizando a análise na competência distintiva da empresa e abordando os problemas estratégicos. Pela primeira vez, os benefícios do programa devem ser definidos em termos de um melhor desempenho do negócio e o progresso deve ser mensurado em relação aos objetivos mais amplos do negócio. Um elemento crítico do estágio 3 consiste em definir uma série de indicadores de desempenho atingível e montar os processos a fim de monitorar o progresso. Para concentrar recursos escassos de forma adequada, a organização pode criar um "centro de competências analíticas" para cultivar e apoiar as atividades analíticas.

No estágio 3, as empresas lançarão seu primeiro grande projeto a fim de utilizar a análise em sua competência distintiva. A aplicação de análises mais sofisticadas pode exigir especialidades analíticas e novas tecnologias. A atenção da gestão para o gerenciamento das mudanças é fundamental, em razão da necessidade de efetuar mudanças significativas nos processos de negócios, funções de trabalho e responsabilidades.

Se isso ainda não tiver sido feito, a divisão de TI deve desenvolver uma visão e um plano (uma arquitetura analítica) a fim de apoiar a análise na empresa. Mais especificamente, a TI deve trabalhar de forma mais agressiva para integrar e padronizar os dados corporativos, a fim de se adiantar à demanda radicalmente maior por parte dos usuários.

A duração do estágio 3 varia; ele pode durar de alguns meses até dois anos. Uma vez que os executivos tenham comprometido recursos e definido um cronograma para desenvolver competência analítica no âmbito de toda a empresa, estão prontos para passar para o estágio seguinte.

O BankCo (mais uma vez, descaracterizamos a empresa e alteramos os nomes) é um exemplo de organização que está passando do estágio 3 para o estágio 4.

BankCo: Indo Além dos Silos Funcionais e Passando para a Análise Corporativa

Durante a última década, a gestão de fortunas foi um tema em voga no setor bancário e os bancos tradicionalmente têm mantido um bom posicionamento para oferecer esse serviço. Os departamentos de patrimônio internos têm fornecido orientação e serviços a gerações de clientes abastados. Mas, ao longo dos últimos anos, surgiram novos concorrentes. Os bancos se afastaram da utilização de gerentes de investimento individuais, adotando uma postura mais eficiente, porém menos personalizada. A tendência em relação a uma maior vigilância regulamentar está transformando ainda mais o setor. Ao mesmo tempo, os clientes estão mais abertos a alternativas relativas à gestão tradicional de fortunas. Conselheiros robôs como Betterment e Wealthfront usam algoritmos para fornecer gerenciamento de portfólio de investimento totalmente automatizado por um custo menor do que a maioria dos bancos de varejo cobra de seus clientes. Essa convergência de fatores ameaça a posição dos departamentos de patrimônio no serviço de gerenciamento de fortunas individuais.

No BankCo, a equipe gerencial sênior do banco solicitou aos vice-presidentes executivos de marketing, estratégia e gestão de relacionamento que criassem um plano estratégico de reação a essa ameaça. Eles chegaram rapidamente à conclusão de que mudanças significativas se faziam necessárias para fortalecer os relacionamentos do banco com seus clientes. Os ativos do departamento de patrimônio haviam caído em 7% ao longo de dois anos, embora contassem com um mercado positivo que produziu um aumento geral de ativos e um bom desempenho em contas fiduciárias individuais. A queda foi atribuída a uma concorrência mais agressiva e ao canibalismo de contas pelo negócio de corretagem do banco. O BankCo havia tentado lançar produtos renovados para reter os clientes, mas com sucesso limitado.

Como em muitas instituições bancárias, cada departamento (varejo, corretagem, patrimônio) mantinha os próprios dados dos clientes, que não eram disponibilizados para outros departamentos. Como resultado, os executivos não podiam ter uma ampla visão dos relacionamentos com seus clientes em todo o banco, e relacionamentos valiosos se viam ameaçados sem necessidade. Por exemplo, um cliente com um patrimônio de US$100 milhões foi multado em US$35 por um cheque sem fundos. Quando ele ligou para o seu representante do banco de varejo para reclamar, foi informado de que sua conta de poupança não era grande o suficiente para justificar que a instituição deixasse de cobrar a isenção da taxa.

Depois de analisar essas questões, a equipe concluiu que um foco em análise abrangendo toda a empresa não somente eliminaria a maior parte desses problemas como também revelaria oportunidades de vendas cruzadas. A equipe percebeu que um grande obstáculo para desenvolver uma competência analítica no âmbito de toda a empresa seria a resistência dos chefes de departamento. Seus critérios de mensuração de desempenho se baseavam nos ativos de seus departamentos, e não em indicadores da empresa como um todo. A equipe gerencial sênior do banco reagiu introduzindo novos indicadores de desempenho que avaliariam o desempenho geral do empreendimento (incluindo medidas relacionadas ao volume do ativo e à lucratividade) e a cooperação entre os departamentos.

Essas mudanças abriram caminho para uma iniciativa em toda a empresa, a fim de melhorar a orientação analítica do BankCo, a começar pela criação de um banco de dados de clientes integrado e consistente (até o quanto era permitido por lei), bem como por campanhas coordenadas de marketing de varejo, patrimônio e corretagem. Ao mesmo tempo, em toda a empresa, um grupo de análise de marketing foi montado para trabalhar com as equipes desse departamento, a fim de compreenderem melhor os valores e os comportamentos dos clientes. O grupo começou a identificar novos segmentos e ofertas de mercado e a ajudar a priorizar e coordenar esforços de marketing voltados para clientes de alto valor. Também começou a desenvolver uma compreensão mais profunda dos relacionamentos familiares e seu impacto sobre o comportamento individual. Ao reunir esses estatísticos e analistas espalhados pela organização, o BankCo pôde alocar esses recursos escassos de modo mais eficiente. À medida que a demanda rapidamente superava a oferta, o banco contratou especialistas analíticos com conhecimento do setor e providenciou a utilização de uma empresa terceirizada para alavancar ainda mais seus escassos talentos analíticos.

No começo, houve problemas eventuais nos processos decisórios. Quando um concorrente reestruturou sua precificação de corretagem, a instituição não se deu conta disso até que vários clientes deixaram o banco. Em outra ocasião, uma análise identificou um novo segmento de mercado e a administração autorizou mudanças no marketing, mas a organização foi lenta ao implementá-las. Para superar esses obstáculos, foram implementadas mudanças nos processos a fim de garantir que as decisões fossem traduzidas em ação. Os gestores receberam treinamento e ferramentas, equipando-se para tomar decisões analíticas e entender como desenvolver hipóteses, interpretar dados e tomar decisões baseadas em fatos. À medida que as competências analíticas da organização eram aprimoradas, esses problemas se tornaram menos frequentes.

Quando mais benefícios tangíveis começaram a surgir, o comprometimento do CEO em analisar para competir cresceu. Em carta endereçada aos acionistas, ele descreveu a importância crescente da análise e uma nova iniciativa de crescimento para "pensar melhor e de forma mais inteligente" do que a concorrência. Os analistas expandiram suas tarefas a fim de utilizar análises de tendências e redes neurais (uma tecnologia de inteligência artificial que incorpora modelagem estatística não linear a fim de identificar alguns padrões), além de direcionar e fornecer serviços especializados a clientes com relacionamentos tanto pessoais quanto corporativos com o banco. Eles também começaram a testar alguns novos serviços capacitados pela análise para clientes de patrimônio. Hoje em dia, o BankCo está avançando para se tornar um competidor analítico.

Estágio 4: Empresas Analíticas

O principal foco no estágio 4 é o desenvolvimento de competências analíticas de primeira linha na empresa como um todo. Nesse estágio, as organizações implementam o plano desenvolvido no estágio 3, fazendo progressos consideráveis no sentido de desenvolver o patrocínio, a cultura, as habilidades, o conhecimento estratégico, os dados e a tecnologia necessários para a competição analítica. O patrocínio é gerado por alguns visionários até chegar a um amplo consenso da gestão; de forma similar, a ênfase na experimentação e na análise permeia a cultura corporativa. À medida que a organização aprende mais a cada análise, obtém uma rica fonte de novos insights e ideias para explorar, com vistas à vantagem competitiva. Desenvolver competências analíticas é a principal (porém não a única) prioridade corporativa.

Apesar de haver muitos desafios nesse estágio, o mais crítico é dedicar atenção suficiente para gerir as mudanças culturais e organizacionais. Testemunhamos muitas organizações cujas aspirações analíticas foram oprimidas por uma guerra cultural aberta entre os inovadores e a velha guarda. Um desafio relacionado é constituído pela extensão do patrocínio executivo ao resto da equipe gerencial. Se somente um ou dois executivos estiverem comprometidos com a competição analítica, o interesse desaparecerá imediatamente se eles saírem da empresa ou se aposentarem. Em um caso concreto, o CEO de uma empresa de serviços financeiros via a competição analítica como seu legado à organização à qual ele dedicou a vida inteira. Mas seus sucessores não compartilhavam do mesmo entusiasmo e os sistemas analíticos desenvolvidos sob a sua liderança rapidamente caíram em desuso.

Conforme cada capacidade analítica se torna mais sofisticada, a gestão vai ganhar confiança e expertise para construir análises em processos de negócios. Em alguns casos, eles usam sua percepção superior em clientes e mercados para automatizar completamente os processos importantes de decisão.

No estágio 4, muitas organizações realinham seus analistas e trabalhadores da informação para alocá-los em atribuições mais adequadas às suas habilidades. À medida que uma empresa leva a análise em toda a empresa mais a sério, muitas vezes reúne os mais avançados analistas em um único grupo, a fim de se concentrar em questões estratégicas. Isso proporciona à organização uma massa crítica de analistas que se concentram nas questões mais estratégicas. Além disso, oferece aos analistas uma maior satisfação no trabalho e maiores oportunidades para desenvolverem suas habilidades.

Quando uma organização possui um nível de competência analítica considerável, aliado a uma análise estrategicamente diferenciada incorporada a seus processos de negócios mais críticos, e consegue avanços significativos em seu desempenho e competitividade, ela atinge o estágio final.

ConsumerCo: Tudo, Menos o Desejo Ardente de Chegar Lá

Em uma grande empresa de bens de consumo, a análise está no estágio 4. A ConsumerCo tem tudo, menos um forte comprometimento no nível executivo de competir com base na análise. Ela reúne dados de alta qualidade sobre praticamente todos os aspectos de seu negócio a uma função de TI competente. Ela possui um grupo de analistas tão capazes quanto o de qualquer outra empresa. Os analistas conduziram projetos que trouxeram centenas de milhões de dólares em valor para a empresa. Mesmo assim, eles ainda precisam justificar sua existência vendendo projetos individuais aos gerentes funcionais.

O CEO da ConsumerCo é um grande defensor da inovação de produtos e pesquisas orientadas ao produto, mas não particularmente da análise. O principal defensor da análise é o COO. A análise não é discutida em relatórios anuais e convocação de analistas, apesar de a empresa realmente dispor de uma cultura de tomada de decisões baseada em fatos e utilizar muita pesquisa de mercado. A ConsumerCo está bem financeiramente, mas vem crescendo principalmente por meio de aquisições. Em resumo, a análise é respeitada e amplamente praticada, mas não está orientando a estratégia da empresa. Com um pouco mais de desejo da parte dos executivos seniores, ela poderia se tornar uma verdadeira competidora analítica em um curto período.

Estágio 5: Líderes Analíticos

No estágio 5, a análise passa de uma importante competência para a organização à chave para a sua estratégia e vantagem competitiva. Os líderes analíticos colhem continuamente os benefícios da competência analítica no âmbito de toda a empresa. Indicadores exclusivos, análise, processo e dados criam uma forte barreira aos concorrentes, mas essas empresas estão sempre tentando elevar ainda mais a barreira analítica.

Neste estágio, o comprometimento executivo e a paixão pela competição analítica são resolutos e amplamente disseminados. A expertise da organização em competição analítica é discutida em relatórios anuais e reuniões com analistas de investimentos. Os critérios de mensuração de desempenho e processos internos reforçam um comprometimento com a objetividade científica e a integridade analítica. A análise é utilizada para descrever inovações em toda a empresa. E a análise preditiva e prescritiva são componentes importantes e em crescimento dos produtos oferecidos pela empresa também.

Entretanto os líderes analíticos devem evitar a complacência se forem sustentar vantagem competitiva. Eles precisam desenvolver processos a fim de monitorar continuamente o ambiente externo e detectar sinais de mudança. Eles também devem permanecer vigilantes a fim de reconhecer, quando as condições do mercado em mudança exigirem, a modificação de suas premissas, modelos analíticos e regras.

Já descrevemos várias dessas empresas. Desse modo, não daremos exemplos aqui. Cada empresa do estágio 5 é diferente em função da competência estratégica que enfatiza, das aplicações empregadas e do caminho seguido para o sucesso. Mas todas elas têm em comum uma verdadeira paixão pela análise, resultando em um sólido desempenho financeiro.

Progredindo ao Longo do Roteiro

Como você pode ver, a partir desses exemplos, se tornar um líder analítico precisa de mais do que entusiasmo com a análise de dados. Muitos executivos, buscando construir suas capacidades analíticas, começam a comprar software, contratar analistas quantitativos e liderar alguma iniciativa analítica. Apesar dessas ações poderem ser um bom começo, elas são apenas isso — o começo através do qual líderes analíticos devem construir para realmente desenvolver sua capacidade analítica. "A análise é um músculo a ser construído", de acordo com Elpida Ormanidou, ex-vice-presidente de análise global para pessoal no Walmart e agora vice-presidente de análise avançada e teste na empresa de varejo Chico's FAS, Inc. "Você não pode comprar seu caminho para a capacidade analítica."[3]

O caminho para o sucesso com a análise envolve quebra-molas e lombadas. Os gestores que ainda não estão no caminho a todo vapor podem se sentir tentados a retirar os recursos ou descontinuar completamente uma iniciativa analítica se as condições do mercado pressionarem a organização. Além disso, a mudança para a análise provavelmente exigirá que os colaboradores alterem seus processos decisórios. A organização precisa de tempo para se ajustar às novas habilidades e comportamentos, mas, sem isso, uma verdadeira mudança não pode ocorrer. Como resultado, a atividade mais importante para a equipe de liderança é manter as iniciativas analíticas no caminho certo e monitorar os resultados, a fim de garantir os benefícios.

A cada estágio de desenvolvimento as empresas têm de administrar os resultados a fim de atingir os benefícios desejados, definindo prioridades de forma adequada e evitando as armadilhas comuns.

Como descrevemos no Capítulo 2, o modelo DELTA provê um guia para executivos que buscam criar um mapa para construir as capacidades analíticas de sua empresa. DELTA, a letra grega que significa "mudança" em uma equação, parecia um acrônimo que se encaixa para descrever os elementos e passos necessários para implementar uma capacidade analítica. A não ser que você seja abençoado com a liderança e a cultura analítica, se tornar um competidor analítico significa mudanças importantes para a organização. Para recapitular, DELTA significa:

- *Dados (Data):* Alavancar dados para obter insights valiosos.
- *Empreendimento (Enterprise):* Gerenciar e coordenar recursos a nível empresarial.
- *Liderança (Leadership):* Promover um time e a cultura de liderança analítica.
- *Alvos (Targets):* Focar investimentos analíticos nas áreas melhores e de mais valor.
- *Analistas (Analysts):* Desenvolver e gerenciar talentos analíticos.

Vamos resumir brevemente cada um desses elementos da capacidade analítica aqui.

Dados. Dados são, claro, um pré-requisito para utilização da análise. Ocasionalmente, um único ponto de dados pode ser o suficiente para fazer a diferença.[4] Mas, na maioria das vezes, ter grande quantidade de dados é melhor. Ter dados de alta qualidade, diversos e dinâmicos — de fácil acesso para usuários em um *data warehouse, data mart* ou *data lake* — geralmente fornece melhores resultados também. Dados únicos são ainda melhores. Competidores analíticos veem os dados como um atributo estratégico e que, como outros atributos estratégicos, precisam ser gerenciados para maximizar seu valor para a organização. Vamos falar mais sobre encontrar, organizar e gerenciar dados no Capítulo 8.

Empreendimento. Conforme explicamos no Capítulo 2, é importante ter uma perspectiva empresarial. Não ter essa visão significa ter um conhecimento fragmentado e incompleto dos problemas que a organização enfrenta e dos recursos disponíveis para abordá-los. Os executivos precisam de uma perspectiva abrangente de negócios se quiserem abordar as questões estratégicas no cerne da competitividade e efetividade de negócios. Apenas uma orientação empresarial pode responder corretamente a perguntas importantes como: "Quais fatores de performance possuem maior impacto em crescimento e lucratividade futuros?" "Como devemos otimizar investimentos através de produtos, geografia e canais de marketing?" Ou: "As decisões estão alinhadas com a estratégia da empresa ou apenas promovendo interesses individuais?" De maneira similar, desde que importantes iniciativas analíticas tocaram múltiplas funções em toda a organização, é importante evitar colocar recursos analíticos vitais (como dados, tecnologia ou analistas) em silos funcionais. Vamos discutir algumas dessas questões organizacionais no Capítulo 7.

Liderança. É apropriado que a liderança esteja no centro do modelo DELTA, porque sem uma liderança analítica comprometida o potencial para uso da análise é limitado. Líderes analíticos são defensores apaixonados da análise e da tomada de decisões baseada em fatos e dados. Eles dão um exemplo de "mão na massa" ao serem consumidores vorazes de dados e análise. Esses executivos desafiam rotineiramente a sabedoria convencional e as suposições não testadas. Líderes analíticos também são altamente experimentais e inovadores. Eles buscam continuamente formas inovadoras de conseguir insights valiosos. Eles exploram formas de incorporar dados e algoritmos proprietários em novos produtos e serviços. Líderes analíticos preferem estar rodeados de pessoas espertas e analíticas. E, acima de tudo, eles encorajam a cultura que vê os dados como um recurso estratégico — que se esforça para ser uma meritocracia na qual os melhores dados e ideias vencem. Esses tipos de líderes não são encontrados em todo lugar, mas definitivamente existem alguns. Discutimos mais considerações sobre ser um líder analítico no Capítulo 7.

Alvos. Todas as organizações possuem recursos finitos e, dessa forma, é crítico priorizar investimentos em potencial na análise onde eles terão maior impacto benéfico. Escolher os lugares certos para investimento é o centro do roteiro analítico. Os alvos certos vão depender da maturidade analítica, do setor e da estratégia de negócios da organização. Os alvos devem ser atingíveis e ter o potencial de causar impacto significativo através do corte de gastos, otimizar processos, melhorar o engajamento do cliente, expandir o negócio ou aumentar a lucratividade. Conforme a maturidade analítica da empresa melhora, os alvos devem ter foco nas capacidades distintas da organização, levando a iniciativas que são mais estratégicas e possibilitam importantes mudanças para a organização e seus clientes. O número de alvos também pode crescer com o tempo e com maior maturidade analítica.

Analistas. Gerenciar e desenvolver talento analítico vai além da contratação de alguns colaboradores inteligentes e analíticos. Profissionais analíticos e cientistas de dados constroem e mantêm os modelos e algoritmos utilizados em toda a organização. O talento analítico também inclui os executivos que inspecionam as iniciativas analíticas, tomadores de decisões que usam os resultados das análises e analíticos amadores — trabalhadores de informação que usam dados rotineiramente em seu trabalho. Descrevemos o papel de diferentes tipos de analistas no Capítulo 7 — executivos seniores (incluindo o chefe de dados e oficiais analíticos), analistas, cientistas de dados e analíticos amadores — assim como algumas considerações organizacionais para obter o maior valor desse recurso valioso. Porque tecnologias e técnicas quantitativas tendem a se tornar mais sofisticadas com o aumento da maturidade, também vamos descrever esses fatores.

Em nosso primeiro corte no modelo DELTA, sentimos que esses cinco fatores eram suficientes para explicar e predizer como uma empresa pode ser bem-sucedida com a análise. Mas, com o advento do big data e uma variedade de novas técnicas analíticas (incluindo inteligência artificial, por exemplo), também pode ser útil para adicionar as próximas duas capacidade ao modelo.

Tecnologia. A tecnologia para a análise mudou rapidamente ao longo da última década. Fornecer infraestrutura, ferramentas e tecnologias para apoiar a análise em toda a organização não é uma tarefa fácil, e essa responsabilidade deveria pertencer ao departamento de TI (apesar de nem sempre ser assim). A maioria das organizações possui dados suficientes, software e poder de processamento; o desafio é fazer com que tudo funcione em conjunto com o mínimo de problemas. Dados demais estão presos em silos organizacionais, e os esforços para resolver o problema puxando dados para *warehouses* ou *data lakes* muitas vezes resultam em uma reposição conflitante de dados. Apesar da proliferação de softwares analíticos, ferramentas de programação estatística, data warehouses, ferramentas de visualização e similares, relativamente poucas organizações possuem um ambiente técnico integrado e robusto que apoia totalmente a análise e o big data em toda a empresa. As tecnologias que sustentam o big data e a análise são um setor de rápida evolução e além do escopo de qualquer livro. No Capítulo 8, vamos descrever (em um nível conceitual) os componentes e considerações requeridos para uma arquitetura analítica técnica.

Técnicas analíticas. Existem muitas diferentes disciplinas quantitativas e analíticas que contribuem com técnicas analíticas. Elas vêm de diversos setores, como ciência da computação, estatística, econométrica, informática, física, ciência atuarial, inteligência artificial, pesquisa de operações e bioestatística. As organizações são sábias ao usar muitos tipos diferentes de técnicas analíticas extraídas dessas disciplinas, desde simples análises descritivas e probabilidades a aprendizado de máquina e algoritmos genéticos. Determinar a técnica "melhor" ou "correta" depende de muitos diferentes fatores que vão variar dependendo do setor ou da função, dos tipos de questões abordadas, das características dos dados e da criatividade do analista. Às vezes, as melhores respostas são obtidas através da combinação de técnicas ao invés de se apoiar em uma única disciplina quantitativa. Conforme as organizações se tornam mais sofisticadas em sua aplicação da análise, elas geralmente contam com técnicas analíticas mais avançadas e diversas. Fornecemos uma amostra dessas técnicas e algumas situações apropriadas para usá-las nos Capítulos 4 e 5.

Para uma capacidade analítica de alta performance, todos os elementos do modelo DELTA precisam estar trabalhando juntos. Se um elemento fica muito atrás ou à frente de outros, ele pode se tornar um obstáculo para avançar. A Tabela 6-3 descreve as condições típicas para cada elemento do quadro DELTA em cada estágio de maturidade e a Tabela 6-4 faz o mesmo para tecnologias e técnicas analíticas. Estas podem ser usadas como uma ferramenta de avaliação rápida ou como referência para ajudá-lo a entender onde você precisa melhorar. Para uma explicação mais detalhada dos ativos e capacidades necessários em cada estágio de maturidade analítica, nosso livro *Analytics at Work* fornece muito mais orientação.[5]

TABELA 6-3

O modelo DELTA de capacidades analíticas em estágios

	Estágio 1 Analiticamente prejudicada	Estágio 2 Análise localizada	Estágio 3 Aspirações analíticas	Estágio 4 Empresas analíticas	Estágio 5 Competidores analíticos
Dados	Inconsistente; de qualidade ruim; dados fora do padrão; difícil fazer uma análise substancial; sem grupos com orientação de dados fortes	Dados padronizados e estruturados, principalmente em silos funcionais ou de processo; executivos seniores não discutem gestão de dados	Principais domínios de dados identificados e repositórios de dados centrais criados	Integrado, preciso, dados comuns na central de repositórios; dados ainda são principalmente uma questão de TI, poucos dados exclusivos	Pesquisa incansável de novos dados e métricas, aproveitando dados estruturados e não estruturados (por exemplo, texto, vídeo); dados vistos como recurso estratégico
Empreendimento	Nenhuma perspectiva corporativa sobre dados ou análise; sistemas mal integrados	Ilhas de dados, tecnologia e conhecimento fornecem valor local	Foco em processos ou unidades de negócios para análises; infraestrutura para análise começando a se integrar	Dados-chave, tecnologia e analistas gerenciados em uma perspectiva empresarial	Recursos analíticos-chave focados em prioridades empresariais e diferenciação
Liderança	Pouca consciência ou pouco interesse em análise	Líderes locais emergem, mas com poucas conexões	Líderes seniores reconhecem a importância da análise e do desenvolvimento de capacidades analíticas	Líderes seniores desenvolvem planos analíticos e constroem capacidades analíticas	Líderes fortes se comportam analiticamente e demonstram paixão pela competição analítica
Alvos	Sem alvos de oportunidades	Alvos múltiplos e desconexos, tipicamente sem importância estratégica	Esforços analíticos se integram atrás de um pequeno conjunto de alvos importantes	Análise centrada em alguns domínios-chave de negócios com resultados explícitos e ambiciosos	Análise integrada às distintas capacidades e estratégias da empresa
Analistas	Poucas habilidades que estão ligadas a funções específicas	Pequenos grupos de analistas desconectados; mix de habilidades não gerenciadas	Analistas reconhecidos como talentos-chave e focados em importantes áreas de negócios	Analistas altamente capazes recrutados, desenvolvidos, implantados e engajados explicitamente	Analistas profissionais de classe mundial; cultivo de analíticos amadores em todo o empreendimento

TABELA 6-4

Capacidades técnicas adicionais para análise avançada

	Estágio 1 Analiticamente prejudicada	Estágio 2 Análise localizada	Estágio 3 Aspirações analíticas	Estágio 4 Empresas analíticas	Estágio 5 Competidores analíticos
Tecnologia	Tecnologia de desktop, pacotes de escritório padrão, sistemas mal integrados	Iniciativas analíticas individuais, pacotes estatísticos, análise descritiva, consulta de banco de dados, tabulações	Plano analítico empresarial, ferramentas e plataformas; pacotes de análise preditiva	Processos e planos analíticos empresariais; big data baseado na nuvem	Arquitetura analítica e big data sofisticados e abrangendo toda a empresa, tecnologias cognitivas, análise autônoma e prescritiva
Técnicas analíticas	Principalmente ad hoc, matemática simples, extrapolação, tendências	Estatística básica, segmentação, consulta de banco de dados, tabulações de métricas-chave são alavancadas para ganhar insights	Análise preditiva simples, classificação e agrupamento; previsões dinâmicas	Métodos preditivos avançados implantados para descobrir insights; otimização avançada, sentimento analítico, análise de texto e imagens	Redes neurais de *deep learning* (aprendizado profundo), algoritmos genéticos, aprendizado de máquina avançado

Gerenciamento Voltado para Resultados

Quatro tipos de resultados são críticos para mensurar o desempenho de uma iniciativa: comportamentos; processos e programas; produtos e serviços; resultados financeiros. Apesar de os resultados financeiros serem o que realmente importa no final, eles provavelmente não serão atingidos sem a devida atenção às consequências intermediárias.

Comportamentos. Em uma grande extensão, melhores resultados financeiros dependem da mudança nos comportamentos dos colaboradores. Implementar novos insights analíticos na precificação, por exemplo, pode exigir que milhares de indivíduos mudem seus comportamentos. Os gerentes e os colaboradores podem inicialmente acreditar que a própria experiência de precificação é melhor do que a de qualquer sistema. Os gerentes têm de monitorar critérios de mensuração e trabalhar com os colaboradores que não estejam em conformidade com as políticas. Os executivos têm de enviar mensagens frequentes para reforçar a mudança de direção desejada.

Processos e programas. A análise baseada em fatos muitas vezes requer mudanças em processos e programas, a fim de gerar resultados. Por exemplo, os insights sobre as melhores maneiras de persuadir os clientes de serviços sem fio a não mudarem para outra prestadora têm de ser traduzidos em ações — como o desenvolvimento de um novo programa para treinar o pessoal de atendimento ao cliente.

Um meio de garantir que os insights sejam incorporados aos processos de negócios é incorporar a análise às aplicações de negócios e aos processos de trabalho. A incorporação dos aplicativos de suporte analítico aos processos de trabalho ajuda os colaboradores a aceitarem as mudanças e aprimorarem a padronização e o uso. Para competidores analíticos mais avançados, as aplicações de tomada de decisões automatizadas podem representar uma maneira poderosa de alavancar os insights estratégicos.

Produtos e serviços. Uma das melhores formas de adicionar valor com dados é através da criação de produtos e serviços inovadores que incorporam dados e/ou análise; os descrevemos em mais detalhes no Capítulo 3. Para produtos e serviços existentes, introduzir produtos e serviços mais inteligentes pode aumentar as margens e ser um poderoso diferencial.

Produtos baseados em inovações analíticas podem abrir novos mercados de consumidores e fluxos de receita totalmente novos.

PERGUNTAS A SEREM FEITAS NA AVALIAÇÃO DE NOVAS INICIATIVAS ANALÍTICAS

- Como este investimento nos tornará mais competitivos?
- Até que ponto este investimento nos torna mais ágil para responder a mudanças nas condições do mercado?
- Como a iniciativa pode melhorar nossas competências analíticas em toda a empresa?
- Como este investimento vai alimentar melhores oportunidades de inovação e crescimento?
- Quais mudanças complementares devem ser promovidas para extrair o máximo de vantagens das novas competências, como o desenvolvimento de habilidades novas ou aprimoradas; a melhoria da TI, treinamento e processos ou redefinição de funções?
- Os dados certos existem? Se não, podemos pegá-los ou criá-los? Os dados são oportunos, consistentes, precisos e completos?
- A tecnologia é confiável? A relação entre custo e benefício é boa? Ela é flexível e pode ser redimensionada? É a abordagem ou a ferramenta adequada para a função certa?

Resultados financeiros. É importante especificar os resultados financeiros desejados de uma iniciativa analítica a fim de ajudar a mensurar seu sucesso. Resultados financeiros específicos podem incluir maior lucratividade, receitas mais altas, redução de custos ou maior participação de mercado ou valor de mercado. Inicialmente, as reduções de custo são a justificativa mais comum para uma iniciativa analítica, porque é muito mais fácil especificar previamente como os custos serão reduzidos. Os aumentos de receita são mais difíceis de prever e mensurar, mas podem ser modelados com ferramentas analíticas e extrapolados a partir de pequenos testes e estudos pilotos. À medida que a maturidade analítica de uma organização é desenvolvida, a empresa estará mais disposta a investir em iniciativas orientadas para a exploração das oportunidades de crescimento e de geração de receita.

Definição de Prioridades

Supondo que uma organização já tenha o apoio suficiente da alta gestão e um entendimento de seus resultados desejados, orientação analítica e processos decisórios, o próximo passo é começar a definir e priorizar as ações. As perguntas fundamentais que os gestores devem fazer para avaliar o potencial de uma iniciativa analítica estão no quadro intitulado "Perguntas a Serem Feitas na Avaliação de Novas Iniciativas Analíticas". Os projetos com o maior benefício potencial para as competências distintivas e a diferenciação competitiva de uma organização devem ter precedência. Aplicar a abordagem analítica às decisões de investimentos, exigir a prestação de contas e monitorar os resultados são atitudes que ajudam a reforçar a cultura analítica e maximizar os investimentos que têm mais chances de produzir o maior impacto. Um erro comum é supor que o simples fato de ter uma tecnologia analítica é suficiente para mudar uma organização. A abordagem do filme Campo dos Sonhos — "Se você fizer, eles virão" — costuma desapontar. Se você criar um data warehouse ou uma infraestrutura técnica analítica completa sem desenvolver outros componentes de modelo DELTA, o warehouse pode simplesmente não ser utilizado.

Evitando os Buracos na Estrada

Como cada organização é diferente, não tentaremos fornecer instruções detalhadas para navegar por todos os perigos potenciais encontrados ao longo do caminho. Os perigos podem surgir subitamente em qualquer estágio de desenvolvimento. Entretanto podemos fornecer orientações para ajudar a fazer com que os esforços de planejamento e a implementação sejam conduzidos com o mínimo de percalços.

Primeiramente, alguns passos equivocados se devem principalmente à ignorância. Os erros mais comuns de omissão são:

- Concentrar-se demais em uma única dimensão da competência analítica (por exemplo, tecnologia demais).
- Coletar dados sem qualquer plano para utilizá-los.
- Tentar fazer tudo ao mesmo tempo.

- Investir recursos excessivos em análises que possuem um impacto mínimo no negócio.
- Investir demais ou pouco em qualquer competência analítica, em comparação com a demanda.
- Escolher o problema errado, não compreender o problema de forma suficiente, utilizar a técnica analítica inadequada ou o software analítico errado.
- Automatizar aplicações com base em decisões sem monitorar cuidadosamente os resultados e as condições externas para ver se os pressupostos precisam ser modificados.

Muitos executivos têm de se preocupar com o questionamento intencional da análise. Muitos gestores compartilham da suspeita de Benjamin Disraeli, no sentido de que há "mentiras, malditas mentiras, e estatísticas".[6] A análise de dados tem o potencial para o mau uso quando empregada por pessoas inescrupulosas, já que a estatística, se torturada o suficiente, pode confessar qualquer coisa.[7] A aplicação de critérios objetivos e dados para a tomada de decisões constitui uma grande ameaça a qualquer burocrata acostumado a tomar decisões com base nos próprios interesses. A competição analítica não poderá evoluir se as informações se amontoarem e se a análise for manipulada. Os executivos devem impiedosamente cortar pela raiz as estatísticas manipuladas para atender a interesses individuais e reforçar uma cultura da objetividade.[8]

Conclusão

Este capítulo explorou os atributos essenciais de uma competência analítica e forneceu uma orientação direcional aos passos que levam a uma análise aprimorada. Desejamos a você uma rápida transição no caminho a todo vapor para também se tornar um competidor analítico. No próximo capítulo, exploraremos maneiras de analisar com sucesso o comprometimento de uma organização por parte das pessoas-chave que estão — ou precisam estar — utilizando a análise.

CAPÍTULO SETE

GERENCIAMENTO DO PESSOAL ANALÍTICO

CULTIVANDO O INGREDIENTE RARO QUE FAZ COM QUE A ANÁLISE FUNCIONE

QUANDO A MAIORIA DAS PESSOAS VISUALIZA A ANÁLISE DE NEGÓCIOS, pensa em computadores, software e relatórios impressos ou telas cheias de números. O que deveriam visualizar, entretanto, são seus colegas humanos. São as pessoas que fazem com que a análise funcione e que compõem o ingrediente escasso da competição analítica.

Lendas Urbanas Analíticas

Somos contra algumas lendas urbanas analíticas, de modo que as dispensaremos agora. Alguns anos atrás, começamos a ouvir contos extravagantes de aplicativos de computador que eliminavam a necessidade de analistas humanos. A história mais popular envolvia um episódio de *data mining* com fraldas e cerveja. A essência da história era que algum varejista havia liberado seu poderoso software de data mining em um banco de dados de vendas e chegara a uma revelação interessante. Os clientes do sexo masculino que iam ao supermercado comprar cerveja no fim de semana também tendiam a lembrar que suas esposas haviam pedido para comprar fraldas (algumas versões da história apresentam variações da intenção primária das compras), de forma que eles colocavam ambos os produtos em seus carrinhos de supermercado. O varejista rapidamente colocou as fraldas ao lado das cervejas (ou vice-versa) e houve uma explosão de vendas.

Rastreamos a origem dessa lenda e a versão mais verossímil da história ocorreu com a Osco, uma cadeia de farmácias. Alguns analistas de dados da empresa lembram-se vagamente de ter visto uma correlação entre as vendas de fraldas e cervejas em suas lojas. Mas os analistas haviam programado o software em relação ao local e ao modo como procurar a relação; não foi como se um computador tivesse simplesmente tropeçado nessa correlação. E o mais importante: a descoberta foi considerada uma anomalia e as fraldas e as cervejas nunca foram colocadas em proximidade nas lojas da Osco (nem todas vendem cerveja).

Entretanto, em razão de algumas lições que ela proporciona, vale a pena analisar a lenda. Apesar de os aplicativos de *data mining* serem ferramentas maravilhosas, um ser humano inteligente ainda precisa interpretar os padrões identificados, decidir quais padrões merecem validação ou confirmação subsequente e traduzir as novas revelações em recomendações para a ação. Além disso, outros seres humanos inteligentes têm de executar as recomendações. Quando estudamos mais de 30 empresas com uma forte competência analítica em 2000, descobrimos que uma alta dose de habilidades humanas se fazia presente em cada uma das empresas, e os competidores analíticos que estudamos nos últimos anos, sem dúvida, possuem vários analistas inteligentes em seu quadro de pessoal.[1]

A outra importante lição da lenda das fraldas e das cervejas é que a análise não é suficiente, mesmo quando administrada por um analista humano. Para que a análise seja de alguma utilidade, um tomador de decisões precisa realmente tomar as decisões e conduzir a ação — isso é, realmente colocar as fraldas e as cervejas juntas. Como os tomadores de decisões podem não ter tempo nem aptidão para conduzir a análise por si próprios, atributos interpessoais como confiança e credibilidade farão com que eles prestem atenção aos fatos. Se o tomador de decisões não confiar no analista ou simplesmente não prestar atenção aos resultados da análise, nada acontecerá e as estatísticas talvez nunca sejam computadas.

Descobrimos outro bom exemplo dessa questão em nosso estudo anterior sobre competência analítica. Conversamos com analistas de um grande banco de Nova York que estavam analisando a lucratividade das agências.

Os analistas conduziram um meticuloso estudo acerca da lucratividade das agências na região de Nova York — identificando e coletando dados de custos baseados em atividades, alocando despesas gerais e até projetando o custo atual e as tendências de receita para cada agência em um futuro próximo. Eles chegaram a uma lista limpa, clara e ordenada de todas as agências e sua respectiva lucratividade atual e futura, com uma linha vermelha ainda mais clara separando as agências que deveriam ser mantidas abertas e as que deveriam ser fechadas.

O que aconteceu? Nenhuma agência foi fechada. O executivo do banco de varejo que havia solicitado a lista estava mais curioso acerca da questão da lucratividade e mal conhecia os analistas. Ele sabia que existiam muitas questões políticas envolvidas em, digamos, fechar a agência no Brooklyn, perto de onde o prefeito daquele distrito nasceu e cresceu, mesmo se ela estivesse muito abaixo da linha vermelha. Ações com base analítica costumam demandar um relacionamento próximo e de confiança entre o analista e o tomador de decisões, e o banco não dispunha disso. Em função do relacionamento inexistente, os analistas não fizeram as indagações corretas e o executivo não elaborou adequadamente a pergunta a eles.

Assim, na verdade, existem três grupos cujas habilidades e orientações analíticas representam uma questão importante nas organizações. Um deles é a equipe gerencial — em especial, o CEO —, que estabelece o tom para a cultura analítica da organização e toma as decisões mais importantes. Em seguida, há os analistas profissionais, que coletam e analisam os dados, interpretam os resultados e os enviam aos tomadores de decisões. O terceiro grupo é um conjunto diferente, que chamaremos de analíticos amadores, um grupo muito grande "de todos os outros", cuja utilização dos produtos dos processos analíticos é crítica para seu desempenho no trabalho. Eles podem variar de trabalhadores de produção na linha de frente, que precisam tomar várias pequenas decisões sobre qualidade e velocidade, aos gerentes médios, que também têm de tomar decisões de porte médio em relação às suas funções e unidades. A média gerência nas áreas de negócios definidas como competências distintivas por suas organizações é especialmente importante, pois é ela que supervisiona a aplicação da análise nesses processos estratégicos. Os colaboradores da TI que preparam o software e o hardware para a análise também precisam ter alguma familiaridade com o tópico. Descreveremos cada um desses grupos neste capítulo.

No entanto, antes de seguirmos em frente, é importante apontar que o papel dos humanos na análise está mudando um pouco, e é provável que mude ainda mais em um futuro próximo. Um desenvolvimento principal é que o aprendizado de máquina e outras tecnologias inteligentes estão mudando a maneira como os modelos analíticos são gerados. Um analista humano pode ser capaz de gerar alguns novos modelos por semana, mas um sistema de aprendizado de máquina pode facilmente gerar dezenas de milhares de modelos por semana. Porém, até o momento, os modelos de aprendizado de máquina ainda precisam de humanos para iniciá-los, apontá-los na direção dos dados corretos e das variáveis a serem previstas, e para garantir que os modelos resultantes façam sentido. Não achamos que os modelos de aprendizado de máquina tenham inibido o emprego de analistas quantitativos e cientistas de dados ainda, mas eles podem no futuro.

O outro fator tecnológico que está impulsionando mudanças para os humanos no mundo da análise é a automação de decisões de ações. Embora seja improvável que um sistema autônomo feche uma série de agências bancárias sem intervenção humana, decisões complexas e tarefas digitais podem sem realizadas por máquinas. Elas podem fazer coisas como aprovar apólices de seguro, autorizar empréstimos, reiniciar sistemas de computadores e substituir e enviar um cartão de caixa eletrônico perdido. É provável que as decisões tomadas por análise e computadores serão táticas e repetitivas, mas estas provavelmente constituem a maior parte das decisões em muitas organizações. Não achamos que gerentes de alto nível vão perder seus empregos para sistemas autônomos, mas é provável que alguns colaboradores percam. A boa notícia aqui é a improbabilidade de que um sistema de automação de decisões ignore um resultado analítico. Os humanos que ignoram a análise no futuro farão isso por sua própria conta e risco.

Executivos Seniores e Competição Analítica

Como se os CEOs e os executivos seniores já não estivessem ocupados demais, é responsabilidade deles desenvolver a orientação e os recursos analíticos em suas organizações. Se o CEO ou uma fração significativa da equipe de executivos seniores não entender ou valorizar ao menos os produtos da análise quantitativa ou os processos de tomada de decisões baseadas em fatos, os analistas serão relegados às funções de apoio administrativo e a competição será baseada em intuição e palpites, não na análise. O processo decisório baseado em fatos nem sempre envolve a análise — algumas vezes, os "fatos" podem ser evidências muito simples, como um conjunto de dados ou o resultado de um levantamento com os clientes —, mas o desejo de tomar decisões baseadas no que realmente está acontecendo no mundo é um importante atributo cultural dos competidores analíticos.[2]

Como exemplo, vejamos Phil Knight, fundador e presidente do Conselho da Nike. Knight sempre foi reconhecido como um líder inspirador e intuitivo que controla de perto a mítica marca Nike. Pode ser desnecessário dizer que foi preciso muita análise para chegar à famosa logo. No início de 2005, entretanto, Knight levou William Perez, antes líder da S. C. Johnson & Son, para ser o CEO da Nike. Perez, acostumado com o mundo da utilização intensiva de dados das embalagens Ziploc, Wax e Windex, todas da Johnson, tentou levar um estilo mais analítico de liderança à Nike. Ele observa sobre si mesmo: "Sou um homem de dados — gosto de conhecer os fatos. Se você vem do mundo de produtos de consumo não duráveis, em que os dados são sempre valiosos, a Nike é muito diferente. A capacidade de julgamento é muito importante. O sentimento é muito importante. Você não pode substituir isso por fatos. Mas pode usar os dados para orientar-se."[3]

Perez tentou, por exemplo, levar a Nike para ambientes de varejo de nível médio, nos quais seus dados sugeriam que o crescimento do setor de calçados era o mais rápido. Em resposta aos argumentos de Knight e outros executivos da Nike de que um movimento como esse enfraqueceria a marca, Perez apontou que empresas como a Apple vendem com sucesso no Walmart sem diluir suas marcas. Mas esses e outros confrontos levaram Knight e o Conselho de Administração a removerem Perez pouco mais de um ano depois.

A boa notícia é que a saída de Perez apenas atrasou a ascensão analítica na Nike. Nos últimos anos, a empresa se tornou muito mais analítica. Ela utiliza dados e análise para influenciar o design de tênis, programas de marketing, localização de lojas outlet, logística e muitos outros tipos de decisões. A Nike talvez possua o maior grupo analítico do mundo focado em sustentabilidade. A empresa talvez tivesse chegado lá mais rápido se Perez tivesse ficado, mas ela está definitivamente se movendo na direção do status de competidor analítico.

Entretanto, a lição geral aqui é que se um CEO não conseguiu conduzir a cultura para uma direção mais analítica, quais serão as chances de um executivo júnior fazer o mesmo? Não muitas. Com efeito, encontramos várias empresas nas quais gestores funcionais relativamente seniores — diretores de marketing ou tecnologia, por exemplo — estavam tentando levar uma orientação mais analítica às suas empresas. Um deles, por exemplo, um vice-presidente de vendas e marketing em uma empresa de tecnologia, era conhecido como um verdadeiro "caçador de dados", levando pilhas de relatórios estatísticos às reuniões e demonstrando um domínio perfeito de suas próprias estatísticas (e a de outros gestores). As organizações de vendas e marketing começaram aos poucos a se tornar mais orientadas aos dados, mas a cultura empresarial geral continuou a enfatizar a audácia e a confiança em detrimento das correlações. Novamente, a empresa eventualmente abraçou a análise (ajudou bastante o fato de que o "caçador de dados" continuou sendo promovido e, eventualmente, se tornou presidente), mas uma cultura mais receptiva teria permitido que acontecesse mais rápido.

Enquanto não há dúvidas de que quase qualquer colaborador pode mover uma organização em uma direção mais analítica, é necessário comprometimento da alta gerência para que uma empresa se torne uma competidora analítica. De fato, não encontramos nenhuma empresa no estágio 4 ou 5 em que ou o CEO ou uma maioria da equipe gerencial sênior não tivesse uma grande crença na análise como um recurso competitivo central. O apoio dos executivos seniores é ainda mais importante no estágio 3, quando as organizações começam a aspirar a competição analítica.

Características dos Executivos Analíticos

Que características os executivos seniores e outros campeões analíticos em um competidor analítico devem ter? Algumas delas estão descritas a seguir.

Eles devem ser adeptos entusiásticos do processo decisório analítico e baseado em fatos. Não é possível inspirar os outros a mudarem seu comportamento para uma direção mais analítica se você mesmo não tiver uma paixão pela meta. Um executivo verdadeiramente comprometido demonstrará a tomada de decisões analíticas e baseada em fatos em suas próprias decisões e desafiará continuamente o resto da organização a fazer o mesmo. Por exemplo, sempre que Barry Beracha, antes CEO da marca própria de pães Earthgrains (que foi adquirida pelo Sara Lee Bakery Group), tinha de tomar uma decisão, ele buscava fazer isso com base nos dados certos. Ele insistia que a organização inteira precisava de melhores dados e levou a empresa a implementar um novo sistema de ERP a fim de criá-los. Depois de disponibilizar o sistema, ele pressionou seus colaboradores para o utilizarem ao decidir quais produtos manter e quais clientes atender. Ele era tão apaixonado pelas decisões baseadas em dados que seus colaboradores o chamavam de "farejador de dados" — para a sua satisfação.

Eles devem valorizar as ferramentas e os métodos analíticos. Os executivos seniores dos competidores analíticos não têm de ser, necessariamente, especialistas em análise (apesar de isso ajudar!). Conforme o professor Xiao-Li Meng — ex-chefe do departamento de estatística de Harvard e agora reitor da Graduate School of Arts and Sciences — aponta: você não precisa se tornar um fabricante de vinho para se tornar um conhecedor (connoisseur).[4] Gerentes que usam dados analíticos têm de estar conscientes de quais tipos de ferramentas são mais adequados para quais problemas específicos e das limitações dessas ferramentas. Da mesma forma que um político que analisa pesquisas de opinião sabe alguma coisa sobre intervalos de confiança, o CEO que toma uma decisão sobre a expansão de uma fábrica deve saber algo sobre as premissas estatísticas e qualitativas utilizadas para prever a demanda dos produtos que a fábrica produzirá.

Eles devem estar dispostos a agir sobre os resultados da análise. Não faz muito sentido promover a análise detalhada se nada de diferente será feito com base no resultado. Muitas empresas, por exemplo, são capazes de segmentar seus clientes e determinar quais são os mais lucrativos ou quais têm mais chances de fracassar. Entretanto elas relutam em tratar de forma diferenciada os diferentes clientes — devido à tradição, ao igualitarismo ou a qualquer outro fator. Com esse tipo de remorso, elas terão muitas dificuldades de se tornar empresas analíticas bem-sucedidas — entretanto é surpreendente ver a frequência com que empresas iniciam as análises sem nunca agir sobre elas. O estágio de "ação" de cada esforço analítico é, obviamente, o único que conta no final.

Eles devem estar dispostos a administrar a meritocracia. Com a ampla utilização da análise em uma empresa, costuma tornar-se muito evidente quem está apresentando um bom desempenho e quem não está. Os que apresentam um alto desempenho devem ser recompensados proporcionalmente a seu desempenho; os que não apresentam um bom desempenho não devem ser mantidos por muito tempo. Da mesma forma, como no caso dos clientes, quando as diferenças no desempenho entre colaboradores e gestores são visíveis, mas eles não são submetidos a nenhuma ação, nada de bom resulta disso — e os melhores colaboradores podem acabar desanimando. É claro que os líderes de empresas meritocráticas precisam viver e morrer pela mesma espada analítica. Seria muito desmoralizante para um CEO pregar o evangelho analítico para todos e depois se sair com desculpas para o próprio desempenho como executivo.

Como Surge a Liderança Analítica?

Alguns líderes organizacionais desejaram analisar para competir desde o começo. Desde o início, a Amazon foi criada com base na visão do fundador, Jeff Bezos, como uma competidora analítica. Seu conceito de personalização baseou-se em algoritmos estatísticos e dados transacionais na web e rapidamente incorporou a análise também em questões de cadeia de suprimentos e marketing. A Amazon utilizou a análise para determinar o tempo certo e a extensão de sua estratégia de publicidade de fim de ano, superando o Walmart em outubro e novembro de 2016. A Capital One, a Netflix e o Google também foram empresas analíticas desde o começo, porque seus líderes assim quiseram. As visões dos fundadores dessas startups as levaram à competição analítica.

Em outros casos, a demanda pela competição analítica foi proveniente de um novo executivo sênior que entrou em uma empresa já estabelecida. Gary Loveman, na Caesars, e Tom Ricketts, novo proprietário do Chicago Cubs, trouxeram consigo uma estratégia analítica completamente nova.

Algumas vezes, a mudança provém de uma nova geração de executivos em um negócio familiar. Na vinícola E. & J. Gallo, quando Joe Gallo, filho de um dos irmãos que fundaram a empresa, se tornou o CEO, ele se concentrou muito mais em dados e análises do que a geração anterior de líderes — primeiramente em vendas e depois em outras funções, incluindo a análise das preferências dos clientes. No time da NFL, New

England Patriots, o envolvimento de Jonathan Kraft, antigo consultor de gerenciamento e filho do proprietário Bob Kraft, ajudou a conduzir a equipe a uma direção mais analítica tanto em termos de questões em campo, definição de jogadas e composição da equipe, quanto de questões fora de campo, afetando a experiência dos fãs.

O principal motivador de uma demanda analítica nem sempre precisa ser o CEO. Na Procter & Gamble, por exemplo, o principal ímpeto para mais análise provém dos dois vice-presidentes do conselho da empresa. Um deles, Bob McDonald, se tornou CEO e acelerou a jornada analítica da P&G. E Jonathan Kraft é o presidente dos Patriots, não o CEO.

Além das características gerais descritas anteriormente (que geralmente são relevantes para o CEO), há papéis específicos que os diferentes executivos têm de desempenhar em uma competição analítica. Três principais papéis são o *chief financial officer* (CFO), o *chief information officer* (CIO) e o *chief data and analytics officer* (CDAO).

O Papel do CFO

Na maioria das organizações, o CFO será o responsável pelos processos e pelas informações financeiras. Assim, os esforços analíticos nesses âmbitos também serão responsabilidades dele. Como a maioria dos projetos analíticos deve envolver algum tipo de informação ou retorno financeiro, o CFO é pelo menos um agente parcial em praticamente todos eles.

Encontramos várias empresas em que o CFO era o principal impulsionador analítico. Para exercer essa função de maneira eficaz, entretanto, um CFO precisa se concentrar em domínios analíticos além das finanças e da contabilidade. Por exemplo, em uma grande empresa seguradora, o CFO assumiu a responsabilidade pela análise relacionada à gestão e ao controle de custos, mas também monitorava e defendia iniciativas analíticas nas áreas de pedidos de indenização, atuarial e marketing da empresa. Ele também atribuiu a si a responsabilidade de tentar incutir nos colaboradores da empresa o equilíbrio geral correto de pensamento intuitivo versus analítico.

Nos negócios da Deloitte nos EUA, a pessoa que lidera a cobrança de análises (pelo menos para consumo interno) é Frank Friedman, o CFO. Ele montou um grupo de cientistas de dados e analistas quantitativos dentro da organização financeira. Eles estão trabalhando em conjunto para abordar várias iniciativas, incluindo otimização de preços, modelos preditivos de performance, identificação de serviços que ajudam na venda de outros serviços e fatores que impulsionam recebíveis. Eles também trabalharam para prever quais candidatos seriam recrutas de sucesso na empresa.

Outro CFO (tecnicamente um vice-presidente sênior de finanças) de uma empresa de varejo fez da análise seu foco principal, e a análise não estava ao menos relacionada estreitamente com as finanças. A empresa tinha um forte foco nos clientes e ele exerceu uma função muito ativa no desenvolvimento de critérios de mensuração, sistemas e processos a fim de aprimorar essa competência. A empresa já tinha boas informações e análises em direcionadores do negócio, como mão de obra, alocação de espaço, propaganda e sortimento de produtos. O objetivo do CFO foi incorporar as informações de relacionamento com os clientes e segmento de clientes a esses fatores. Como seu papel também demandava trabalhar com a comunidade financeira externa (analistas de Wall Street, por exemplo), ele também estava trabalhando para divulgar a história analítica da empresa para o mundo externo. Ele também via como seu papel a defesa de uma forte orientação analítica em uma cultura na qual isso nem sempre era enfatizado. Ele observou: "Não sou o único defensor da análise na empresa — tenho vários aliados. Mas estou tentando garantir que contemos nossas histórias, tanto interna quanto externamente, com números e análises."

No Bank of America, o CFO (2005–2006) Al de Molina se vê como o maior incentivador da atividade analítica. O banco havia tentado — e, em grande parte, fracassado — montar um big data warehouse no começo da década de 1990, de forma que os gestores eram, em geral, cautelosos no que se refere a reunir e integrar os dados. Mas, em seu emprego anterior como líder da função de tesouraria, de Molina sentia que, para estimar com precisão os riscos da instituição, era necessário consolidar as informações sobre os ativos e as taxas em todo o banco. Como o banco estava crescendo rapidamente e assimilando várias aquisições, a integração das informações não era tarefa fácil, mas de Molina promoveu a iniciativa de qualquer forma. O CFO também assumiu a responsabilidade pela análise em torno do desempenho macroeconômico dos Estados Unidos. Em virtude de possuir um enorme volume de dados sobre os hábitos de gastos dos consumidores norte-americanos, o Bank of America pôde fazer previsões das flutuações mensais dos indicadores macroeconômicos que impulsionam os mercados de capitais. Isso tem implicações benéficas óbvias para os riscos do banco. Tanto o risco das taxas de juros quanto a análise macroeconômica são domínios óbvios para o foco de um CFO. De Molina submete amplamente suas ideias a outros executivos em áreas nas quais, por exemplo, a análise de marketing está envolvida. De Molina deixou o Bank of America e eventualmente foi nomeado CEO da GMAC, atualmente Ally Financial.

O Papel do CIO

O CEO, ou outro executivo do alto escalão, terá a responsabilidade principal de mudar a cultura e os comportamentos analíticos dos colaboradores. Mas os CIOs também têm um papel crucial nessa tarefa. Eles podem trabalhar com seus colegas para decidir quais comportamentos são necessários e como suscitá-los.

Na empresa de telecomunicações Verizon, o objetivo do CIO é criar uma mudança similar na cultura analítica. A Verizon e outras empresas que surgiram do Sistema Bell há muito têm sido analiticamente orientadas, mas as decisões eram, em geral, tomadas lentamente e empurradas para cima na hierarquia organizacional. Enquanto seu CIO de 2000 a 2010 (mais tarde ele se tornou CEO da Juniper Networks and Coriant, outra empresa de equipamentos de telecomunicações), Shaygan Kheradpir, tentou mudar essa cultura por meio de uma exposição contínua às informações. Ele criou uma forma de scorecard contínuo em que centenas de indicadores de desempenho de vários tipos são divulgados para os computadores de toda a empresa, cada um deles ocupando a tela por 15 segundos. A ideia é que todos na empresa — não apenas os executivos seniores — se concentrem em informações e no que elas significam, além de incentivar os colaboradores de todos os níveis a lidarem com quaisquer questões que surgirem nos dados. Kheradpir sente que está começando a ver sinais de mudança cultural pelo uso do scorecard.

Obviamente, a abordagem mais tradicional de análise para os CIOs é através da tecnologia. O CIO deve criar uma estratégia de informação empresarial que sirva às necessidades de todos na organização. Isso inclui muito mais do que a execução de aplicativos de transações corporativas, relatórios de gerenciamento e sites externos. A infraestrutura de tecnologia precisa ser capaz de entregar dados, análise e ferramentas necessárias para colaboradores em toda a organização. O Capítulo 8 discute tecnologia analítica e, certamente, devia ficar claro através da leitura daquele capítulo que tanto arquiteto quanto líder são necessários. Esses papéis não necessariamente precisam ser executados pelo CIO, mas provavelmente quem os estiver exercendo ao menos se reporta ao CIO.

O CIO também pode fornecer um refúgio e um relacionamento de subordinação aos especialistas analíticos. Esses analistas fazem uma extensiva utilização de dados de TI e online e têm um temperamento similar ao de outras pessoas de TI. Algumas empresas em que os grupos analíticos respondem ao CIO incluem a Procter & Gamble, a empresa de transporte rodoviário Schneider National Inc. e a Marriott. A Procter & Gamble, por exemplo, recentemente consolidou suas organizações analíticas em funções de operações e cadeia de suprimentos, marketing, entre outras. Isso permitirá que uma massa crítica de conhecimento analítico seja alocada a fim de lidar com as questões de negócios mais importantes da P&G. O grupo se reporta ao CIO e essa iniciativa faz parte de uma ênfase geral na função da TI em relação às informações e ao processo decisório (com efeito, a função de TI é chamada de "soluções de informações e decisões" na Procter & Gamble). O então CIO, Filippo Passerini, trabalhou de perto com o vice-presidente, mais tarde CEO, Bob McDonald, para arquitetar uma abordagem muito mais analítica para a tomada de decisão global na empresa. Eles desenvolveram uma série de inovações, incluindo salas "esferas de negócios" para tomadas de decisões baseada em dados e "*decision cockpits*", com dados em tempo real para mais de 50 mil colaboradores.

Os CIOs que desejarem exercer uma função analítica ainda mais valiosa do que simplesmente supervisionar a tecnologia se concentrarão no fator "I" de seus títulos — a informação. A competição analítica, é claro, guarda relação com as informações — possuímos as informações certas, elas de fato refletem o nosso desempenho, mas como fazer com que as pessoas tomem decisões baseadas nas informações? Essas questões são mais complexas e multifacetadas do que comprar e administrar a tecnologia certa, mas as organizações que queiram competir com análise precisarão dominá-las. Os resultados de um importante estudo sugerem que as empresas que se concentram em suas orientações à informação apresentam um melhor desempenho do que as que só se voltam para tecnologia.[5] Os autores do estudo argumentam que a orientação às informações consiste em comportamentos e valores voltados para informações, práticas de gestão de informações e de tecnologia da informação — enquanto muitos CIOs só abordam a última categoria. Apesar de o estudo não se concentrar na análise, seria uma aposta relativamente segura dizer que a orientação às informações é altamente correlacionada ao sucesso analítico.

O Papel do CDAO (*Chief Data and Analytics Officer*)

Como mencionamos no Capítulo 2, muitos competidores analíticos criaram um novo papel, o *chief data and analytics officer* (ou, às vezes, apenas *chief analytics officer* ou *chief data officer,* ainda com responsabilidades analíticas). O CDAO é responsável por garantir que o empreendimento possua os dados, as capacidades organizacionais e a mentalidade necessária para competir analiticamente com sucesso. Gartner descreve o papel desta forma: "O CDO é um executivo sênior que tem a responsabilidade pelos dados em toda a empresa e estratégias de informação, governança, controle, desenvolvimento de políticas e exploração efetiva. O papel do CDO vai combinar a responsabilidade pela proteção da informação e a privacidade, governança de informação, qualidade dos dados e o gerenciamento do ciclo de vida dos dados, assim como a exploração de ativos de dados para criar valores de negócio."[6]

O CDAO serve como o campeão e o defensor apaixonado para a adoção de análise de big data pela organização. Os analistas e cientistas de dados em uma empresa podem se reportar diretamente ao CDAO ou podem ter um relacionamento de geração de relatórios matricial. No mínimo, o CDAO mantém os cientistas de dados e outros analistas focados produtivamente em importantes objetivos de negócios, elimina obstáculos burocráticos e estabelece parcerias efetivas com clientes empresariais. Muitos CDAOs nos falaram que gastam metade de seu tempo "evangelizando" para análise com a comunidade empresarial.

Dependendo da organização e de suas prioridades estratégicas, o CDAO pode se reportar para o CEO, o COO, o CIO, o chefe de riscos ou o diretor de marketing. Como o CDAO não possui diretamente processos de negócios, ele ou ela precisa trabalhar de perto com o restante do time de gestão para incorporar análise de dados à tomada de decisões e operações. E este executivo precisa garantir que os insights dos analistas sejam colocados em prática e produzam resultados mensuráveis. Se o gerenciamento de dados e análise são combinados em um papel de

CDAO, é importante que os operadores estabeleçam tempo tanto para a defesa — segurança de dados, privacidade, governança etc. — quanto para o ataque, que inclui o uso de análises para criar valor comercial.[7]

E se Não Houver Comprometimento Executivo?

Os inimigos da orientação analítica são as decisões baseadas exclusivamente na intuição. Entretanto essa abordagem ao processo decisório sempre foi muito popular em razão de sua facilidade e rapidez e por conta de uma crença de que as decisões intuitivas podem ser melhores. Como observamos no capítulo anterior, a presença de um CEO comprometido e empolgado pode colocar a organização no caminho mais rápido para a competição analítica. Mas, para as organizações sem demanda suficiente para dados e análises no processo decisório executivo, a questão óbvia é se essa demanda pode ser estimulada. Se não houver um executivo sênior com uma forte orientação analítica, a organização deve esperar que um gestor assim seja designado?

Na ausência de executivos comprometidos, será difícil para uma empresa ser uma competidora analítica completa, mas ainda é possível formar as bases para um futuro mais analítico. Se você estiver na posição de influenciar a infraestrutura de TI, é possível se certificar de que seus sistemas transacionais, de dados e software de business intelligence estão em boa forma, o que significa que eles produzem informações e dados confiáveis, que também são atualizados e precisos. Você pode obter e encorajar o uso de softwares analíticos, linguagem de programação e ferramentas de visualização de dados. Se você liderar uma função ou unidade, pode assumir a liderança no sentido de uma mudança analítica de pequena escala em sua parte do negócio. Se você for muito esperto, influente e politicamente astuto, pode até tramar um golpe analítico e depor os opositores não analíticos. Desnecessário dizer, contudo, que se trata de uma estratégia de carreira arriscada.

Há abordagens possíveis para que os executivos estimulem a demanda para a análise. Normalmente, elas se constituem em ações do retorno da comprovação, descritas no último capítulo. Em uma empresa farmacêutica, na qual entrevistamos vários executivos de TI, há em geral pouca demanda dos executivos seniores pelo processo decisório analítico, especialmente no marketing. Os gestores de TI não tinham acesso ao que os profissionais de marketing que tomavam as decisões estavam fazendo e os executivos de marketing não sabiam quais dados ou análises poderiam estar disponíveis para apoiar suas decisões. Entretanto dois eventos externos ofereceram oportunidades para criar a demanda analítica. Um gerente de marketing descobriu um fornecedor que mostrou como os dados de vendas poderiam ser exibidos graficamente em termos de geografia em um roteiro interativo. Os executivos de TI da empresa sentiram que a técnica de exibição era relativamente simples e começaram a oferecer recursos similares ao gestor para tentar desenvolver seu interesse e cultivar a demanda pela análise no marketing.

Uma segunda oportunidade foi oferecida por um estudo externo de uma empresa de consultoria. Um dos resultados do estudo consistirá em um novo conjunto de indicadores de desempenho. O grupo de TI planeja aproveitar os indicadores para oferecer mais análises e dados relacionados à equipe gerencial. Esses gestores de TI se recusam a esperar até que executivos seniores mais analiticamente orientados entrem na empresa.

Os Profissionais Analíticos e Cientistas de Dados

Há uma velha piada sobre os profissionais analíticos:

Pergunta: O que o PhD em matemática disse ao graduado no MBA?

Resposta: Você gostaria de batatas fritas para acompanhar seu prato?

Atualmente, essa piada é totalmente obsoleta, já que PhDs em matemática e outros profissionais analíticos estão sendo avidamente recrutados para exercer funções fundamentais ao ajudar suas empresas na competição analítica.

Além de executivos comprometidos, a maioria dos competidores analíticos que estudamos dispunha de um grupo de profissionais analíticos inteligentes e diligentes em seu quadro de pessoal. É tarefa desses profissionais projetar e executar experimentos e testes a fim de definir e refinar algoritmos analíticos e conduzir *data mining* e análises estatísticas em dados essenciais. Profissionais analíticos criaram aplicações analíticas preditivas e prescritivas usadas na organização. Na maioria dos casos, esses indivíduos possuem níveis acadêmicos avançados — geralmente PhD — em áreas analíticas como estatística, pesquisa operacional, logística e pesquisa de marketing. Conforme se tornam disponíveis de forma mais abrangente, eles estão sendo acompanhados por uma nova geração de analistas com mestrado em análise aplicada, informática e ciência de dados. Em alguns casos, em que as competências distintivas da empresa envolvem uma área especializada (como geologia, para uma empresa de exploração de petróleo), o nível acadêmico avançado será nessa especialidade.

Um grande exemplo desse tipo de profissional que encontramos em nossa pesquisa é Katrina Lane. A encontramos inicialmente como vice-presidente de canais de marketing na Caesars Entertainment. Lá, Lane tinha a função de descobrir que iniciativas de marketing aplicar em quais canais, incluindo mala direta, e-mail, call centers e assim por diante. Trata-se de uma complexa área dos negócios que não é ensinada na maioria das faculdades de administração, de forma que Lane precisou desenvolver muita coisa por conta própria. Felizmente, ela está à altura da tarefa. Para começar, ela é PhD em física experimental pela Cornell, liderou o marketing para uma unidade de negócios da May Department Stores Company e foi consultora de marketing e vendas da McKinsey & Company. Essa combinação de habilidades e experiência é comum? Não muito, e isso explica por que juntar um grupo competente de profissionais analíticos nunca é fácil. A raridade de suas habilidades também explica por que Lane foi promovida a *chief technology officer* na Caesars, e depois recrutada para ser vice-presidente executiva e gerente-geral de marketing e operações para *Consumer Cards* na American Express. Agora ela é VP de *Global Delivery Experience* ("Experiência de Entrega Global", em tradução livre) na Amazon. Ela claramente se destaca em funções de gerenciamento altamente analítico em empresas altamente analíticas.

Com o seu PhD em física experimental, Lane atualmente seria contratada como "cientista de dados", um trabalho que pode trazer estrutura para dados não estruturados, criar modelos sofisticados para analisá-los, e interpretar os resultados para suas implicações para decisões-chave e direção do negócio. Cientistas de dados, que Tom e seu coautor D.J. Patil (até recentemente o cientista chefe de dados da Casa Branca) descreveram como "o trabalho mais sexy do século 21" está com demanda alta.[8] Alguns salários iniciais para cientistas de dados superam os US$200 mil. Seus primeiros empregadores foram startups do Vale do Silício, mas agora eles são contratados por grandes empresas tradicionais também. A Procter &

Gamble, por exemplo, saiu de um cientista de dados em 2013 para mais de trinta em 2017. A GE contratou algumas centenas deles para sua operação GE Digital na área da Baía de São Francisco. Simplesmente não há o suficiente para todos.

Até mesmo o Google, um dos empregadores mais desejados do planeta atualmente, possui desafios na aquisição desse tipo de talento. A empresa oferece salários generosos, ações da companhia e o que é conhecido como a melhor lanchonete do mundo. Entretanto Hal Varian, professor da UC Berkeley que também tem prestado consultoria ao Google desde 2002, observa a dificuldade de contratar profissionais analíticos lá: "Um dos pontos que acredito exigir mais ênfase é a dificuldade de contratação nessa área. Dado o foco em dados, *data warehouse*, *data mining* e similares, seria fácil pensar que essa seria uma área popular para os estatísticos. Mas não é bem assim! Os mais brilhantes querem ir para a biotecnologia. Por isso fica bem difícil reunir os talentos, mesmo para o Google."[9]

Supondo que você consiga encontrar esses profissionais, quantos deles são necessários? A resposta claramente depende do que uma organização está tentando fazer com a análise. Nas empresas que estudamos, os números variam de uma dezena de profissionais analíticos a várias centenas. A GE tinha o objetivo de contratar 400 cientistas de dados para seu software e negócio analítico baseado na área de São Francisco. Não temos certeza do número exato de contratações feitas pela empresa, mas havia ao menos 200 nessa organização central, e agora outras unidades de negócios estão contratando seus próprios profissionais. A Procter & Gamble possui mais ou menos 200. O Google possui cerca de 500 pessoas com o título de "analista quantitativo" e centenas que fazem algum tipo de trabalho analítico.

Como eles são organizados? A maioria das empresas os centralizou em alguma extensão, apesar de as organizações estruturais flutuarem com o tempo. A Procter & Gamble, por exemplo, pegou grupos analíticos que estavam dispersos pela organização e os combinou em uma forma de novo grupo de análise global como parte da divisão de TI. Depois os descentralizou um pouco mantendo uma linha pontilhada para o diretor de dados. A AIG criou um escritório centralizado de ciência com 60 pessoas para análise avançada, mas depois o descentralizou para melhor capacidade de resposta nos negócios.

Outra alternativa lógica como um refúgio na organização para esses poderosos analistas seria a função de negócios que compõe o principal ímpeto competitivo para a organização. Por exemplo, a Caesars mantém a maioria de seus "cientistas sofisticados" (incluindo Katrina Lane) no departamento de marketing, porque os programas de fidelidade dos clientes compõem a orientação primária de sua análise.

Um argumento a favor da coordenação central é o fato de que em estágios mais avançados da análise, o conhecimento extenso de métodos estatísticos especializados é necessário. Como resultado do que aprendemos sobre as empresas que estudamos, acreditamos que é impraticável distribuir de forma abrangente essas habilidades avançadas por toda a organização. A maioria das organizações vai precisar de grupos que podem realizar análises mais sofisticadas e organizar experimentos mais detalhados, e os encontramos na maioria das empresas que entrevistamos. É improvável, por exemplo, que um "algoritmo de gerenciamento de inventário de escalão único, não capacitado e não estacionário" empregado por um competidor analítico que estudamos na área de cadeia de suprimentos fosse desenvolvido por um analista amador. Você não aprende sobre isso em um programa típico de MBA.

A maioria dos competidores analíticos que estudamos está evoluindo na direção de uma organização *hub-and-spoke* que se reporta diretamente ao CDAO. Analistas são alocados entre unidades empresariais, corporativas e funções, para que possam se especializar e trabalhar próximos de tomadores de decisões. O hub centralizado é responsável pelo compartilhamento de conhecimento, por espalhar as melhores práticas, treinamento analítico, desenvolvimento de carreira, padrões comuns e ferramentas. Muitas vezes, os analistas mais habilidosos e cientistas de dados estão centralizados no hub para que possam ser estrategicamente implantados para trabalhar nos projetos mais urgentes da empresa.

Independentemente da localização dos analistas profissionais em suas empresas, muitos dos líderes analíticos que entrevistamos salientaram a importância de um relacionamento próximo e de confiança entre esses analistas e os tomadores de decisões. Como o líder de um grupo afirma: "Estamos vendendo a confiança." A necessidade é de especialistas analíticos que compreendam o negócio em geral e o negócio específico para um tomador de decisões particular. Uma empresa se referiu a esses profissionais como "estatísticos de linha de frente", distinguindo-os dos "estatísticos de suporte", que possuem habilidades analíticas, mas não são fortemente orientados aos negócios e também podem não ter o nível certo de habilidades interpessoais.

Para facilitar esse relacionamento, uma empresa de produtos de consumo com um grupo analítico baseado em TI contrata o que chama de PhDs com personalidade — indivíduos com fortes habilidades quantitativas, mas também com capacidade de falar a língua dos negócios e divulgar seu trabalho junto aos clientes internos (e, em alguns casos, externos). Um conjunto típico de requisitos da função (listados no Monster.com para um cientista de dados no grupo Amazon's Advertising Platform) seria o seguinte:

- Níveis avançados em ciências da computação, aprendizado de máquina, pesquisa operacional, estatística ou em um campo altamente quantitativo.
- Mínimo de oito anos de experiência em modelagem preditiva e análise.
- Boa compreensão de aprendizado de máquina, data mining e técnicas analíticas de dados.
- Forte habilidade de resolução de problemas.
- Conforto ao usar Java ou C++/C. Experiência no uso do Perl ou Python (ou linguagem de script semelhante) para processamento de dados e análise.
- Experiência no uso de R, Weka, SAS, Matlab ou qualquer outro software estatístico.
- Habilidade de comunicação e apresentação de dados.

Algumas dessas habilidades se sobrepõem àquelas dos analistas quantitativos tradicionais, mas algumas não. Cientistas de dados tendem a ter uma base mais orientada à ciência da computação, enquanto analistas tendem a ter um foco mais estatístico. Cientistas de dados também são mais propensos a estarem mais familiarizados com softwares de código aberto e aprendizado de máquina e, talvez, mais passíveis de ter um PhD em uma disciplina científica. Existem também diferenças na cultura e atitude até certo ponto. Uma tabela das diferenças típicas entre esses dois grupos é fornecida na Tabela 7-1, que é baseada em uma pesquisa liderada pela Jeanne em 2014. No entanto, com o passar o tempo (e com a popularidade do título de cientista de dados), essas categorias se misturaram e as diferenças podem estar diminuindo.

TABELA 7-1

Analistas e cientistas de dados: espécies não tão diferentes

	Analistas	**Cientistas de dados**
Estrutura de dados	Estruturado e semiestruturado, majoritariamente numérico	Tudo predominantemente não estruturado
Tipos de dados	Majoritariamente numérico	Tudo, incluindo imagem, som e texto
Ferramentas preferenciais	Ferramentas estatísticas e de modelagem, em dados que geralmente residem em um repositório, como um data warehouse	Linguagem matemática (como R e Pyhon), aprendizado de máquina, processamento natural de linguagem e ferramentas de código aberto; dados em servidores múltiplos (como o Hadoop)
Natureza da atribuição	Reportar, predizer, prescrever, otimizar	Explorar, descobrir, investigar, visualizar
Base educacional	Pesquisa operacional, estatística, análise aplicada	Ciência da computação, ciência de dados, sistemas simbólicos, ciência cognitiva
Mentalidade:		
• Empreendedora	69%	96%
• Explorar nova área	58%	85%
• Insights fora de projetos	54%	89%

Fonte: *Jeanne G. Harris e Vijay Mehrotra*, "Getting Value from Your Data Scientists", MIT Sloan Management Review (Outono de 2014).

Seja qual for o nome do papel, relações empresariais são um componente crítico. No Wells Fargo, um gerente de um grupo de análise de clientes descreveu os relacionamentos que seu grupo tenta manter: "Estamos tentando desenvolver nosso pessoal como parte da equipe de negócios; queremos que eles sentem-se à mesa de reuniões, participem de uma discussão dos pontos essenciais, determinem quais informações o pessoal de negócios precisa ter e recomendem ações aos parceiros de negócios. Queremos que esse [grupo analítico] seja mais que um utilitário geral, isso é, uma parte ativa e crítica do sucesso da unidade de negócios."[10]

Outros executivos que gerenciam ou já gerenciaram esses grupos descreveram alguns dos fatores críticos de sucesso em nossas entrevistas:

- *Criação de um canal sustentável.* Os grupos analíticos precisam de um canal de projetos, relacionamento com os clientes e tecnologias analíticas. A chave não é apenas ter um ou dois projetos bem-sucedidos, mas criar sustentabilidade para a organização ao longo do tempo. Não é bom investir em todos esses recursos e ter a iniciativa analítica em funcionamento por somente alguns anos. Entretanto leva algum tempo para construir histórias de sucesso e fazer com que a análise se torne parte da mitologia da organização. As histórias instilam uma propensão na empresa, de modo que os tomadores de decisões desenvolvem confiança para agir.
- *Relacionamento com a TI.* Mesmo se um grupo analítico não fizer oficialmente parte de uma divisão de TI, ele tem de manter um estreito relacionamento com ela. Muitas vezes, as empresas analíticas precisam "empurrar as fronteiras" em termos de TI. O gestor de um grupo analítico em uma empresa de bens de consumo disse que seu grupo foi um usuário precoce de supercomputadores e servidores multiusuário e criou o primeiro site para um produto (que teve milhares de visitas no primeiro dia). A exploração de novas tecnologias da informação não era uma missão oficial para o grupo, mas uma missão valorizada pela empresa. Isso também ajudou a chamar a atenção e a estimular a imaginação da alta administração da empresa.
- *Governança e captação de recursos.* A maneira como o grupo é direcionado e financiado é de importância crítica, de acordo com os executivos que entrevistamos. A questão central consiste em direcionar os grupos analíticos para os problemas mais importantes do negócio. Isso pode ser feito por meio de uma ordem ou de um conselho de parte do comitê estratégico ou por meio do processo de captação de recursos para a iniciativa. Quando os comitês estratégicos são

compostos de executivos de nível mais baixo, a tendência parece ser subotimizar a utilização dos recursos analíticos. Membros estratégicos e do mais alto escalão criam prioridades mais estratégicas para os profissionais analíticos. O financiamento também pode levar a alvos estratégicos ou táticos. Um grupo que entrevistamos era pago exclusivamente para atender a alta administração corporativa, o que significava que eles não tinham de "pedir esmolas" pelo financiamento ou trabalhar em problemas sem importância que, por algum motivo, tivessem recebido verba. Outro grupo tinha de captar recursos para cada projeto e relatou que algumas vezes precisava recorrer à alta administração a fim de obter permissão para recusar trabalhos lucrativos, mas menos importantes.

- *Administração da política.* Normalmente existem complexas questões políticas envolvidas no trabalho dos profissionais analíticos, desde a escolha dos projetos com os quais o grupo deverá trabalhar até a denominação que a função receberá. Uma empresa chamava seu grupo analítico de "análise de decisões", só até descobrir que os executivos eram contra o grupo porque consideravam tarefa deles tomar as decisões. Em vista disso, o grupo mudou seu nome para "análise de opções". Também pode ser politicamente difícil apenas empregar os analistas. Como informou o líder de um grupo analítico: "Então, eu vou para o setor de Pesquisa de Mercado e digo: 'Sei uma maneira melhor de avaliar os gastos com propaganda.' Eles não necessariamente reagem com alegria. Isso representa uma grande ameaça para eles. É especialmente difícil aceitar a ideia quando você está pedindo que eles lhe paguem para fazer com que eles pareçam incompetentes!"[11]

Os líderes de grupos analíticos têm de ser sensíveis às questões políticas e tentar evitar os campos minados políticos. O problema é que as pessoas que são boas em análise não costumam ter paciência para a política corporativa! Antes de executar qualquer análise, elas devem deixar claro para o cliente interno que tanto o cliente quanto o analista não estão apostando nada com um resultado específico e que permitirão que os dados analíticos sejam analisados da maneira que surgirem. Os CEOs podem ajudar seus profissionais analíticos ao esclarecer que a cultura recompensa as pessoas que tomam decisões baseadas em evidências, mesmo que isso vá de encontro às diretrizes previamente estabelecidas.

- *Não se antecipe aos usuários.* É importante que profissionais analíticos tenham em mente que seus algoritmos e processos geralmente deverão ser implementados por profissionais da informação, que podem ser analiticamente astutos, mas não são especialistas em estatística. Se a análise e as conclusões resultantes forem complexas demais ou repletas de jargões estatísticos, provavelmente serão ignoradas. Uma abordagem é manter as análises o mais simples possível ou incorporá-las a sistemas que ocultem sua complexidade. A alternativa é treinar, o máximo possível, os usuários nas abordagens analíticas. O grupo analítico da Schneider oferece cursos como "Introdução à análise de dados" e "Controle estatístico de processos" para os usuários em várias funções da empresa. Não se trata de uma responsabilidade formal do grupo, mas os cursos costumam ser populares e o grupo sente que seu trabalho é facilitado em longo prazo.

Profissionais Analíticos Estrangeiros ou Terceirizados

Com a escassez de profissionais analíticos especializados em empresas norte-americanas e europeias, muitas empresas estão começando a pensar na possibilidade de terceirizar esse pessoal ou mesmo ir à Índia ou à China para encontrá-los. Um número cada vez maior de empresas oferece "terceirização de processos do conhecimento" em áreas analíticas, incluindo data mining, desenvolvimento de algoritmos e finanças quantitativas. Na Índia, empresas como Mu Sigma, Evalueserve e Genpact possuem práticas substanciais nessas áreas. A Genpact trabalhou em uma análise de crédito para a GE Capital e hoje oferece serviços em análise de marketing e vendas. A maioria das grandes empresas de consultoria, incluindo Accenture, Deloitte e IBM, possui grandes grupos analíticos baseados na Índia.

Entretanto é difícil para os analistas desenvolverem uma relação de confiança com os tomadores de decisões quando há uma distância de milhares de quilômetros entre eles. É provável que os únicos modelos de negócios bem-sucedidos para esse tipo de trabalho sejam os que combinam recursos domésticos e estrangeiros. Os analistas domésticos podem trabalhar em estreito contato com os tomadores de decisões, enquanto os especialistas estrangeiros podem executar o trabalho analítico de suporte. Se uma aplicação analítica puder ser claramente descrita pelo proprietário do negócio ou patrocinador antes de ser desenvolvida, há boas chances de o desenvolvimento dos algoritmos relevantes ser terceirizado ou executado no estrangeiro com sucesso.

Analíticos Amadores

Grande parte do trabalho cotidiano de uma estratégia analiticamente centrada precisa ser implementada por pessoas sem PhD em estatística ou pesquisa operacional. Uma questão central, então, é de quanta sofisticação analítica os trabalhadores das linhas de frente precisam para executar suas funções. É claro que a natureza e a extensão das habilidades necessárias variarão de acordo com as situações da empresa e do setor. Algumas empresas, como a Capital One, contratam um grande número de analistas amadores — pessoas com alguma formação analítica (MBA, talvez), mas em sua maioria sem PhD. Em um determinado ponto, quando analisamos as vagas em aberto no site da Capital One, vimos três vezes mais vagas para analistas do que em operações — dificilmente um índice comum para um banco. De acordo com sua orientação analítica específica, uma empresa precisa definir de quantos amadores analíticos ela precisa e em quais posições. Alguns podem ser profissionais (os chamados de *analíticos semiprofissionais*); outros podem possuir habilidades analíticas muito limitadas, mas ainda precisar trabalhar em processos de negócios altamente baseados em análise.

A situação do Boston Red Sox em 2003, descrita no Capítulo 1, é um exemplo da necessidade de divulgar as orientações analíticas em toda a organização. Para exemplos mais orientados aos negócios, descreveremos duas organizações que estão tentando competir com a análise da cadeia de suprimentos. Uma delas, uma fabricante de cervejas, instalou um novo software de otimização de cadeia de suprimentos para garantir que produziria e entregaria a quantidade certa de cerveja no momento certo. Ela chegou a criar um novo cargo, "coordenador de fluxo de cerveja" (imagina se tivéssemos esse título em nossos cartões de visita!), para utilizar o sistema e supervisionar o processo de otimização. Entretanto os gestores da empresa admitiram que os coordenadores de fluxo de cerveja não reuniam as habilidades necessárias para fazer o processo funcionar. Nenhuma equipe nova foi contratada e nenhum treinamento substancial foi realizado. O novo sistema, pelo menos nos primeiros dias, não estava sendo utilizado. A empresa estava esperando, pode-se dizer, competências de champanhe para um orçamento de cerveja.

Em uma empresa química e fabricante de polímeros, muitos dos produtos da empresa se tornaram commodities. Os executivos acreditavam na importância de otimizar a cadeia de suprimentos global a fim de obter o valor máximo ao custo mínimo. A complexidade da cadeia de suprimentos da unidade tinha aumentado significativamente ao longo dos últimos dois anos. Em resposta à crescente complexidade, a organização criou uma divisão de cadeia de suprimentos global, cujos membros eram responsáveis pelo movimento de produtos e suprimentos ao redor do mundo. Na nova organização, uma pessoa era responsável pela cadeia de suprimentos global, havia grupos de planejamento regionais e planejadores nas diferentes localidades. O maior desafio na cadeia de suprimentos, entretanto, envolvia as pessoas que executavam o trabalho. As novas funções eram mais complexas e demandavam um nível mais alto de sofisticação analítica. A empresa estava ciente de que as pessoas que executavam as antigas funções de cadeia de suprimentos não reuniam as habilidades necessárias para desempenhar os novos papéis analíticos, mas manteve a situação inalterada. Em algum momento, a empresa planeja desenvolver um inventário de competências necessárias e uma abordagem para desenvolvê-las ou contratá-las, mas até agora a escassez de competências continua se mostrando um gargalo na implementação do novo processo logístico.

Quando uma empresa é uma competidora analítica, ela precisa garantir que uma extensa variedade de colaboradores possua alguma exposição à análise. Gerentes e analistas empresariais estão cada vez mais sendo chamados para conduzir experimentos impulsionados por dados, interpretar dados e criar produtos e serviços inovadores baseados em dados. Muitas empresas concluíram que seus colaboradores precisam de habilidades adicionais para prosperar em um ambiente mais analítico. Uma pesquisa da Avanade descobriu que mais de 63% dos que responderam disseram que seus colaboradores precisam desenvolver novas habilidades para traduzir a análise de big data em insights e valor de negócios.[12]

Anders Reinhardt, antigo chefe de Global Bussiness Intelligence para o grupo VELUX — um fabricante internacional de claraboias, painéis solares e outros produtos para telhado, com base na Dinamarca —, está convencido de que "a maneira padrão de treinar, na qual simplesmente explicamos aos usuários empresariais como acessar dados e relatórios, não é mais o suficiente. O big data demanda muito mais do usuário".[13]

Para serem bem-sucedidos como competidores analíticos, trabalhadores de informação e tomadores de decisão precisam se tornar adeptos de três habilidades principais:[14]

- *Experimental:* Gerentes e analistas empresariais precisam conseguir aplicar os princípios da experimentação científica em seus negócios. Eles precisam saber como construir hipóteses inteligentes. Eles também precisam entender os princípios de testes e design experimental, incluindo seleção e amostragem de populações, a fim de avaliar a validade das análises de dados. Conforme testes e experimentação aleatórios se tornam mais comuns nos serviços financeiros, de varejo e na indústria de telecomunicações, uma base em design científico experimental será particularmente valorizada. Recrutadores do Google sabem que teste e experimentação são parte integral de sua cultura e processos de negócios. Então, perguntas como estas são feitas ao candidato: "Quantas bolas de tênis caberiam em um ônibus escolar?" ou "Quantas tampas de esgoto existem no Brooklin?". O objetivo não é descobrir a resposta correta, mas testar as habilidades do candidato em design experimental, design, lógica e análise quantitativa.

- *Enumerar:* Líderes analíticos nos dizem que uma habilidade cada vez mais crítica para sua força de trabalho é se tornar mais adepta à interpretação e ao uso numérico de dados. Reihardt, da VELUX, explica que "usuários empresariais não precisam ser estatísticos, mas precisam entender o uso correto de métodos estatísticos. Queremos que nossos usuários empresariais entendam como interpretar dados, métricas e resultados de modelos estatísticos". Algumas empresas, em função da necessidade, se certificam de que seus colaboradores já sejam altamente adeptos ao raciocínio matemático quando são contratados. As práticas de contratação da Capital One são voltadas para contratar colaboradores altamente analíticos e enumerados em todos os aspectos do negócio. Futuros colaboradores, incluindo executivos seniores, passam por um rigoroso processo de entrevistas, incluindo testes de seu raciocínio matemático, lógica e habilidade de solução de problemas.

- *Alfabetizado em dados:* Os gerentes cada vez mais precisam ser adeptos a encontrar, manipular, gerir e interpretar dados, incluindo não apenas números, mas também textos e imagens. A literatura de dados está rapidamente se tornando um aspecto integral de toda função e atividade de negócios. O antigo presidente e CEO da Procter & Gamble, Bob McDonald, está convencido de que "simulação, modelagem de dados e outras ferramentas digitais estão remodelando como nós inovamos". E isso mudou as habilidades necessárias em seus colaboradores. Para enfrentar esse desafio, a P&G criou "um inventário de habilidades digitais de referência, adaptado a todos os níveis de avanço na organização". O atual CEO, David Taylor, também apoia e tem continuado essa política. Na VELUX, treinamento de alfabetização em dados para usuários empresariais é uma prioridade. Gerentes precisam entender quais dados estão disponíveis e usar técnicas de visualização de dados para processá-los e interpretá-los. "Talvez o mais importante é que precisamos ajudá-los a imaginar como novos tipos de dados podem levar a novos insights", nota Reinhardt.[15]

Dependendo da função empresarial, expertise adicional pode ser necessária. A maioria do pessoal de TI, por exemplo, deve ter algum conhecimento da análise aplicada aos dados, a fim de se assegurar de que as aplicações de TI e o banco de dados estejam criando e administrando os dados no formato correto para a análise. O pessoal de RH precisa ter algum entendimento da análise para contratar pessoas com os tipos certos de habilidades analíticas. Até mesmo o departamento jurídico corporativo pode precisar entender as implicações da abordagem de uma empresa ao processo decisório analítico e automatizado, em caso de algo dar errado no processo.

As empresas que elevaram o nível das habilidades analíticas dos colaboradores e gestores estão começando a ver os benefícios. Por exemplo, uma empresa de bens de consumo com uma estratégia analítica está testemunhando grandes mudanças na gerência média. A gerência média superior possui conhecimentos analíticos, provenientes da formação em matemática ou da experiência na empresa. Dois dos principais clientes do grupo analítico central ganharam novos gestores, mais analíticos. Eles foram recrutados com base em suas orientações analíticas e fornecem muito apoio às iniciativas analíticas. Os gestores analíticos são mais desafiadores e impulsionam o grupo de analistas profissionais a níveis mais altos de desempenho. Atualmente, a equipe gerencial sênior conduz discussões analíticas, e não políticas.

Ferramentas para Amadores

Uma das questões para os analistas amadores é saber quais ferramentas de TI utilizar para lidar com as análises. Há três escolhas possíveis e nenhuma delas parece ideal. Uma escolha é dar-lhes poderosas ferramentas de análise estatística, de modo que eles possam explorar os dados e criar algoritmos poderosos (muito provavelmente, eles não teriam as habilidades necessárias para isso). Uma segunda escolha seria ter um sistema que simplesmente mostrasse a resposta certa: o preço que deveria ser cobrado, a quantidade de estoque a ser enviada e assim por diante. Entretanto essa opção pode subotimizar a capacidade de uma pessoa de utilizar os dados e tomar decisões. A terceira opção, que é de longe a mais comum, é fazer com que os amadores façam as próprias análises em planilhas eletrônicas.

As planilhas eletrônicas (mais especificamente o Microsoft Excel, é claro) são a principal ferramenta com a qual os amadores manipulam os dados e conduzem a análise. Elas possuem alguns pontos fortes, de outra forma não seriam tão comuns. Elas são fáceis de usar (pelo menos os recursos básicos), o formato de colunas e linhas é amplamente compreendido e a ferramenta não é cara (o Excel vem em um pacote que inclui outros aplicativos de produtividade de escritório). Entretanto, como salientamos no Capítulo 2, as planilhas representam uma ferramenta problemática para uma atividade analítica disseminada. É muito difícil manter um ambiente analítico consistente, com uma "única versão da verdade" em toda a empresa, diante do grande número de planilhas administradas pelos usuários. Além disso, as planilhas geralmente contêm erros. Qualquer empresa que adote as planilhas como a principal ferramenta para os amadores analíticos deve ter uma forte abordagem à arquitetura de dados e rigorosos controles sobre a análise.

Uma abordagem intermediária seria dar aos analistas amadores a capacidade de visualizar e analisar os dados, e ao mesmo tempo fornecer uma estrutura para o fluxo de trabalho analítico. Alguns desenvolvedores de software de business intelligence disponibilizam um fluxo de trabalho como o proposto. Eles permitem que usuários mais analiticamente sofisticados façam as próprias consultas visuais, enquanto deixam que usuários menos sofisticados observem e compreendam alguns dos processos analíticos que estão sendo seguidos. Essas ferramentas estão se tornando cada vez mais populares e estão nos levando à democratização da análise. Em algum momento, poderemos até mesmo ver a emergência de um "cientista de dados cidadão", para quem a maior parte das tarefas analíticas e de gestão de dados que são difíceis seriam feitas por máquinas inteligentes.

Processo Decisório Automatizado

Outro fator crítico que envolve os amadores analíticos e que deve ser abordado é a definição do nível de automação de uma solução para um determinado problema.[16] À medida que a automação de mais decisões se torna possível, ela se torna cada vez mais importante para as organizações definirem quais decisões precisam ser tomadas por pessoas e quais podem ser computadorizadas. Os aplicativos de decisão automatizada são normalmente acionados sem intervenção humana: eles verificam condições ou dados online, aplicam algoritmos analíticos ou conhecimento codificado (em geral, na forma de regras) e tomam decisões — tudo com a mínima intervenção humana.

Aplicativos completamente automatizados são configurados para traduzir em ações decisões rotineiras ou que envolvam um grande volume de dados de forma rápida, precisa e eficiente, pelo fato de estarem incorporados ao fluxo de trabalho cotidiano. Entre os competidores analíticos, encontramos tecnologias de decisão automatizada sendo utilizadas em uma série de decisões operacionais, incluindo extensão de crédito, precificação, gerenciamento por retorno e contratação de seguro. Se os especialistas puderem codificar prontamente as regras de decisões e se houver dados de alta qualidade disponíveis, as condições são perfeitas para automatizar a decisão.[17] As decisões de crédito bancário constituem um bom exemplo: elas são repetitivas, suscetíveis a critérios uniformes e podem ser tomadas com base nos amplos dados de crédito do consumidor disponíveis.

Mesmo assim, alguns tipos de decisões, apesar de tomadas esporadicamente, se prestam bem à automação — especialmente em casos nos quais a velocidade da decisão é fundamental. Por exemplo, no setor de energia elétrica, decisões de interrupção precisas e rápidas no nível regional são essenciais para evitar uma queda geral do sistema. O valor dessa capacidade de resposta rápida foi demonstrado em grandes quedas de energia, quando sistemas automatizados em algumas regiões dos Estados Unidos foram capazes de reagir rapidamente à oscilação da voltagem em suas redes ao interromper ou redirecionar a energia a linhas próximas com capacidade excedente. Isso também se faz evidente em alguns dos atuais sistemas avançados de resposta emergencial, que podem decidir automaticamente como coordenar ambulâncias e prontos-socorros em toda a área de uma cidade no evento de um grande desastre.

Entretanto os aplicativos de tomada de decisões automatizadas têm algumas limitações. Até em casos nos quais é possível automatizar totalmente um processo decisório, questões fiduciárias, legais ou éticas ainda podem exigir que uma pessoa responsável exerça um papel ativo. Além disso, as decisões automatizadas criam alguns desafios para a organização. Como os sistemas de decisão automatizada podem levar à redução de grandes equipes de trabalhadores da informação, transformando-as em um pequeno grupo de especialistas, a gerência deve se concentrar em manter as pessoas certas — aquelas com as melhores habilidades e que apresentam mais eficácia. Essa abordagem apenas de especialistas, no entanto, levanta a questão de onde virão os especialistas de amanhã.

O Problema da Competição entre Pessoas e Automação

Uma questão relacionada é como os amadores devem lidar com as decisões automatizadas com as quais não concordam. Algumas empresas, como a Caesars, desencorajam os colaboradores a ignorarem seus sistemas analíticos automatizados, porque elas possuem evidências de que os sistemas obtêm resultados melhores do que as pessoas. Um gerente de hotel, por exemplo, não pode ignorar as recomendações do sistema de gerenciamento de receita da empresa, que determina o preço ideal para um quarto com base nas tendências de disponibilidade e nível de fidelidade do cliente.

A Marriott, como descrevemos, possui sistemas de gerenciamento da receita para seus hotéis. Entretanto a empresa chega a incentivar seus "líderes de receita" a ignorarem o sistema. A empresa criou alternativas para que os gerentes levem em consideração informações anormais e de rápidas mudanças quando eventos locais afetam inesperadamente os dados operacionais normais — como quando Houston recebeu um grande número de refugiados do furacão Katrina. O sistema de gerenciamento de receita observou que um número inesperado de pessoas queria quartos no Hotel Marriott de Houston em agosto e, por conta própria, teria elevado os preços. Mas a Marriott não desejava desencorajar os refugiados de ficarem em seus hotéis na região de Houston, de forma que os gestores de receita ignoraram as recomendações do sistema e reduziram os preços. Os executivos da Marriott dizem que essa abordagem de ignorar os sistemas automatizados faz parte de uma filosofia corporativa geral. De outra forma, argumentam, eles não teriam se preocupado em contratar e treinar um pessoal analiticamente competente para tomar boas decisões.

Qual é a explicação para essas duas filosofias distintas? A resposta é que existem diferentes sistemas envolvidos, diferentes processos de negócios e diferentes níveis de habilidade. As empresas com um alto nível de habilidade entre os amadores analíticos podem querer ignorar as recomendações do sistema quando as pessoas julgam saber mais do que ele. Os médicos da Partners HealthCare, que geralmente também são professores da Harvard Medical School, são incentivados a ignorar os sistemas de decisão automatizada quando isso é de interesse do paciente. Com especialistas tão altamente treinados envolvidos no processo, o melhor resultado provavelmente é a combinação de regras de decisões humanas e automatizadas.

As empresas que sentem já ter coberto a maioria das variáveis em seus modelos analíticos automatizados — e que possuem níveis mais baixos de habilidades analíticas na linha de frente — podem preferir assumir uma atitude mais inflexível em relação a desconsiderar as recomendações do sistema. Até um certo nível, a questão pode ser decidida empiricamente — se a desconsideração costuma resultar em melhores decisões, ela deve ser incentivada. Caso contrário, ela deve ser proibida na maioria das vezes. Se uma empresa decidir permitir que as considerações do sistema sejam ignoradas, deve desenvolver alguns recursos a fim de sistematizar as razões para isso, de forma que o modelo automatizado possa ser aprimorado com essas informações. Na Partners, por exemplo, solicita-se que os médicos deem um motivo para desconsiderar o sistema automatizado, e os médicos que ignoram constantemente uma recomendação específica do sistema são entrevistados sobre os seus motivos.

Independentemente da decisão sobre a questão pessoas versus automação, a mensagem central deste capítulo é que o pessoal talvez represente o recurso mais importante que uma empresa analítica pode cultivar. Quando perguntamos aos competidores analíticos sobre as dificuldades de executar suas estratégias, a maioria respondeu que a maior dificuldade era obter o tipo certo de pessoal analítico em número suficiente. Sozinhos, o hardware e o software não conseguem chegar nem perto da criação dos tipos de competências exigidas pelas estratégias analíticas. Não importa se estamos falando de executivos seniores, profissionais analíticos ou amadores analíticos de linha de frente, cada um tem um trabalho a fazer para o sucesso na competição analítica.

CAPÍTULO OITO

A ARQUITETURA DA ANÁLISE E BIG DATA

ALINHANDO UM AMBIENTE TÉCNICO ROBUSTO COM ESTRATÉGIAS DE NEGÓCIOS

AO LONGO DA ÚLTIMA DÉCADA, MAIS OU MENOS, CAPTURAR E ARMAZENAR enormes quantidades de dados se tornou técnica e economicamente possível. Os números são difíceis de absorver para qualquer pessoa além das viciadas em tecnologia, já que os volumes de dados cresceram de megabytes a gigabytes (bilhões de bytes), terabytes (trilhões de bytes) e petabytes (quatrilhões de bytes). Apesar de computadores e servidores comuns não terem o poder e a capacidade de lidar com os volumes de dados necessários para as aplicações analíticas, processadores de 64 bit de alta qualidade e aplicativos de dados sofisticados podem rapidamente processar quantidades quase incomensuráveis de dados.

Entretanto, apesar de as organizações possuírem mais dados do que nunca à sua disposição, elas raramente sabem o que fazer com eles. Os dados em seus sistemas costumam ser como a caixa de fotografias que você mantém no porão, esperando por aquele "dia qualquer" em que você dará sentido ao caos. O IDC estimou que apenas 0,5% de todos os dados são analisados, e podemos supor que a quantidade de dados está crescendo mais rápido do que a quantidade de dados que é analisada.

Além disso, a desagradável verdade é que a maioria dos departamentos de TI se esforça para atender as demandas mínimas de serviço e investem recursos desmedidos na manutenção e no suporte contínuo de recursos transacionais básicos. Diferentemente da vanguarda analítica, mesmo empresas com sólidos sistemas transacionais lutam com questões relativamente prosaicas, como a limpeza dos dados, quando tentam integrar os dados a aplicativos analíticos. Em resumo, apesar de o avanço na capacidade tecnológica de armazenar dados ser surpreendente, a capacidade da maioria das organizações de administrar, analisar e aplicar os dados não é alavancada no mesmo ritmo.

As empresas que competem com a análise ainda não solucionaram completamente esses problemas, mas estão muito melhor que seus concorrentes. Neste capítulo, identificamos os processos de governança, dados e tecnologia necessários a uma empresa analítica. Também mostramos os componentes que compõem o centro da arquitetura analítica de qualquer organização e prevemos como esses elementos tendem a evoluir com o tempo.

A Arquitetura da Tecnologia Analítica

Enquanto usuários empresariais da análise muitas vezes têm um papel importante, as empresas historicamente delegaram o gerenciamento de informação tecnológica para análise e outras aplicações a uma organização de tecnologia da informação (TI). Por exemplo, ao coletar dados exclusivos ou incorporar a análise patenteada nos processos de negócios, o departamento de TI ajuda a desenvolver e sustentar a vantagem competitiva de uma organização.

Mas é importante entender que esse trabalho não pode ser delegado somente a TI. A maioria do "small data" pode ser facilmente analisada em um computador pessoal, e até mesmo o maior conjunto de dados pode ser enviado para os serviços online da Amazon ou para as nuvens da Azure, da Microsoft, e analisado por qualquer um com o conhecimento necessário e um cartão de crédito. Isso pode levar à proliferação descontrolada de "versões da verdade", mas também pode levar a respostas perspicazes para problemas de negócios. Determinar como encorajar a última e prevenir a primeira é uma tarefa crítica em qualquer estrutura analítica.

Mesmo quando a ajuda da TI é necessária, determinar os recursos técnicos necessários para a competição analítica requer uma estreita colaboração entre a TI e os gestores do negócio. Esse é um princípio que empresas como a Progressive Insurance compreendem plenamente. Glenn Renwick, antigo CEO da Progressive Insurance e ex-líder de TI, entende o quão essencial é alinhar a TI com a estratégia de negócios: "Aqui na Progressive temos líderes tecnológicos trabalhando lado a lado com líderes de negócios que consideram seu trabalho solucionar problemas de negócios. E temos líderes de negócios responsáveis por compreender a função da tecnologia em sua área. Nosso plano de negócios e nossa TI estão inextrincavelmente relacionados porque o mesmo ocorre com seus objetivos."[1]

Apesar de Renwick ter acabado de se aposentar, a Progressive possui um antigo histórico de alinhamento com a TI em negócios e foco em análise, e temos certeza de que vão continuar. Encontramos esse mesmo nível de alinhamento entre TI e negócios em muitos competidores analíticos.

As empresas analíticas também definem um conjunto de princípios norteadores para garantir que seus investimentos em TI reflitam as prioridades corporativas. Os princípios podem incluir declarações como:

- Vamos ser líderes no setor ao adotar novas tecnologias para big data e aprendizado de máquina.
- O risco associado a fontes conflitantes de informações deve ser reduzido.
- Os aplicativos devem ser integrados, uma vez que a análise coleta cada vez mais dados que cruzam as fronteiras organizacionais.
- A análise deve ser capacitada como parte da estratégia organizacional e da competência distintiva.

RECURSOS DE TI E DADOS POR ESTÁGIO DE COMPETIÇÃO ANALÍTICA

Empresas tradicionais costumam seguir um processo evolutivo para desenvolver suas competências analíticas de TI.

- **Estágio 1.** A organização é atormentada por dados ausentes ou de baixa qualidade, múltiplas definições de seus dados e sistemas pouco integrados.
- **Estágio 2.** A organização coleta dados transacionais de maneira eficiente, mas muitas vezes não dispõe dos dados corretos para um melhor processo decisório. Alguns aplicativos analíticos ou programas pilotos bem-sucedidos existem e até mesmo podem usar alguma estatística ou tecnologia sofisticada. Mas estas são iniciativas independentes patrocinadas por executivos funcionais.
- **Estágio 3.** A organização é vítima de uma proliferação de ferramentas de business intelligence e análise e *data repositories*, mas alguns dados não transacionais permanecem sem integração, sem padronização e inacessíveis. TI e arquitetura de dados são atualizadas para apoiar a análise em toda a empresa.
- **Estágio 4.** A organização possui dados de alta qualidade, um plano analítico que aborda toda a empresa, processos de TI e princípios de governança, além de algumas análises incorporadas ou automatizadas. Também está funcionando, até certo ponto, em dados grandes e menos estruturados.
- **Estágio 5.** A organização possui uma arquitetura analítica completamente desenvolvida em toda a empresa, plenamente automatizada e integrada nos processos, além de altamente sofisticada. A empresa faz uso efetivo e integrado de big e small data de muitas fontes externas e internas, incluindo dados altamente desestruturados. A empresa começa a explorar e usar tecnologias cognitivas e análise autônoma.

A responsabilidade por obter os dados, a tecnologia e os processos certos é do *arquiteto de TI* (ou o chief data ou o technology officer, se houver um). Esse executivo (que trabalha em estreito contato com o CIO) deve definir como os componentes da infraestrutura de TI (hardware, software, redes e recursos externos na nuvem) trabalharão juntos para proporcionar os dados, a tecnologia e o suporte necessários ao negócio. Essa tarefa é mais fácil para as startups como a Netflix ou o eBay, que conseguem criar um ambiente de TI com a competição analítica em mente desde o início. Em grandes organizações tradicionais, entretanto, algumas vezes, a infraestrutura de TI parece ter sido construída com base em uma série de trabalhos de reformas de fim de semana. Ela executa o trabalho para o qual foi projetada, mas pode criar problemas sempre que aplicada para outra finalidade.

Para se certificar de que o ambiente de TI englobará completamente as necessidades de uma organização em cada estágio de competição analítica, as empresas devem incorporar a análise e outras tecnologias de *business intelligence* em sua arquitetura geral de TI (veja o quadro "Recursos de TI e Dados por Estágio de Competição Analítica").

Estamos usando o termo análise e *big data* nesse contexto para abranger não somente a análise — a utilização de dados para analisar, prever, otimizar e assim por diante —, mas também os processos e tecnologias utilizados para coletar, administrar e relatar dados orientados para decisões. A arquitetura da análise e *big data* (um subsistema da arquitetura geral de TI) é um termo abrangente para um conjunto de sistemas, aplicativos e processos de governança no âmbito da empresa que viabilizam uma análise sofisticada, permitindo que dados, conteúdos e análises fluam para as pessoas que precisam deles, sempre que necessário (veja o quadro "Sinais Indicativos da TI Eficaz para a Competição Analítica").

"As pessoas que precisam deles" incluirão estatísticos de níveis variados, trabalhadores da informação, líderes funcionais e alta administração. A arquitetura analítica deve ser capaz de rapidamente fornecer aos usuários informações confiáveis e precisas, além de ajudá-los a tomarem decisões de complexidade amplamente variada. Ela também deve disponibilizar as informações por meio de uma série de canais de distribuição, incluindo relatórios tradicionais, ferramentas de análise específicas, painéis de gestão corporativa, planilhas, e-mails e alertas de mensagens — e até mesmo produtos e serviços criados ao redor da análise e dos dados. Essa tarefa costuma ser intimidante: a Amazon, por exemplo, passou mais de dez anos e gastou US$1 bilhão montando, organizando e protegendo seus data warehouses.[2]

SINAIS INDICATIVOS DA TI EFICAZ PARA A COMPETIÇÃO ANALÍTICA

- Os analistas possuem acesso direto e quase instantâneo aos dados, alguns em tempo real.
- Os trabalhadores da informação passam seu tempo analisando os dados e compreendendo suas implicações, e não os coletando e formatando.
- Os gestores se concentram em melhorar os processos e o desempenho do negócio, sem precisar coletar e selecionar os dados de laptops, relatórios e sistemas transacionais.
- A análise e os dados são incorporados nos produtos e serviços da empresa.
- Os gestores nunca discutem para saber quem é o responsável pelos números mais precisos.
- Os dados são administrados sob uma perspectiva no âmbito de toda a empresa ao longo de seu ciclo de vida, desde a sua criação inicial até o arquivamento ou a destruição.
- Uma hipótese pode ser rapidamente analisada e testada sem muita preparação manual prévia nos bastidores — e alguns modelos analíticos são criados sem quaisquer hipóteses humanas (por exemplo, aprendizado de máquina).
- Os dados são cada vez mais analisados na "borda" da organização sem precisar enviá-los para um repositório centralizado.
- Os dados tanto da oferta quanto da demanda do negócio contam com previsões alinhadas e desenvolvidas a partir da utilização de um conjunto consistente de dados.
- Os processos de tomada de decisões críticas para a missão e de alto volume são altamente automatizados e integrados.
- Os dados são rotineira e automaticamente compartilhados entre a empresa e os seus clientes e fornecedores.
- Os relatórios e as análises integram e sintetizam continuamente informações de várias fontes, tanto internas quanto externas.
- Em vez de promover iniciativas de *data warehouse* ou iniciativas analíticas, as empresas administram os dados e a análise como recursos corporativos estratégicos em todas as iniciativas de negócio.

A conformidade com as exigências legais e regulamentares de prestação de contas é outra atividade que depende de uma robusta arquitetura analítica. A Lei Sarbanes-Oxley de 2002, por exemplo, requer que os executivos, os auditores e os outros usuários dos dados corporativos demonstrem que suas decisões se baseiam em dados confiáveis, significativos, autorizados e precisos. Ela também requer que eles declarem que os dados proporcionem um panorama claro do negócio, as principais tendências, os riscos e as oportunidades. A Lei Dodd-Frank, um marco regulatório para as empresas de serviços financeiros promulgada em 2010, tem exigências igualmente rigorosas para esse setor específico (embora haja dúvidas de que ele continuará em sua forma atual). Organizações de assistência médica têm seu próprio conjunto de requisitos de relatórios.

Conceitualmente, é útil segmentar a arquitetura da análise e dados em seis elementos (veja a Figura 8-1):

- *Gerenciamento de dados* que define como os dados certos são coletados e administrados.
- *Ferramentas e processos de manipulação* que descrevem como os dados são extraídos, filtrados, transmitidos e carregados para "povoar" bancos de dados e repositórios.
- *Repositórios* que organizam os dados e os metadados (informações sobre os dados) e os armazenam para utilização.
- *Ferramentas analíticas e aplicativos* usados para a análise.
- *Ferramentas de apresentação de dados e aplicativos* que abordam como os trabalhadores da informação e os analistas que não fazem parte da TI acessarão, exibirão, visualizarão e manipularão os dados.
- *Processos operacionais* que especificam a forma como importantes atividades administrativas como segurança, tratamento de erros, "auditabilidade", arquivamento e privacidade são endereçadas.

Examinaremos cada um desses elementos, dispensando atenção especial aos dados, já que eles impulsionam todas as outras decisões de arquitetura.

FIGURA 8-1

Arquitetura analítica e de big data

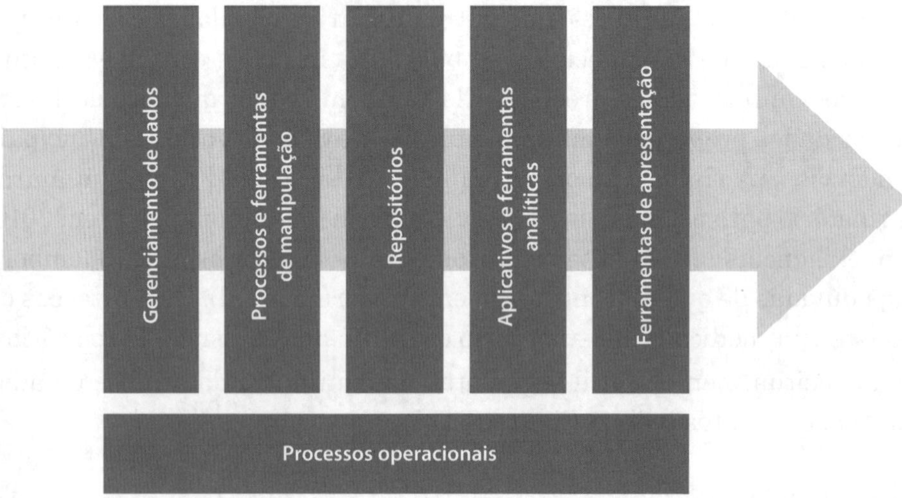

Gerenciamento de Dados

A meta de uma estratégia de gerenciamento de dados bem projetada é assegurar que a organização disponha das informações corretas e as utilize adequadamente. Grandes empresas investem milhões de dólares em sistemas que coletam dados de todas as fontes imagináveis. Sistemas de planejamento de recursos empresariais (ERP), gestão de relacionamento com o cliente e transações de ponto de venda, entre outros, garantem que nenhuma transação ou troca ocorra sem ser registrada. Muitas organizações também adquirem dados coletados internamente de agências de informações, como a IRI e a ACNielsen, em bens de consumo, e a IMS Health, na indústria farmacêutica. Além disso, as estratégias de gerenciamento de dados devem determinar como manipular big data de sites corporativos, mídia social, fluxos de cliques na internet, dados da Internet das Coisas (IoT — *Internet of Things*) e vários outros tipos de dados externos.

Nesse ambiente, a sobrecarga de dados pode ser um grande problema para executivos sob a pressão do tempo. Mas o maior desafio relacionado aos dados com o qual as empresas se deparam são os chamados dados "sujos": informações inconsistentes, fragmentadas e fora de contexto. Até as melhores empresas costumam ter dificuldades para resolver seus problemas com dados. Descobrimos que as empresas que competem usando a análise dedicam uma extraordinária atenção aos processos de gerenciamento de dados e governança. A Capital One, por exemplo, estima que 25% de sua organização de TI trabalha sobre questões envolvendo dados — uma porcentagem excepcionalmente alta em comparação com outras empresas.

Aqueles que investem esforço para dominar o gerenciamento de dados recebem uma compensação significativa. Por exemplo, a GE abordou o problema de múltiplas sobreposições de dados dos fornecedores dentro da empresa. Muitas unidades empresariais e funções tinham suas próprias versões de base de dados de fornecedores de centenas de sistemas de transações, e os mesmos fornecedores eram representados várias vezes, frequentemente, de maneira apenas um pouco diferente. Como resultado, a GE não pôde realizar análise básica para determinar quais fornecedores venderam para múltiplas unidades empresariais, quais fornecedores também eram clientes, e a quantidade de negócios que fez com um fornecedor. Então, ela embarcou em um esforço de usar novas ferramentas de aprendizado de máquina para organizar e integrar os dados dos fornecedores. Após muitos meses, a empresa havia criado uma base de dados de fornecedores integrada, e podia começar a pressionar os vendedores mais ativos por descontos por volume. No geral, a GE estima que esse trabalho levou US$80 milhões em benefícios para a empresa em seu primeiro ano, e ela espera benefícios substancialmente mais altos no futuro. A GE também está trabalhando em dados de clientes e dados de peças usando a mesma abordagem.

Para obter os benefícios da análise, especialistas de TI e negócios devem lidar com as questões de dados por meio da resposta a cinco perguntas:

- *Relevância dos dados:* Quais dados são necessários para competição analítica?
- *Fontes dos dados:* Onde esses dados podem ser obtidos?
- *Quantidade de dados:* Qual é o volume necessário de dados?

- *Qualidade dos dados:* Como os dados podem se tornar mais precisos e valiosos para a análise?
- *Governança de dados:* Quais regras e processos são necessários para gerenciar os dados desde a sua criação até a sua aposentadoria?

Quais Dados São Necessários para Competição Analítica?

A questão por trás dessa é: Quais dados são mais valiosos para a diferenciação competitiva e desempenho do negócio? Para responder, os executivos precisam de uma visão clara da competência distintiva da organização, as atividades que apoiam essa competência e o relacionamento entre os indicadores operacionais e as estratégias da organização e o desempenho do negócio. Muitas das empresas descritas neste livro demonstraram o insight criativo necessário para fazer essas conexões.

Contudo pode ser difícil garantir que os analistas tenham acesso aos dados certos. Algumas vezes, uma nova métrica é necessária: o advento das pontuações de crédito aumentou a eficiência do negócio de empréstimos e financiamentos pela substituição de estimativas qualitativas de capacidade de endividamento do consumidor com uma única métrica comparativa. Mas nem tudo pode ser facilmente reduzido a um número. A classificação de desempenho de um colaborador não fornece uma visão tão completa de seu trabalho ao longo de um ano quanto a avaliação por escrito de um gestor. A situação se complica quando as pessoas que trabalham com negócios e TI culpam umas às outras no momento em que os dados errados são coletados ou os dados certos não estão disponíveis. Estudos, como o levantamento de CIOs conduzido por McDonald e Blosch na Gartner, mostram repetidamente que os executivos de TI acreditam que os gestores de negócios não sabem de quais dados eles precisam.[3] E levantamentos de setores de negócios refletem sua crença de que os executivos de TI não possuem o tino necessário para os negócios a fim de disponibilizarem dados significativos. Apesar de não haver uma solução fácil para esse problema, o início da solução é que líderes de negócios e gestores de TI comprometam-se a trabalhar juntos na questão. Esse problema, de certa forma, foi aliviado em empresas como a Intel e a Procter & Gamble, nas quais analistas quantitativos trabalham próximos aos líderes de negócios. Sem essa cooperação, a capacidade de uma organização de coletar os dados necessários para ser uma empresa analítica está fadada a desaparecer.

Uma questão relacionada que demanda a colaboração entre o pessoal de negócios e de TI é a definição de relacionamentos entre os dados utilizados na análise. Um conhecimento considerável dos negócios é necessário para ajudar a TI a compreender os relacionamentos potenciais entre os dados para a sua organização ideal. A importância dessa atividade pode ser vista em um exemplo envolvendo clientes de serviços de saúde. Do ponto de vista de uma seguradora, pode haver muitos clientes diferentes — clientes corporativos que contratam apólices em nome de seus colaboradores, segurados individuais e membros das famílias dos segurados. Cada pessoa possui um histórico médico e pode ter qualquer número de problemas de saúde ou doenças que requeiram tratamento. A seguradora e a pessoa coberta por uma apólice também podem ter relacionamentos com uma variedade de provedores de serviços, como hospitais, laboratórios e médicos. Um médico pode ser um clínico geral ou um especialista. Alguns médicos trabalharão com alguns hospitais ou seguradoras, mas não com outros. Os indivíduos podem ter apólices de vários prestadores de serviços de saúde — incluindo o governo — que precisam ser coordenadas. Sem um conhecimento prévio da natureza desses relacionamentos, a utilidade dos dados para a análise é extremamente limitada.

Onde Esses Dados Podem Ser Obtidos?

Os dados para a análise e business intelligence se originam de várias fontes, mas o ponto crucial é que eles precisam ser gerenciados por meio de uma infraestrutura que englobe a empresa como um todo. Só assim os dados poderão ser otimizados, consistentes e distribuídos por toda a organização. É fundamental ter aplicativos e dados comuns na empresa, porque isso ajuda a gerar uma "versão consistente da verdade", uma meta essencial para qualquer pessoa que se preocupe com a análise. Apesar da possibilidade de se criar um ambiente como esse por meio da integração ex-post facto e da manipulação de dados de vários sistemas, sugere-se que as empresas atualizem e integrem seus processos e sistemas transacionais antes de se envolver nessa tarefa. Para informações internas, os sistemas empresariais de organização são um ponto de partida lógico. Por exemplo, uma organização que deseja otimizar sua cadeia de fornecimento talvez comece com um aplicativo de planejamento de demanda. No entanto pode ser difícil analisar dados de sistemas de transação (como controle de inventário) porque eles não são definidos ou enquadrados corretamente para decisões de gerenciamento. Sistemas corporativos — aplicações de software integradas que automatizam, relacionam e gerenciam fluxos de informação para processos de negócios, como processamento de pedidos — muitas vezes ajudam as empresas a percorrerem o caminho na direção da competição analítica: fornecem dados consistentes, precisos e atualizados para tarefas, como informe financeiro e otimização da cadeia de suprimentos. Os desenvolvedores de software estão cada vez mais incorporando recursos analíticos em seus sistemas corporativos, para que os usuários possam desenvolver previsões de vendas e modelar soluções alternativas para os seus problemas de negócios. No entanto os dados desses sistemas normalmente não são muito distintos para uma empresa em particular, então precisam ser combinados com outros tipos de dados para ter diferenciação competitiva.

Além dos sistemas corporativos, os computadores pessoais e os servidores de uma organização estão repletos de dados. Bancos de dados, planilhas eletrônicas, apresentações e relatórios são todos fontes de dados. Algumas vezes, essas fontes são armazenadas em um aplicativo integrado de gestão do conhecimento, mas normalmente elas não estão disponíveis para a organização como um todo.

Dados internos cada vez mais também significam dados de sensores da Internet das Coisas (IoT — *Internet of Things*) e dispositivos na "borda" da organização — nos equipamentos de perfuração de campo petrolífero, no dispositivo de ponto de venda de varejo ou no motor da aeronave, por exemplo. O modelo tradicional era enviar todos esses dados a um repositório central para armazená-los e analisá-los. Mas um paradigma alternativo de *edge analytics* ("análise de ponta", em tradução livre) está crescendo em circulação. O rápido crescimento da IoT e de outros dispositivos de ponta que geram dados significa que muitas vezes é impossível enviar tudo à matriz ou à nuvem para análise. Em um campo petrolífero, por exemplo, dados operacionais de equipamento de perfuração (incluindo RPMs de broca, forças de corte, vibração, temperatura e vazão de óleo e água) podem ser usados em tempo real para mudar as estratégias de perfuração. Muitas vezes é impossível enviar todos esses dados a um repositório central. Algumas operações de perfuração já usam análise baseada em microprocessamento para determinar estratégias de perfuração em tempo real. A IoT fará com que as abordagens analíticas baseadas em tecnologia de ponta sejam muito mais comuns no futuro.

Houve uma explosão de dados externos ao longo da última década, muitos deles vindos da internet, das mídias sociais e de provedores externos de dados. Há muito tempo existe a oportunidade de comprar dados de empresas que fornecem informações financeiras e de mercado, dados de crédito ao consumidor e medição de mercado. Governos em todos os níveis são alguns dos maiores provedores de informação (ainda mais desde o movimento "Dados Abertos" ao longo da última década), e sites de empresas nos quais os clientes e fornecedores contribuem são outra poderosa fonte de informação. Dados menos estruturados também podem vir de fontes como e-mail, aplicativos de voz, imagens (mapas e fotos disponíveis na internet), fotografias (de pessoas, produtos e, claro, de gatos) e biometria (identificação de íris e impressão digital). No entanto, quanto mais o tipo de dados for de números e letras padrões, mais difícil será integrá-los a outros dados e analisá-los, embora as tecnologias de *deep learning* tornem o reconhecimento de imagens muito mais rápido e preciso.

Pode ser difícil e caro coletar alguns dados altamente valiosos. (Em alguns casos, isso pode ser até ilegal — por exemplo, informações mais delicadas sobre clientes ou informações sobre novos planos de produtos ou estratégias de precificação dos concorrentes.) Competidores analíticos adotam abordagens inovadoras a fim de obter permissão para a coleta dos dados de que precisam. Como descrevemos no Capítulo 3, o programa Snapshot da Progressive oferece descontos aos clientes que concordam em instalar um dispositivo que coleta dados sobre o seu comportamento ao volante. O ex-CEO Peter Lewis considera essa capacidade como a chave para uma precificação mais precisa e a captação dos clientes mais valiosos: "Trata-se de ser capaz de cobrar pelo que, de fato, ocorre, e não pelo que eles [os clientes] dizem que ocorre. Então, o que acontecerá? Ficamos com todas as pessoas que quase não dirigem e nossos concorrentes ficarão com os clientes de mais alto risco."[4] A Progressive atualmente juntou mais de 16 bilhões de quilômetros de dados de condução de seus clientes, e se tornou a melhor fonte de insights sobre quanto custará o seguro para as empresas.

Qual É o Volume Necessário de Dados?

Além de coletar os dados certos, as empresas precisam coletar muitos desses dados para destilar tendências e prever comportamentos. O que é “muito”? Em 2007, o maior *data warehouse* no mundo era o do Walmart, com mais ou menos 600 terabytes. A coleção impressa da Library of Congress (Biblioteca do Congresso norte-americano) tinha cerca de 20tb.[5]

Felizmente, as tecnologias técnicas para mineração e gestão de grandes volumes de dados estão fazendo enormes avanços. A maior base de dados não são mais armazéns empresariais, mas os *clusters* do Hadoop armazenando dados através de servidores de múltiplas commodities. Os 600 terabytes armazenados pelo Walmart em 2007 cresceram 100 vezes em 2017 para 60 petabytes. Empresas digitais gerenciam dados ainda maiores: os 600 petabytes do Yahoo! estão espalhados por quatro mil servidores do Hadoop. Isso é o equivalente a armazenar cerca de 30 trilhões de páginas. O Yahoo! não é mais um exemplo perfeito de competidor analítico, mas é provável que outras empresas mais bem-sucedidas como o Google e o Facebook possuam volumes similares em seus centros de dados.

Duas possíveis armadilhas devem ser consideradas em relação a essa necessidade de grandes quantidades de dados. Primeiro, as empresas precisam resistir à tentação de coletar todos os dados possíveis “só para o caso de precisarem deles”. Para começar, se os executivos precisarem arrastar-se por montanhas digitais de dados irrelevantes, desistirão e pararão de utilizar as ferramentas à sua disposição. “Nunca jogar dados fora”, que foi defendido por Jeff Bezos da Amazon, pode ser feito, mas os custos excederiam os benefícios. A questão fundamental é, mais uma vez, saber o que impulsiona o valor em uma organização; essa compreensão impedirá que as empresas saiam coletando dados indiscriminadamente.

Uma segunda armadilha relacionada: as empresas devem evitar coletar dados que sejam fáceis de coletar, mas não necessariamente importantes. Muitos executivos de TI defendem essa abordagem porque isso os livra da responsabilidade de especificar quais informações são valiosas para o negócio. Por exemplo, muitas empresas caem na armadilha de fornecer aos gestores dados que se revelam um produto secundário dos sistemas transacionais, por estarem mais prontamente disponíveis. Talvez no futuro as tecnologias que estão surgindo eliminem a necessidade de separar o joio do trigo. Mas, até isso acontecer, a aplicação da inteligência ao processo é necessária para evitar a sobrecarga de dados.

Como Tornamos os Dados Mais Valiosos?

A quantidade sem a qualidade é uma receita para o fracasso. Os executivos estão cientes desse problema: em um levantamento realizado sobre os desafios enfrentados pelas organizações no desenvolvimento de business intelligence, a qualidade estava em segundo lugar, perdendo apenas para as limitações de orçamento.[6] Mesmo os competidores analíticos lutam com o problema da qualidade dos dados.

Organizações tendem a armazenar seus dados em silos funcionais de paredes grossas. Como resultado, os dados são mantidos, geralmente, em uma bagunça. Para a maioria das organizações, definições divergentes de elementos centrais dos dados, como cliente ou produto, são acrescentadas à confusão. Quando a Canadian Tire Corporation, por exemplo, se preparou para criar uma estrutura para os seus dados, descobriu que o data warehouse da empresa poderia gerar até seis números diferentes para os níveis de estoque. Outros dados nem chegavam a estar disponíveis, como a comparação de vendas para certos produtos em suas mais de 450 lojas por todo o Canadá. Ao longo de vários anos, a empresa criou um plano para coletar novos dados que se adequavam às suas necessidades analíticas.[7]

Várias características aumentam o valor dos dados:

- *Eles são corretos.* Apesar de algumas análises poderem ser conduzidas com números aproximados e outras requererem a precisão de vários pontos decimais, todas devem receber dados que passem pelo teste de credibilidade das pessoas que os revisam.
- *Eles são completos.* A definição de "completo" varia de acordo com o que a empresa estiver vendendo — se é cimento, cartões de crédito, quartos de hotel e assim por diante —, mas essa característica de completude sempre estará estreitamente relacionada à competência distintiva da organização.
- *Eles são atuais.* Novamente, a definição de "atual" pode variar; para alguns problemas de negócios, como uma grande emergência médica, os dados devem estar disponíveis instantaneamente, a

fim de alocar ambulâncias e pessoal de emergência em tempo real (também conhecido como latência zero); para a maioria das outras decisões de negócios, como previsão do orçamento, eles só precisam ser atualizados periodicamente — diária, semanal ou mensalmente.

- *Eles são consistentes.* Para ajudar os tomadores de decisões a pararem de argumentar sobre quais dados são corretos, a padronização e as definições comuns devem ser aplicadas a eles. A eliminação de dados redundantes reduz as chances de utilizar dados inconsistentes ou obsoletos.
- *Eles são contextualizados.* Quando os dados são enriquecidos com *metadados* (normalmente definidos como dados sobre os dados), seu significado e como eles podem ser utilizados se tornam claros.
- *Eles são controlados.* Para se adequar aos requisitos dos negócios, legais e regulamentares de segurança, privacidade e "auditabilidade", os dados devem ser rigorosamente supervisionados.
- *Eles são analisados.* A análise é o principal meio de adicionar valor aos dados, e até mesmo criar produtos e gerar receita com eles.[8] Os insights são sempre mais valiosos do que dados crus, o que é um dos principais temas deste livro.

Quais Regras e Processos São Necessários para Gerenciar os Dados Desde a Sua Coleta até a Sua Aposentadoria?

Cada estágio do ciclo de vida do gerenciamento de dados apresenta desafios distintos de gestão e técnicos que podem ter um impacto significativo na capacidade de uma organização competir com a análise.[9] Perceba que este é um processo tradicional de gerenciamento de dados; uma organização que busca criar "análise de ponta" terá que fazer versões altamente resumidas dessas tarefas.

- *Coleta dos dados.* O primeiro passo é a criação ou a coleta dos dados. Para as informações internas, os gestores de TI devem trabalhar em estreito contato com os líderes do processo de negócios. As metas incluem definir quais dados são necessários e qual é a melhor forma de integrar o sistema de TI com os processos de negócios, a fim de coletar bons dados na fonte.

- *Limpeza dos dados.* A detecção e a remoção de dados obsoletos, incorretos, incompletos ou redundantes são as atividades mais importantes, dispendiosas e que demandam mais tempo em qualquer iniciativa de tecnologia de business intelligence. Estimamos que entre 25% e 30% das iniciativas analíticas geralmente vão para a limpeza inicial de dados. A função da TI é definir métodos e sistemas para coletar, organizar, processar e manter as informações, mas a limpeza dos dados é de responsabilidade de todos que os geram ou os utilizam. A limpeza, integração e curadoria de dados podem ser cada vez mais auxiliadas por novas ferramentas, incluindo aprendizado de máquina e crowdsourcing.[10]

- *Organização e armazenamento dos dados.* Uma vez que os dados foram coletados e limpos, os processos de sistematicamente extraí-los, integrá-los e sintetizá-los devem ser definidos. Os dados devem então ser colocados no repositório e no formato corretos, de modo que estejam prontos para a utilização (veja a discussão sobre os repositórios neste capítulo). Algumas tecnologias de armazenamento requerem substancialmente mais organização do que outros.

- *Manutenção dos dados.* Depois que um repositório é criado e "povoado", os gestores devem decidir como e quando ele será alimentado com os dados. Eles devem criar procedimentos para garantir a privacidade, a segurança e a integridade dos dados (proteção contra corrupção ou perda em virtude de erro humano, vírus ou panes no hardware). Diretrizes e processos também têm de ser desenvolvidos para determinar quando e como os dados que não são mais necessários serão salvos, arquivados ou eliminados. Algumas empresas analíticas estimam ter gasto US$500 mil em manutenção contínua para cada US$1 milhão gasto no desenvolvimento de novas capacidades técnicas orientadas analiticamente. No entanto acreditamos que esse custo esteja caindo com novas tecnologias como o Hadoop e data lakes.

Depois de uma organização ter lidado com as questões de gerenciamento de dados, o próximo passo é determinar as tecnologias e os processos necessários para coletar, manipular e carregar dados em um data warehouse, cluster do Hadoop ou data lake.

Processos e Ferramentas de Manipulação

Historicamente, para que os dados possam ser utilizados pelos gestores em um data warehouse, eles devem antes passar por um processo conhecido no linguajar da TI como ETL, uma sigla de extract, transform, and load, ou extrair, manipular e carregar. Ele precisou ser colocado em um formato relacional, que armazena dados em tabelas estruturadas de linhas e colunas. No entanto, atualmente, novas tecnologias de armazenamento, como o Hadoop, permitem armazenamento em virtualmente qualquer formato de dados. Os *data lakes* podem ser baseados no Hadoop ou em outras tecnologias subjacentes, e o conceito formaliza a ideia de armazenar dados em seu formato original. Eles são particularmente úteis para armazenar dados antes que a organização saiba o que vai fazer com eles. No entanto, para analisar dados estatisticamente, eles precisam ser eventualmente colocados em um formato mais estruturado — tipicamente fileiras e colunas. A tarefa de colocar os dados nesse formato, tanto para um *data warehouse* quanto para um programa estatístico, pode ser um desafio para dados desestruturados.

Apesar de as tarefas de extrair os dados de sua fonte e carregá-los em um repositório serem relativamente diretas, a limpeza e a manipulação dos dados representam uma tarefa maior. Para fazer com que os dados em um data warehouse estejam prontos para a tomada de decisões, antes é necessário limpá-los e validá-los utilizando regras de negócios que recorrem a ferramentas de limpeza de dados, como o Trillium ou o Talend, que também estão disponíveis em várias grandes empresas como a IBM, Oracle ou SAS. Por exemplo, uma regra simples pode ser ter um código postal completo para todos os endereços nos EUA. Os procedimentos de manipulação definem a lógica dos negócios que mapeia os dados de sua fonte até o seu destino. Os gestores tanto de negócios quanto de TI devem dedicar esforços consideráveis para transformar os dados em informações utilizáveis. Apesar de ferramentas automatizadas de desenvolvedores de software como a Informatica Corporation, a Ab Initio Software

Corporation e a Ascential Software poderem facilitar esse processo, um esforço manual considerável ainda é necessário. O CEO da Informatica, Sohaib Abbasi, estima que "para cada dólar gasto em tecnologia de integração, cerca de 7 ou 8 são gastos em mão de obra [para a codificação manual dos dados]".[11]

A manipulação também exige a padronização de definições de dados a fim de se certificar de que os conceitos de negócios possuam definições consistentes e comparáveis em toda a organização. Por exemplo, um "cliente" pode ser definido como uma empresa em um sistema, mas como a pessoa que faz o pedido em outro. Essa tarefa também exige que os gestores decidam o que fazer em relação aos dados faltantes. Algumas vezes, é possível preencher as lacunas utilizando dados inferidos ou projeções com base em dados disponíveis; outras vezes, eles simplesmente continuam faltando e não podem ser utilizados para a análise. Essas tarefas mundanas, porém críticas, requerem um esforço contínuo, porque novas questões parecem surgir constantemente.

Algumas dessas tarefas de padronização e integração podem, cada vez mais, ser executadas por sistemas automatizados de aprendizado de máquina. Empresas como Tamr (na qual Tom é consultor) e Trifacta trabalham com dados para identificar prováveis sobreposições e redundâncias. A Tamr, por exemplo, trabalhou com a GE no caso que descrevemos anteriormente neste capítulo, para criar uma versão única de dados de fornecedores do que era originalmente uma sobreposição de muitas fontes diferentes em todas as unidades empresariais. O projeto foi realizado ao longo de alguns meses — muito mais rápido do que com abordagens tradicionais de intenso trabalho. A GE atualmente está trabalhando com as mesmas ferramentas para consolidar dados de clientes e produtos.

Para big data desestruturada, a transformação é tipicamente realizada utilizando ferramentas de código aberto como Pig, Hive e Python. Essas ferramentas requerem a habilidade de programação de cientistas de dados, mas podem ser mais flexíveis do que as soluções de transformação de pacotes.

Repositórios

As organizações têm várias opções para organizar e armazenar seus dados analíticos:

- *Data warehouses* são bancos de dados que contêm dados integrados de diferentes fontes e são regularmente atualizados. Eles contêm dados históricos para facilitar a análise do desempenho do negócio ao longo do tempo. Eles também podem conter "data cube" (matriz multidimensional de valores, comumente usada para descrever uma série temporal de dados de imagem) pré-encomendado permitindo a fácil — mas limitada — análise de analistas não profissionais. Um data warehouse pode ser um módulo de um sistema corporativo ou um banco de dados independente. Algumas empresas também empregam um banco de dados de transição para preparar os dados de muitas fontes diferentes para o data warehouse.

- Um *data mart* pode se referir a um repositório separado ou a uma seção particionada do *data warehouse* geral. Os *data marts* em geral são utilizados para apoiar uma única função ou processo de negócios e normalmente contêm algumas análises predeterminadas, de forma que os gestores possam independentemente rodar análises de dados complexos sem a necessidade de ter conhecimentos especializados em estatística. Algumas empresas que inicialmente não viam a necessidade de um *data warehouse* separado criaram uma série de *data marts* independentes ou modelos analíticos que exploravam diretamente os dados. Uma grande empresa química, por exemplo, dispunha de 16 *data marts.* Hoje em dia, raramente essa abordagem é utilizada, porque isso resulta na balcanização dos dados e cria problemas de manutenção para o departamento de TI. Assim, os data marts devem ser utilizados somente se os seus desenvolvedores estiverem certos de que um conjunto mais amplo de dados jamais será necessário para a análise.

- Um *repositório de metadados* contém informações técnicas e definições de dados, incluindo informações sobre a fonte, como elas são calculadas, informações bibliográficas e a unidade de mensuração. Ele pode incluir informações sobre a confiabilidade e a exatidão dos dados, além de instruções sobre como os dados deveriam ser aplicados. Um repositório de metadados comum utilizado por todas as aplicações analíticas é fundamental para assegurar a consistência dos dados. A consolidação de todas as informações necessárias para a limpeza dos dados em um único repositório reduz significativamente o tempo necessário de manutenção.

- *Estruturas de dados distribuídas de código aberto* como o Hadoop e o Spark (ambos distribuídos pela Apache Foundation) permitem o armazenamento de dados em qualquer formato e tipicamente com um valor substancialmente mais baixo do que o armazém ou *mart* tradicional. No entanto eles podem não ter alguns dos controles simultâneos de usuários e segurança que um armazém empresarial emprega, e eles geralmente exigem um nível mais alto de conhecimento técnico e de programação para serem usados. Uma empresa, a True Car, Inc., armazena grandes quantidades de dados (muitos petabytes) de veículos para venda e seus atributos e precificação. Ao converter sua arquitetura de armazenamento, fez uma comparação de custos entre o Hadoop e um *data warehouse* corporativo. Ela descobriu que o custo anterior para armazenar um gigabyte de dados (incluindo hardware, software e suporte) por um mês em um *data warehouse* era de US$19. Usando o Hadoop, a TrueCar paga US$0,23 por mês por gigabyte para hardware, software e suporte. Esse diferencial de custo de duas ordens de magnitude tem atraído muitas organizações. Também podem haver melhoras na performance com essas ferramentas, embora elas tendam a ser menos dramáticas do que o diferencial de custo.

- Um *data lake* emprega Apache Hadoop, Apache Spark ou alguma outra tecnologia (geralmente de código aberto) para armazenar dados em seu formato original. Os dados depois são estruturados conforme são acessados no *data lake* e analisados. É um conceito mais formalizado do uso dessas ferramentas de código aberto. Vendedores tradicionais de gerenciamento de dados, como a Informatica, assim como startups, como a Podium Data, começaram a fornecer ferramentas de gerenciamento de *data lakes*.

Uma vez que os dados estiverem organizados e prontos, as tecnologias e os aplicativos analíticos necessários devem ser definidos.

Aplicativos e Ferramentas Analíticas

Escolher os aplicativos ou as ferramentas certas para uma determinada decisão depende de vários fatores. A primeira tarefa é definir a extensão e a profundidade da incorporação do processo decisório nos processos de negócios. Deve haver uma pessoa para revisar os dados e as análises e tomar uma decisão, ou a decisão deve ser automatizada e incorporada ao processo natural do fluxo de trabalho? Com a ascensão da *computação cognitiva*, ou da inteligência artificial, ao longo da última década, existem várias tecnologias que conseguem analisar dados, estruturar o fluxo de trabalho, alcançar vários sistemas de computador, tomar decisões, tomar providências e até aprender com o tempo.[12] Algumas delas são baseadas na análise e em estatísticas; outras contam com tecnologias antigas como mecanismos de regras, tecnologia de streaming de eventos, e suportam processos de fluxos de trabalho. Abordamos a questão do ponto de vista humano no Capítulo 7.

A próxima decisão é utilizar ou não um aplicativo terceirizado ou criar uma solução customizada. Um número cada vez maior de aplicativos específicos para o setor ou a função, como modelos de estimativa de capital, de precificação de financiamentos e antilavagem de dinheiro, está disponível hoje em dia. Essas soluções são uma grande parte do negócio de empresas de software de análise, como a SAS. Desenvolvedores de sistemas corporativos como a Oracle, a SAP e a Microsoft estão construindo mais (e mais sofisticados) aplicativos analíticos em seus produtos. De acordo com a IDC, projetos que implementam um pacote de software analítico geram um retorno sobre o investimento médio de 140%, enquanto o desenvolvimento customizado que utiliza ferramentas analíticas gera um retorno sobre o investimento médio de 104%. A decisão de "criar ou comprar" depende da existência de um pacote de soluções no mercado ou do nível de habilidade necessário existente na organização.[13] Algumas outras organizações de pesquisa encontraram retornos ainda maiores de aplicativos analíticos; a Nucleus Research, por exemplo, demonstrou em 2014 que projetos analíticos renderam US$13,01 para cada dólar gasto.[14]

Mas também existem várias ferramentas poderosas para a análise de dados que permitem que as organizações desenvolvam suas próprias análises (veja os quadros "Tecnologias Analíticas" e "A Equifax Evolui Sua Arquitetura Analítica"). Grandes desenvolvedores, como a

SAS, a IBM e a SAP oferecem pacotes que consistem em ferramentas e aplicativos integrados, assim como muitas soluções para funções industriais específicas. As ferramentas de código aberto R e RapidMiner foram os pacotes analíticos que mais cresceram nos últimos anos.[15] Algumas ferramentas são projetadas para segmentar ou exibir visões predeterminadas dos dados, enquanto outras são mais sofisticadas em termos estatísticos. Algumas ferramentas podem acomodar vários tipos de dados, enquanto outras são mais limitadas (a dados altamente estruturados ou análises textuais, por exemplo). Algumas ferramentas conduzem inferências de dados históricos, enquanto outras foram projetadas para buscar novas tendências ou relações. Algumas linguagens de programação, como Python, são cada vez mais utilizadas para análises estatísticas e permitem grande flexibilidade enquanto, geralmente, requerem mais experiência e esforço do analista.

Independentemente de utilizar uma solução customizada ou um aplicativo padrão, a TI de uma empresa deve acomodar várias ferramentas para diferentes tipos de análise de dados (veja o quadro "Tecnologias Analíticas" para ferramentas analíticas existentes e em desenvolvimento). Naturalmente, os colaboradores tendem a preferir produtos já conhecidos, como uma planilha eletrônica, mesmo se a ferramenta não for a mais adequada para a análise a ser feita.

Outro problema é o fato de que não ter uma arquitetura geral para guiar a seleção de ferramentas pode resultar em uma proliferação tecnológica excessiva. Em uma pesquisa de 2015, respondentes de grandes organizações relataram que suas organizações de marketing têm uma média de mais de 12 ferramentas analíticas e de gestão de dados para marketing movido por dados.[18] E, presumivelmente, existem muitas outras ferramentas sendo utilizadas por outras funções empresariais dentro das empresas. Até mesmo competidores analíticos bem gerenciados geralmente possuem um grande número de ferramentas de software. No passado, isso provavelmente era necessário porque diferentes vendedores possuíam diferentes capacidades — um poderia ter foco em relatórios financeiros, outro em questões ad hoc, e ainda outro em análise estatística. Apesar de ainda existirem variações entre vendedores, os fornecedores líderes começaram a oferecer business intelligence adaptada com capacidades mais fortes e mais integradas.

TECNOLOGIAS ANALÍTICAS

Os executivos de organizações que estejam planejando se tornar competidoras analíticas devem se familiarizar com as principais categorias de ferramentas analíticas:

- **Planilhas eletrônicas**, como o Microsoft Excel, são as ferramentas analíticas mais comuns, por serem fáceis de utilizar e refletirem os modelos mentais do usuário. Os gestores e analistas as utilizam no "trecho final" da análise — o estágio imediatamente anterior à apresentação dos dados na forma de um relatório ou gráfico para os tomadores de decisões. Mas muitos usuários tentam utilizar as planilhas eletrônicas com a finalidade de executar tarefas às quais essas ferramentas não são adequadas, levando a erros ou a conclusões incorretas. Mesmo quando utilizadas adequadamente, as planilhas são passíveis de erro humano; mais de 20% das planilhas apresentam erros e até 5% de todas as células calculadas estão incorretas.[16] Para minimizar esses erros, os gestores precisam insistir para que as análises sempre comecem com dados precisos e validados e que os usuários das planilhas possuam as habilidades e os conhecimentos necessários para desenvolver modelos.

- Os **processadores analíticos online** são geralmente conhecidos por sua abreviatura, OLAP (online analytical processing), e utilizados para decisões e análises semiestruturadas. Apesar de um sistema de gestão de banco de dados relacional (relational database management systems ou RDBMS) — no qual os dados são armazenados em tabelas relacionais — ser uma forma altamente eficiente de organizar os dados em sistemas transacionais, a ferramenta não é particularmente eficiente no que se refere à análise de dados estruturados em uma ou mais dimensões (os dados que são organizados em células, como em uma planilha), como no caso de um histórico. As ferramentas OLAP são desenvolvidas especificamente para solucionar problemas multidimensionais e baseados em tabelas. Elas organizam os dados em "cubos de dados", a fim de permitir a análise ao longo do tempo, geografia, linhas de produtos e assim por diante. Os cubos de dados são simplesmente coleções de dados em três ou mais variáveis pré-estruturadas para relatórios e análises; pode-se pensar neles como planilhas multidimensionais.

  Apesar de os programas de planilhas eletrônicas, como o Excel, possuírem um máximo de três dimensões (para baixo, cruzada e páginas da planilha), os modelos OLAP podem ter sete ou mais. Como resultado, eles requerem habilidades especiais para serem desenvolvidos, apesar de poderem ser criados por "usuários avançados" que possuam familiaridade com seus recursos. Diferentemente das planilhas tradicionais, as ferramentas OLAP devem lidar com a proliferação de dados. De outra forma, os modelos rapidamente ficarão pesados demais. BusinessObjects da SAP e Cognos da IBM estão entre os principais desenvolvedores dessa categoria.

- **Apresentação de dados.** As ferramentas OLAP já foram a principal maneira de criar apresentação de dados e relatórios, mas uma nova geração de ferramentas mais fáceis de usar e que podem operar em um conjunto de dados inteiro (não apenas um cubo de dados) surgiu e ganhou popularidade substancial. As mais populares nessa categoria são a Tableau e a QlikView; antigos vendedores como a Microsoft, a MicroStrategy e a SAS também participam da competição.
- **Algoritmos estatísticos ou quantitativos** permitem que gestores analiticamente sofisticados ou estatísticos analisem os dados. Os algoritmos processam dados quantitativos para atingir um alvo ideal, como um preço ou uma quantia para empréstimo. Na década de 1970, empresas como a SAS e a SPSS (agora parte da IBM) lançaram pacotes de aplicativos que tornavam a estatística muito mais acessível. Algoritmos estatísticos também abrangem aplicativos de modelagem preditiva, otimização e simulações. A SAS continua líder de softwares analíticos proprietários; R e RapidMiner emergiram como líderes do mercado de código aberto.
- **Mecanismos de regras** processam uma série de regras de negócios que utilizam instruções condicionais para lidar com questões lógicas — por exemplo, "se o requerente de uma apólice de seguro para motocicleta for do sexo masculino, abaixo dos 25 anos e não tiver casa própria ou ensino superior completo, não emita a apólice". Os mecanismos de regras podem integrar um aplicativo maior e automatizado ou fornecer recomendações aos usuários que tenham de tomar um tipo específico de decisões. FICO, IBM's Operational Decision Manager e Pegasystems Inc. são alguns dos principais desenvolvedores de mecanismos de regras para negócios.
- **O aprendizado de máquina** e outras tecnologias cognitivas que podem aprender através dos dados com o tempo substituíram um pouco em popularidade os motores de regras. Isso inclui várias tecnologias, como aprendizado de máquina, redes neurais e deep learning (o último é mais complexo do que o anterior, com mais camadas de variáveis explicativas), processamento e geração de linguagem natural e suas combinações, como o Watson, da IBM. Eles são, ambos, mais complexos de desenvolver e menos transparentes para entender sistemas baseados em regras, mas a habilidade de aprender com novos dados e melhorar sua performance analítica com o tempo é uma vantagem poderosa.
- **Ferramentas de *data mining*** (algumas das quais utilizam aprendizado de máquina) fazem uso de técnicas variando entre computação aritmética direta a inteligência artificial, estatísticas, árvores de decisão, redes neurais e teoria de redes bayesianas. Seu objetivo é identificar padrões em conjuntos de dados complexos e mal definidos. A Sprint e outras operadoras sem fio, por exemplo, utilizam tecnologia analítica neural para prever quais clientes tendem a trocar de operadora de serviços sem fio e levar seus números de telefone existentes consigo. A SAS e a IBM oferecem recursos tanto de data mining quanto de text mining e são dois dos principais desenvolvedores em ambas as categorias. O R e o RapidMiner oferecem alternativas de código aberto.

(continua)

- **As ferramentas de *text mining*** podem ajudar os gestores a identificarem rapidamente tendências emergentes quase em tempo real. Os spiders, ou data crawlers, que identificam e contam palavras e frases em sites, são um exemplo simples do text mining. As ferramentas de text mining podem ter um valor inestimável ao indicar novas tendências ou relações. Por exemplo, ao monitorar blogs de usuários técnicos, um desenvolvedor pode saber que um novo produto apresenta um defeito dentro de horas após a expedição, em vez de esperar que as reclamações comecem a chegar dos clientes. Outros produtos de text mining são capazes de reconhecer referências a pessoas, lugares, objetos ou tópicos e utilizar essas informações para traçar inferências sobre o comportamento dos concorrentes.
- **Categorização de texto** é o processo de utilizar modelos estatísticos ou regras para ranquear a relevância de documentos para um certo tópico. Por exemplo, a categorização de texto pode ser usada para avaliar dinamicamente a seleção de produtos dos concorrentes em seus sites.
- **Ferramentas de processamento de linguagem natural** vão além da mineração e categorização de texto para entender a linguagem e até mesmo responder a questões humanas; elas talvez empreguem análise semântica, análise estatística, ou alguma combinação das duas. A geração de *linguagem natural* cria textos para contextos como relatórios de esportes, relatórios de ganhos de negócios e relatórios de investimento em serviços financeiros.
- **Streaming de eventos** não é, estritamente falando, uma tecnologia analítica, mas está cada vez mais sendo combinada com a análise para apoiar processos inteligentes em tempo real. A ideia de analisar dados conforme eles chegam — normalmente de aplicações volumosas e rápidas como a Internet das Coisas. Normalmente, o objetivo não é realizar análises avançadas dos dados, mas sim "curá-los" — o que talvez envolva filtragem, combinações, transformações, ou redirecionamento. Essa abordagem também foi empregada ao longo de uma década ou mais em dados de rápida mudança no setor de serviços financeiros.
- **Ferramentas de simulação** modelam processos de negócios com um conjunto de funções simbólicas, matemáticas, científicas, de engenharia e financeiras. De forma similar à como os sistemas de projeto auxiliado por computador (computer-aided design — CAD) são utilizados por engenheiros para modelar o projeto de um novo produto, as ferramentas de simulação são utilizadas em engenharia, P&D e um número surpreendente de outras aplicações. Por exemplo, as simulações podem ser utilizadas como um recurso de treinamento para ajudar os usuários a compreenderem as implicações de uma mudança em um processo de negócios. Elas também podem ser utilizadas para ajudar a agilizar o fluxo de informações ou de produtos — por exemplo, podem ajudar os colaboradores de organizações de saúde a decidirem aonde enviar os órgãos doados de acordo com critérios que variam de tipo sanguíneo a limitações geográficas.

- **Análise digital ou de web** é uma categoria de ferramentas analíticas especificamente para gerenciar e analisar dados online e de e-commerce. A maior parte da análise da web é descritiva — dizer aos gerentes de sites quantos visitantes únicos chegaram a um site, quanto tempo gastaram nele, qual porcentagem de visitas levou a conversões e assim por diante. Algumas ferramentas analíticas de web permitem testes *A/B* — comparações estatísticas sobre qual versão de um site consegue mais cliques ou conversões. A análise de web tem sido em grande parte um mundo em si mesma no panorama da análise organizacional, mas está sendo lentamente integrada ao grupo maior de analistas quantitativos.[17] Outra categoria relacionada de ferramentas analíticas são focadas em análise de mídias sociais — não apenas contando atividades sociais, mas também avaliando o sentimento positivo ou negativo associado a elas.

Existe também o questionamento de construir e hospedar o aplicativo analítico no local ou usar a "análise como um aplicativo de serviço" na nuvem. Em outros tipos de TI, a resposta é cada vez mais a última. Vendedores de software líderes estão abraçando essa tendência desagregando suas ferramentas analíticas em "serviços microanalíticos" que realizam uma técnica analítica em particular. Executivos da SAS, por exemplo, relatam que um caminho em crescimento para acessar os algoritmos e técnicas estatísticas dos vendedores é através de interface de programa de aplicações de código aberto, ou APIs (*application program interfaces*, no original). Isso torna possível combinar análise com outros tipos de serviços transacionais e de gestão de dados em um aplicativo integrado.

Apresentação de Dados

Pelo fato de uma análise só ter valor se houver uma ação em relação a ela, os competidores analíticos devem dar poderes a seu pessoal para compartilhar seus insights com os outros por meio de ferramentas de relatórios, scorecards e portais. As ferramentas de apresentação devem permitir aos usuários criarem relatórios específicos, visualizarem interativamente dados complexos e serem alertados acerca de exceções por meio de várias ferramentas de comunicação (como e-mail, mensagens ou pagers), além de compartilharem dados de forma colaborativa. (Desenvolvedores como SAP, IBM, SAS, Microsoft e Oracle vendem pacotes que incluem apresentação de dados e soluções de relatórios.) Aplicativos analíticos não customizados geralmente possuem uma interface a ser utilizada pelos trabalhadores da informação, gestores e analistas. Mas, para análises customizadas, as ferramentas de apresentação determinam como as diferentes categorias de indivíduos podem utilizar os dados. Por exemplo, um estatístico pode acessar diretamente um modelo estatístico, mas a maioria dos gestores hesitaria em fazer isso. A atual geração de ferramentas analíticas visuais — de novos desenvolvedores como a Tableau e a Qlik e de fornecedores de análises tradicionais como a SAS — permite a manipulação de dados e análises por meio de uma interface visual intuitiva. Um gerente, por exemplo, poderia olhar uma série de dados, excluir valores discrepantes e computar uma linha de regressão que correspondesse aos dados — tudo isso sem a necessidade de conhecimentos estatísticos.

Porque permitem a exploração dos dados sem o risco de alterar acidentalmente o modelo subjacente, as ferramentas analíticas visuais ampliam a população de usuários que podem empregar análises sofisticadas. Ao longo dos últimos, elas tornaram a "análise para as massas" muito mais uma realidade do que um slogan. Na Vertex Pharmaceuticals, por exemplo, o CIO de muito tempo, Steve Schmidt (atualmente um empresário de análise de dispositivos médicos), estima que somente 5% de seus usuários têm como fazer a utilização eficaz de ferramentas algorítmicas, mas outros 15% podem manipular a análise visual. Nossa suposição é que o percentual de potenciais usuários analíticos visuais cresceu dramaticamente com a disponibilidade dessas novas ferramentas.

A EQUIFAX EVOLUI SUA ARQUITETURA ANALÍTICA

Em 2010, Tom foi consultor da Equifax, um provedor líder de informações financeiras e de crédito do consumidor, em uma pesquisa sobre as capacidades analíticas da empresa. O CEO da empresa na época, e que o é até hoje, Rick Smith, um defensor da competição analítica, não tinha certeza de que as capacidades necessárias estavam presentes em sua empresa. A pesquisa descobriu que uma barreira principal para o sucesso da Equifax era o fato de que as atividades analíticas levavam muito tempo para serem completadas por causa de problemas organizacionais e relacionados a dados. A empresa possuía o pacote estatístico SAS, mas a falta de um *data warehouse* empresarial tornou difícil reunir diferentes tipos de dados no tempo necessário. Existiam bolsões de forte capacidade analítica, mas a empresa não abordava a análise como um recurso empresarial. A pesquisa também recomendou a criação do papel de *chief analytics officer*.

Agora, sete anos depois, o clima e a capacidade para análise mudaram completamente. Prasanna Dhore possui o cargo da empresa de *chief data and analytics officer* (ele participou de nosso estudo de 2006 de "Competição Analítica" em uma empresa diferente). Peter Maynard, que chegou na Equifax da Capital One (outra pioneira da competição analítica) é o vice-presidente sênior da Global Analytics. Ele nos disse que tanto a tecnologia quanto a velocidade com a qual a análise é conduzida sofreram grandes mudanças com a liderança de Prasanna e o investimento em infraestrutura feito pela Equifax.

Um grande componente da mudança foi a troca para um *data lake* baseado no Hadoop, que permite que a Equifax armazene e reúna múltiplos tipos de dados com facilidade e baixo custo. A empresa usa a plataforma SAS de alta performance analítica para conseguir o valor máximo a partir dos dados que estão no Hadoop.

Maynard nota que essa arquitetura em memória acelerou dramaticamente a velocidade da análise na Equifax:

> Nós saímos da criação de um modelo utilizando dados de um mês de crédito do consumidor para dois anos, e estamos sempre analisando os dados que foram tendência ao longo do tempo. Nós temos um modelo de redes neurais que observa todos os dados e identifica tendências no histórico de crédito do consumidor. Sempre que introduzimos novos dados e variáveis no modelo, nós precisamos determinar como eles afetam a tendência. Costumava levar mais um menos um mês para avaliar uma nova fonte de dados, mas agora são apenas alguns dias, por causa do nosso ambiente analítico muito mais rápido.

Maynard afirmou que o modelo de redes neurais foi desenvolvido usando a oferta da SAS's Enterprise Miner. Este é um modelo complexo porque necessita de uma série de *"reason codes"* que ajudam a explicar decisões de crédito específica para consumidores.

A arquitetura de tecnologia analítica da Equifax também criou espaço para ferramentas de código aberto como a R e a Python. Recém-graduados em seus grupos de ciência de dados gostam delas, aponta Maynard, mas ele diz que a Equifax possui muitos modelos SAS e códigos já existentes, e muitos cientistas de dados e analistas quantitativos estão confortáveis com eles. Maynard também está considerando trocar para análise de streaming da SAS para ainda mais velocidade e empregar o modelo SAS de gerenciamento de risco para modelos de governança e avaliação em progresso.

Maynard e seus colegas regularmente comparecem a eventos da SAS e visitam a matriz da empresa em Cary, na Carolina do Norte, para briefings e discussões. Os líderes analíticos da Equifax fizeram grandes mudanças em suas abordagens analíticas e eles estavam satisfeitos pelas ofertas da SAS também estarem mudando junto com eles.

Processos Operacionais

Esse elemento da arquitetura analítica responde a perguntas sobre como a organização cria, gerencia, implementa e mantém dados e aplicativos. Ótimos algoritmos possuem pouco valor a não ser que sejam implementados efetivamente. Os processos operacionais também focam como um conjunto padrão de ferramentas e tecnologias aprovadas é utilizado para assegurar a confiabilidade, a flexibilidade e a segurança do ambiente de TI. Normas, políticas e processos também têm de ser definidos e executados em toda a organização. Talvez existam vezes em que uma função em particular ou uma unidade empresarial precisará de sua própria tecnologia analítica, mas, no geral, a tecnologia gerenciada e coordenada de forma centralizada é um sinal de maturidade analítica. Algumas empresas estão começando a usar "plataformas" estruturadas para gerenciar o processo de implantação. Uma empresa, a FICO, possui uma plataforma de implantação e discute a questão da implantação como gestão "da cadeia analítica de suprimentos".[19]

Questões operacionais de último estágio, como privacidade e segurança, bem como a possibilidade de arquivar e auditar os dados, são de importância crítica para garantir a integridade dos dados. Trata-se de uma questão de negócios, além de uma questão técnica, porque erros de privacidade e segurança (por exemplo, se os dados do cartão de crédito de um cliente forem roubados) podem ter consequências terríveis. Uma das consequências dos novos requisitos regulamentares e legais é que os executivos podem ser considerados criminalmente negligentes se não estabelecerem procedimentos para documentar e demonstrar a veracidade dos dados utilizados nas decisões de negócios.

Conclusão

Para a maioria das organizações, uma abordagem no âmbito de toda a empresa para o gerenciamento de dados e análises representará um grande salto em relação às práticas atuais; muitas vezes vista como uma atividade "renegada". Mas papéis analíticos centralizados — um *chief data and analytics officer*, por exemplo — e algum nível de coordenação central são sinais de que a empresa está indo bem na análise. Ao definir princípios norteadores da arquitetura analítica, a alta administração pode ajudar a equipe de arquitetura de TI a planejar um ambiente técnico robusto. Esses princípios podem ajudar a assegurar que as decisões de arquitetura estejam alinhadas com a estratégia de negócios, a cultura corporativa e o estilo de gestão.[20] Para que isso seja possível, a alta gestão deve se comprometer com o processo. Ao trabalhar com a TI, os gerentes seniores devem definir e assegurar a execução de políticas abrangentes de gerenciamento de dados, incluindo padrões para os dados e consistência em sua definição. Eles devem se comprometer com a criação e a utilização de dados de alta qualidade — ambos, big data e small data — que sejam flexíveis, integrados, bem documentados, consistentes e padronizados. E devem enfatizar que a arquitetura de business intelligence deve ser flexível e capaz de se adaptar a mudanças nas necessidades e no objetivo dos negócios. Uma arquitetura rígida não atenderá as necessidades dos negócios em um ambiente de rápidas mudanças. Levando em conta o quanto o mundo da tecnologia analítica mudou na última década, é provável que esse campo não ficará estático ao longo da próxima década.

CAPÍTULO NOVE

O FUTURO DA COMPETIÇÃO ANALÍTICA

ABORDAGENS ORIENTADAS POR TECNOLOGIA, FATORES HUMANOS E ESTRATÉGIA DE NEGÓCIOS

AO LONGO DESTE LIVRO, DESCREVEMOS, EM LINHAS GERAIS, A SITUAÇÃO atual da competição analítica. Em muitos casos, os competidores analíticos que identificamos estão à frente de seus setores em termos de sofisticação e práticas progressistas e, assim, são líderes que estabelecem tendências para o futuro. Neste capítulo de conclusão, tentamos imaginar o que os competidores analíticos do futuro farão de forma diferente.

Como observou William Gibson, o futuro já está aqui, mas distribuído de forma desigual. Já vimos empresas líderes começando a adotar as abordagens descritas mais adiante neste capítulo e acreditamos que elas se tornarão mais comuns e mais refinadas. Como a maioria das pessoas que fazem prognósticos para o futuro, prevemos um maior desenvolvimento e utilização de tudo sobre o que falamos até agora: mais empresas escolhendo competir com a análise, na forma de competência distintiva, mais empresas aprendendo com esses competidores analíticos a se tornar mais analíticas, e empresas analíticas empregando a análise em diversas áreas de seus negócios. Em outros casos, ainda não sabemos de ninguém que utilize uma prática específica, mas a lógica e as tendências indicam que a abordagem será empregada em pouco tempo.

Preferimos não tentar estimar com precisão quando esses elementos do futuro começarão a emergir com mais força, mas acreditamos que o prazo de cinco anos seria o horizonte de tempo aproximado para muitas dessas ideias se concretizarem. É possível que as coisas se acelerem mais do que prevemos se o mundo descobrir a competição analítica. Nos últimos 30 anos, entretanto, avanços concretos na utilização de business intelligence, do suporte à decisão ou de qualquer outro termo da moda têm sido realizados de modo relativamente lento. Mas, ao longo da última década, os vimos acelerar dramaticamente, conforme descrito na introdução deste livro.

Dividimos o mundo analítico do futuro em três categorias: abordagens impulsionadas pela tecnologia, abordagens em função das competências humanas e abordagens que envolvem mudanças na estratégia de negócios. Desses três domínios, a tecnologia é o fator que muda com mais rapidez e muitas vezes força mudanças em outras áreas.

Mudanças Impulsionadas pela Tecnologia

Uma série de recursos tecnológicos já é utilizada em uma pequena escala nas organizações e esperamos que ela seja expandida em um futuro próximo. Essas extrapolações da prática existente incluem:

- *Dados difusos.* Indiscutivelmente a maior mudança em análise ao longo da última década — e provavelmente da próxima também — é a disponibilidade de quantidades massivas de dados. A internet e os aplicativos de redes sociais já estão transmitindo quantidades massivas — mais de 25 terabytes de dados transmitido por fãs no Super Bowl de 2017, por exemplo. Sensores da Internet das Coisas (uma estimativa sugeriu que 8,4 bilhões deles estariam em uso em 2017) em carros, fábricas, hospitais, e muitas outras configurações vão prover muito mais dados. Em um nível individual, smartphones, rastreadores de atividades e outros dispositivos pessoais tanto geram quanto recebem quantidades massivas de dados. Nós vamos precisar, claro, que a análise traga sentido para todos esses dados, e, no momento, estamos apenas arranhando a superfície do quanto os dados difusos e a análise podem mudar nosso trabalho e nossas vidas. Dados difusos estão mudando as tecnologias que usamos para analisá-los e os lugares para se fazer as análises; mais análise está sendo realizada na "borda". Dados difusos também implicam em uma forte necessidade de melhores ferramentas — incluindo ferramentas de aprendizado de máquina que descrevemos no Capítulo 8 — para "curadoria" (limpeza, integração, combinação e assim por diante) de dados. E os dados estão fazendo um papel mais importante na criação e melhora de modelos (veja a próxima tendência); isso é o que o aprendizado de máquina realmente é.

- *Análise e tomada de decisões mais automatizadas,* em oposição a confiar nos humanos para analisar os dados e tomar decisões. O recurso que já está mais escasso com análises é a atenção humana para observá-las, interpretá-las, e tomar decisões baseadas nelas. Tecnologias cognitivas, IA, aprendizado de máquina, *deep learning* — tudo isso vai aumentar a habilidade de máquinas inteligentes de automatizarem análises, decisões e ações. O aprendizado de máquina já ajuda muitas organizações a aumentarem dramaticamente a produtividade de analistas humanos através da criação de milhares de modelos no tempo que antes era necessário para criar um. Os trabalhos dos analistas quantitativos e cientistas de dados ainda não estão ameaçados, mas eles precisam aprender como trabalhar com essas novas ferramentas. No momento, modelos criados por máquinas podem ser difíceis de interpretar, mas no futuro podemos ver máquinas que podem não apenas encontrar o modelo mais correto para dados, mas também entendê-los para os humanos que querem uma explicação.

- *A democratização de softwares analíticos.* A habilidade de analisar e reportar dados já é muito comum do ponto de vista do software. Vendedores como a Microsoft embutem capacidades analíticas nas versões empresariais (particularmente o Office 365, a versão na nuvem) do Microsoft Office, até mesmo incluindo análise de web e análise de produtividade pessoal. Muitos sistemas tradicionais de aplicativos, como o Salesforce.com para vendas, marketing, serviço e aplicativos de e-commerce, incluem várias formas de análise e até mesmo capacidades de inteligência artificial. Empresas menores, que não podem bancar pacotes caros de softwares analíticos, possuem ferramentas de código aberto gratuitas, como R e RapidMiner. E muitas empresas grandes e ricas estão usando essas ferramentas também. Em determinado momento, as capacidades analíticas mais avançadas eram caras, mas o ritmo de desenvolvimento de softwares de código aberto é tanto que agora eles têm maior probabilidade de serem gratuitos. Claro, baixos custos com software são, algumas vezes, anulados pelos altos custos de pessoas capazes de usá-los — os cientistas de dados que são especialistas em ferramentas de código aberto podem ser mais caros do que analistas quantitativos tradicionais com habilidades em softwares proprietários.

- *Aumento no uso de processamento in memory* para análise que pode aumentar dramaticamente a velocidade de resposta e tempo de cálculo para análises típicas. Em vez de armazenar dados e algoritmos no disco, eles são carregados na memória do computador. Estes foram disponibilizados por vendedores como SAP (Hana), SAS, Tableau, Qlik, e muitos outros. No futuro, talvez possamos ver velocidade ainda maior na análise em chips. Nós também já estamos vendo a análise de ponta, na qual certa quantidade de análise e tomada de decisões são realizadas por dispositivos inteligentes e pequenos na borda de uma rede.

- *Aumentando o uso de análise de tempo real (ou ao menos de "tempo certo").* Historicamente levou algum tempo — de dias a semanas — para que empresas extraíssem dados de sistemas de transação, carregassem-nos em aplicativos analíticos e os entendessem através da análise. No entanto, cada vez mais, os gerentes precisam tomar decisões mais rápidas, e empresas estão tentando implementar análise em tempo real em pelo menos algumas decisões. Claro que alguns sistemas de tempo real fazem uso de tomada de decisão automatizada para tirar totalmente os humanos do ciclo. O avô de aplicativos de tempo real com usuários humanos é o ORION, da UPS, projeto que mencionamos ao longo deste livro, que fornece rotas para os motoristas da UPS. Antes de começarem a usar esse aplicativo, os motoristas da UPS dirigiam da mesma forma todos os dias. Atualmente, eles recebem novas rotas todas as manhãs, que otimizam suas entregas e coletas baseados nos pacotes e pedidos que chegaram na noite anterior. Amanhã (ou pelo menos nos próximos anos), suas rotas vão mudar em tempo real, baseadas em fatores como trânsito, clima e novos pedidos de consumidores para coletas.

A maioria das organizações deveria adotar a abordagem de tempo certo, na qual o prazo da decisão para uma classe de decisões é determinado dentro da organização, e os dados e processos analíticos necessários são colocados em prática para entregá-lo naquele tempo. Em uma pesquisa da *InformationWeek*, 59% dos respondentes executivos de TI disseram que estavam tentando apoiar informações empresariais em tempo real.[1] Mas uma pesquisa feita por Tom com a SAP sugeriu que muitos gerentes se preocupam muito mais com informação em tempo real em determinadas áreas.[2] As empresas não deveriam gastar seus esforços em entregar informação em tempo real quando não há necessidade.

- *Indo além de alertas para preservar a atenção gerencial.* Alertas têm sido uma estratégia útil para organizações que buscam preservar a atenção gerencial. Eles dizem: "Olhe este número — você disse que queria ouvir sobre ele caso chegasse a esta altura!" Mais organizações estão começando a fazer uso de alertas automatizados para notificar gerentes quando indicadores-chave estão em níveis não desejados. A Intel, por exemplo, usa alertas para fazer com que gerentes da rede de suprimentos de commodities saibam quando devem agir ao comprar e precificar dados.[3] Entretanto a preocupação com alertas é o fato de que muitos deles vão levar à "fadiga de alertas" os indivíduos que são alertados. Obviamente, o sistema pode tomar uma ação automatizada que previne que os humanos sequer estejam no ciclo.

- *Análise mais explanatória,* em oposição a números e linguagens de programação. Essa tendência vem ocorrendo há um tempo, simplesmente porque muitos gerentes preferem ver e digerir a análise em formatos visuais. Claro, diferentes pessoas possuem diferentes estilos de aprendizado. Aquelas que preferem narrativas verbais podem, cada vez mais, ter a análise visual convertida em uma história que resume o resultado. A nova tendência será o software entregando o melhor formato para você como indivíduo, seus dados e sua decisão ou questão. Vamos torcer para que todos esses desenvolvimentos significam o fim do gráfico de pizza, que especialistas em análise visual notaram por anos que raramente é um formato útil.

- *Mais predição e prescrição* (e menos relatórios). É obviamente mais útil prever o que vai acontecer do que explicar o que já aconteceu. No entanto a predição, geralmente, precisa de análises e dados mais sofisticados do que reportar ou explicar. Análise prescritiva requer contexto o suficiente sobre a tarefa e a situação para fazer uma recomendação informada. Apesar desses desafios, a análise preditiva e prescritiva está se estendendo em cada vez mais domínios empresariais — de prever o comportamento dos clientes para dizer-lhes o que comprar; de predizer doenças para recomendar estratégias de tratamento. Em uma discussão com usuários do Salesforce.com, por exemplo, Tom ouviu muitos deles dizerem que queriam ir além da análise descritiva. Um deles comentou: "Nós não temos tempo para que as pessoas olhem um gráfico em barras e entendam o que fazer." Eles preferem a ideia (que a Salesforce e outras empresas começaram a implementar) de "descoberta inteligente de dados", na qual ferramentas inteligentes identificam tendências e anomalias nos dados — sem necessidade de hipóteses humanas — e apontam duas implicações para os usuários. Em breve, gerentes poderão simplesmente ser capazes de conversar com seus assistentes automatizados, que serão capazes de ajudá-los a interpretar seus relatórios financeiros, apontar fraquezas em sua previsão de planejamento de demanda e prever que o estoque provavelmente acabará em dois trimestres. Além da descoberta rápida de dados, outro benefício dessa abordagem é que ela está menos sujeita a interpretações humanas tendenciosas do que a análise descritiva e preditiva tradicional. Se uma máquina está encontrando padrões nos dados é, de alguma forma, mais difícil de "torturar os dados até que eles confessem".

- *Mais mineração de texto, discurso, imagens e outras formas menos estruturadas de dados.* A mineração, ou análise detalhada de dados estruturados, já está bastante avançada, mas a mineração de texto, discurso, imagens e até mesmo vídeos está claramente em seus primeiros estágios e é provável que se expanda consideravelmente ao longo dos próximos anos. Capacidades tecnológicas para categorizar e discernir significados no laboratório já estão melhores que os humanos em muitos casos, mas ainda precisam penetrar muitos aplicativos de negócios. Aplicativos para consumidores como a Siri, da Apple, e a Alexa/Echo, da Amazon, estão mais adiante, e os negócios estão começando a empregá-los dentro de seus produtos e aplicativos. Algoritmos de *deep learning* baseados em redes neurais são capazes de aprender como categorizar e tomar decisões em dados desestruturados — ao menos quando são fornecidos dados o suficiente para aprender através deles. A disponibilidade de dados de treinamento rotulados — por exemplo, as 14 milhões de imagens do ImageNet ou os 8 milhões de vídeos rotulados do YouTube vão melhorar drasticamente o desempenho desses algoritmos nos próximos anos.

- *O gerenciamento de modelos finalmente atinge a maioridade.* O outro grande avanço está no extremo oposto do processo analítico e envolve a captura de modelos, aprendizado e insights a partir de resultados analíticos e experimentais. Em culturas com uma larga escala analítica ou orientação experimental, é provável que existam muitos modelos criados por muitas pessoas, cada um com suas próprias suposições, variáveis e resultados. Os experimentos possuem design, grupos de teste e controle e resultados. Como você acompanha esses modelos e experimentos sem um repositório? A resposta, claro, é que você não pode. A Capital One, umas das primeiras empresas a abraçar o design experimental para negócios, possuía um repositório de descobertas de muitos experimentos, mas era extremamente complicado para os usuários pesquisarem e aprenderem. O que a empresa decidiu então fazer foi usar uma abordagem "no tempo certo" para prover conhecimento experimental para seus analistas. Ela construiu um sistema para guiar o analista através dos processos para fazer o design de novas ofertas de cartões de crédito para uma classe específica de consumidores. Ele usa conhecimento de experimentos da empresa para fazer sugestões a cada estágio do processo de design sobre quais opções devem funcionar melhor. Ele pode sugerir tudo, desde a taxa de juros ideal para transferências de saldo até a melhor cor do envelope a ser usado na oferta de mala direta ao cliente.

Esses sistemas que mantêm a informação sobre modelos são chamados de sistemas de *gerenciamento de modelos*, e atualmente são amplamente utilizados apenas em instituições financeiras (a Capital One também foi uma das primeiras a adotá-los). Eles são utilizados nessa indústria em primeiro lugar porque os reguladores insistem. No entanto, conforme a análise se torna um recurso empresarial — a fonte de vantagem competitiva e valor considerável —, esperamos ver mais ferramentas de gerenciamento de modelos empregadas, até mesmo quando não são impostas por reguladores. Elas vão não apenas fornecer backup quando um analista quantitativo deixa a empresa, mas também podem prevenir a necessidade de novas análises quando uma similar já estiver sido feita em outro lugar dentro da organização.

Mudanças Impulsionadas pelo Fator Humano

Apesar de os humanos não mudarem com a mesma rapidez que as tecnologias da informação, há mudanças na competição analítica que serão impulsionadas pelas competências e configurações do pessoal analítico nas organizações. Esperamos, antes de mais nada, que o crescimento da competição analítica leve a uma necessidade de números substancialmente maiores de pessoas orientadas à análise — determinado número de profissionais analíticos e cientistas de dados e um grupo muito maior de "amadores analíticos", como os chamamos aqui. Se muito mais decisões forem tomadas com base na análise detalhada, muito mais pessoas terão de apresentar algum entendimento de como essas análises foram conduzidas e quando suas recomendações devem ser ignoradas. Em resumo, a análise se estenderá cada vez mais para os amadores analíticos de linha de frente nas organizações.

De onde esses analistas de linha de frente virão? Alguns deles, acreditamos, de faculdades de administração, que sempre ofereceram alguns cursos de estatística e análise de dados. Ao longo dos últimos cinco anos, literalmente centenas de universidades adicionaram programas de graduação, certificados e cursos em análise e ciência de dados. Nós esperamos que escolas perceptivas e seus alunos vão focar ainda mais o treinamento analítico para o futuro. Os cientistas de dados mais avançados, que vierem de bases mais diversas como ciências da computação e programas de PhD em física, vão continuar a ser provenientes de fontes acadêmicas relativamente não convencionais. Até o momento, existem poucos programas de doutorado em ciência de dados.

Corporações talvez também precisem oferecer programas internos para educar seus colaboradores em diversas formas de análise e ciência de dados. A Cisco Systems, por exemplo, criou um programa de educação à distância em ciência de dados, em parceria com duas universidades, para colaboradores interessados e qualificados. O programa tem duração de nove meses e ao final ao aluno recebe um certificado da universidade em ciência de dados. Mais de 200 cientistas de dados foram treinados e certificados e agora estão trabalhando em uma variedade de diferentes funções e unidades empresariais na Cisco. A Cisco também criou um programa executivo de dois dias liderado por professores de faculdades de negócios sobre o que são a análise e a ciência de dados e como elas são geralmente aplicadas a problemas empresariais. O programa também cobre como gerenciar uma força de trabalho que inclui cientistas de dados e como saber se seus produtos são bons.

É claro que nem todos os trabalhadores da linha de frente precisarão estar envolvidos em atividades analíticas. É provável que os profissionais analíticos tenham de se especializar não somente em análise quantitativa, mas também em projetos de funções e processos para analistas da linha de frente. Eles também podem precisar desenvolver ambientes de informações para os trabalhadores da linha de frente que proporcionem apenas as análises e as informações necessárias para que eles desempenhem suas funções de maneira eficaz. Como diz um analista (que se refere ao conceito como "business intelligence incorporada"): "É a capacidade de reunir as informações relevantes normalmente utilizadas pela alta administração e levá-las aos usuários abaixo da cadeia hierárquica. Nos vários níveis organizacionais, os dados são apresentados de forma que as pessoas vejam somente o que é mais relevante para as suas tarefas cotidianas... com expectativas e desempenho claramente identificados."[4]

Também esperamos uma utilização substancialmente maior de recursos analíticos terceirizados e estrangeiros. Alguns deles já emergiram na forma de "fábricas de matemáticos", como a Mu Sigma, na Índia. No Capítulo 7, observamos que é difícil estabelecer relacionamentos próximos e de confiança entre analistas e executivos, necessários para um amplo processo decisório analítico. Entretanto há algumas tarefas analíticas que podem ser realizadas em interações próximas com os executivos. O desenvolvimento da área de apoio administrativo e o refinamento de algoritmos, limpeza e integração dos dados e projetos de experimentos de pequena escala podem, em geral, ser conduzidos de maneira remota. Sem dúvida, números substanciais de trabalhadores treinados em análise na Índia, Rússia e China estarão executando mais trabalhos analíticos no futuro. Empresas estrangeiras no ramo da terceirização estão começando a se especializar nesses serviços. Entretanto, se uma tarefa analítica pode ser terceirizada, existe uma probabilidade crescente de que ela possa ser automatizada com ferramentas como o aprendizado de máquina. Isso pode reduzir o crescimento da terceirização da análise com o passar do tempo.

Também prevemos que um número cada vez maior de empresas desenvolverá fortes competências analíticas em suas divisões de TI. Já descrevemos um levantamento da Gartner no início de 2006 a 2016 que revelou que business intelligence ou análise era a prioridade tecnológica número um para as empresas.[5] Como também apontamos nos capítulos anteriores, "um melhor processo decisório por parte da administração" é o principal objetivo das grandes empresas que instalaram sistemas de planejamento de recursos empresariais. Com essas prioridades e objetivos, é natural que os CIOs e outros executivos de TI queiram aumentar a capacidade da função de TI para apoiar a análise. Isso significa que eles contratarão analistas quantitativos, especialistas em software analítico e profissionais de TI com experiência em data warehouses e data marts. Alguns, como na Procter & Gamble, vão tornar essa capacidade o foco principal da função interna de TI, enquanto terceirizam capacidades menos críticas para fornecedores externos. As funções de negócios apoiadas pela TI — logística e gestão da cadeia de suprimentos, marketing e até o RH — também contratarão especialistas analíticos com uma forte orientação para a TI. Será cada vez mais difícil distinguir o pessoal analítico de TI dos profissionais do resto da empresa. Se você estiver tentando se decidir em relação à melhor especialização técnica, a análise é uma boa aposta.

Com mais pessoal analítico em toda a organização, podemos esperar uma maior necessidade de estrutura e orientação na gestão para as suas atividades. Como observamos anteriormente, não haverá escassez de ferramentas analíticas, sejam elas planilhas eletrônicas, sistemas analíticos ou alguma outra forma de software. Entretanto, se as estratégias corporativas dependem dos resultados da análise, ela terá de ser executada com precisão e profissionalismo.

Como as empresas poderão fornecer estrutura e recursos humanos melhores para análises estrategicamente importantes? Não haverá um método único, mas uma variedade de ferramentas e abordagens. Uma das formas é fazer com que o software oriente o processo de análise — permitindo que um analista humano saiba quais suposições sobre os dados estão sendo feitas, qual abordagem analítica empregar, ou qual display visual melhor resumiria os dados. Os aplicativos de software analítico podem orientar um analista ao longo de um processo decisório, tomando automaticamente a decisão (talvez com uma opção de cancelamento da recomendação pelas pessoas) ou assegurando que um humano tomador de decisões tenha todas as informações necessárias. Outra resposta seria um grande esforço educativo. Acreditamos que a maioria das organizações venha a se beneficiar de programas de treinamento a fim de criar analistas mais capazes e aprimorar as habilidades dos já existentes. Uma terceira resposta seria um grupo de "coaches" para ajudar os analistas amadores e certificar-se de que seu trabalho está bem feito. Para o trabalho analítico que afeta substancialmente o desempenho financeiro, auditores internos e externos talvez tenham de ser envolvidos. Não há dúvidas de que as auditorias estão se tornando cada vez mais análises.[6] Quaisquer que sejam os meios, as empresas terão de criar competência analítica em seus colaboradores e, ao mesmo tempo, garantir que eles estejam fazendo um bom trabalho. Como já descrevemos, algumas empresas líderes estão começando a empregar essa abordagem para desenvolver a competência analítica humana por meio de algum tipo de hub analítico central.

Essa atenção ao talento analítico humano não cessará no estágio da análise. Muitas organizações vão começar a automatizar decisões e ações, o que terá um impacto considerável nas pessoas que anteriormente faziam essas tarefas. Tom e sua coautora, Julia Kirby, já escreveram um livro sobre como as pessoas podem adicionar valor às máquinas inteligentes, então não vamos entrar em detalhes nesse tópico aqui.[7] Mas determinar a relação entre humanos e máquinas, como as pessoas trabalham, e os processos empresariais que precisam de mudanças para poderem tirar vantagem da inteligência de máquina claramente será um tópico importante no futuro próximo e distante.

Mudanças Impulsionadas pela Estratégia

Prevemos que um bom número de mudanças no ambiente analítico será impulsionado pelas estratégias de negócios. À medida que mais empresas se conscientizam das possibilidades da competição analítica, estenderão as fronteiras da análise para os seus produtos, serviços e modelos de negócios. Praticamente todo provedor de serviços que envolva dados e informações, por exemplo, oferecerá a análise a seus clientes como um serviço de valor agregado. Os próprios dados se tornaram algo como uma commodity, e os consumidores dos dados geralmente não têm tempo e nem pessoal qualificado para analisá-los. Softwares, antes focados primeiramente em transações empresariais, cada vez mais incluem a análise.

Também esperamos ver mais análise incorporada a produtos e serviços — descrevendo, por exemplo, a maneira ideal de utilizar essas ofertas nos processos de negócios dos clientes. O taco de golfe descrito no Capítulo 3, que informa a eficiência do movimento do taco, constitui um bom exemplo disso. Já estamos vendo automóveis (ou pelo menos empresas seguradoras) que dizem se você está dirigindo de forma segura, fornecedores de serviços de saúde que analisam seus hábitos alimentares e sua qualidade de vida e maquinário industrial que informa o quão bem você o está usando. Até mesmo empresas industriais como a GE e a Monsanto agora estão vendendo produtos ou serviços que dizem a seus consumidores como usar suas ofertas mais efetivamente. Claro que nós podemos nos cansar de todos esses conselhos, mas eles são potencialmente muito úteis.

Essa tendência será apenas parte de uma tendência mais ampla que envolve o fornecimento da análise aos clientes e fornecedores. Já mencionamos algumas empresas, como o Walmart, que fornecem informações analíticas a seus clientes ou parceiros de canal. Há outras que não mencionamos, mas que estão começando a fazer isso em algum nível. A Marriott, por exemplo, está começando a compartilhar mais informações analíticas com seus parceiros de canal — como agências de viagem online e tradicionais — e com grandes clientes corporativos. Os parceiros de canal obtêm as análises que envolvem precificação, promoções conjuntas e estoque; os clientes recebem dados e análises que os ajudam na própria administração das viagens. Esperamos que a maioria das empresas comece a ver o público interno da análise como apenas um dos vários receptores potenciais, e que os relacionamentos com os fornecedores e os clientes cada vez mais incluam fornecimento de análise.

Outra tendência estratégica envolve o conteúdo da análise. Até agora, a maior parte da análise quantitativa é feita para entidades empresariais internas: unidades de estoque, dólares, clientes e assim por diante. A maioria das organizações percebe, entretanto, que informações internas, não importando o quão bem elas são analisadas, dão uma visão limitada do mundo. Peter Drucker comentou em 1998 que o gerenciamento possui uma tendência de "se concentrar nos custos e esforços, e não nas oportunidades, mudanças e ameaças".[8] Drucker disse naquela época que informação externa não existe, mas ela existe agora. Os dados e a análise estão cada vez mais disponíveis para o que os clientes e não clientes estão dizendo sobre nossa empresa, sobre tendências e preocupações em nossos setores, e em movimentos econômicos e sociopolíticos que podem afetar nosso futuro. Qualquer empresa que deseje controlar forças externas — ou ao menos reagir o mais rápido possível a elas — precisa aplicar análise nessas informações externas.

Até o momento, informações externas, quando são acessadas, não foram colocados em uma estrutura para terem acesso fácil e contínuo. E têm sido objeto de análise descritiva, na melhor das hipóteses — muito pouca análise preditiva ou prescritiva, pelo menos fora dos serviços financeiros. Mas esses sistemas estruturados de informação — que podem ser chamados de *sistemas de consciência situacional*, como o são nas comunidades militar e de inteligência — estão começando a ser encontrados nas organizações. Diversas cidades (por exemplo, WingyGrid de Chicago) e forças policiais (o Sistema de Consciência de Domínio [DAS] da polícia de Nova York é o melhor que já vimos) os estão usando. A Delloite criou um (na verdade, múltiplas versões personalizadas) para seus executivos seniores, e cria para seus clientes também. A Recorded Future, uma empresa para a qual Tom é consultor, varre e analisa os textos na internet para entender melhor o que as pessoas estão dizendo e fazendo ao redor do mundo, particularmente no que diz respeito à inteligência e cibersegurança. Muitas empresas estão usando abordagens similares para entender a percepção de clientes sobre produtos e marcas.

Para terminar, esperamos que as motivações estratégicas também impulsionem as empresas a prestar mais atenção a novos indicadores e seus inter-relacionamentos na análise e nos scorecards. Ouvimos de vários competidores analíticos que eles começam com o indicador pensando na aplicação da análise em uma competência distintiva. Eles inventam uma nova métrica para os próprios dados exclusivos ou refinam dados já existentes. À medida que os indicadores se tornam mais comuns (por exemplo, como discutimos, a pontuação FICO para a avaliação do crédito ou a média de rebatidas no beisebol), as empresas e as organizações vão além deles para explorar novas fronteiras de mensuração. Prevemos níveis particularmente altos de atividade na área de recursos humanos e gestão de talentos, já que esses fatores foram relativamente pouco mensurados no passado. Uma vez desenvolvido, é claro, o indicador deve ser incorporado a scorecards e processos de mensuração, e os relacionamentos entre os diferentes indicadores devem ser explorados e compreendidos. E o mais importante: esses indicadores devem ser incorporados aos processos de tomada de decisões na administração e aos negócios. O mero desenvolvimento de um critério de mensuração e sua utilização em algumas análises nunca é suficiente.

O Futuro da Competição Analítica

Terminaremos este livro com uma discussão ampla do que ocorrerá aos competidores analíticos no futuro. Isso servirá tanto como um resumo dos principais atributos dos competidores analíticos quanto como uma previsão do futuro, já que os líderes analíticos continuarão a fazer mais daquilo que os tornou bem-sucedidos desde o princípio.

Os competidores analíticos continuarão a analisar suas estratégias e competências de negócios para descobrir onde podem obter um avanço analítico. Isso é cada vez mais importante conforme mais empresas embarcam na análise, ao menos em um nível superficial. Mas as melhores empresas se concentrarão no que diferencia suas organizações e em como a análise pode apoiar ou impulsionar uma competência distintiva. Após abordar as áreas mais distintas, a análise eventualmente será aplicada na maioria das outras partes de seus negócios — seu slogan será: "Se valer a pena fazer, valerá a pena fazer analiticamente." Essas empresas identificarão critérios de mensuração para as suas competências distintivas que outras organizações ainda não empregam. Depois de identificar uma métrica, elas coletarão seus dados e os incorporarão a decisões baseadas nas mensurações de seus processos de trabalho diários.

Veja o Google, por exemplo. Ele talvez seja a empresa mais analítica no planeta atualmente. Mas a presença de outras empresas analíticas em seus mercados não o fez recuar. Ao invés disso, ele dobrou suas capacidades em software de inteligência artificial, dados proprietários de mapeamento, análises de dados de veículos autônomos, análises de vídeo no YouTube e assim por diante. Começou com o seu algoritmo PageRank, passou aos algoritmos de publicidade, mas recentemente se tornou líder em análise para recursos humanos, atribuição de publicidade digital, capital de risco e muitos outros. E não surpreendentemente, a empresa continua a ter uma performance extremamente boa.

Para continuar a refinar suas competências analíticas, as empresas se concentrarão tanto em sua dimensão humana quanto na tecnológica. No lado humano, elas tentarão incorporar ainda mais uma orientação analítica à cultura corporativa e testar o máximo de hipóteses possíveis. Uma pesquisa feita pela NewVantage Partners em 2017, com executivos de 50 grandes empresas sobre big data, sugere que enquanto empresas acreditam que seus esforços com big data foram bem-sucedidos e financeiramente recompensadores, a criação de uma cultura impulsionada por dados tem sido problemática.[9] Dos que responderam, 86% disseram que suas empresas tentaram criar uma cultura impulsionada por dados, mas apenas 37% disseram ter sido bem-sucedidos.

No entanto os melhores competidores analíticos vão continuar tentando alcançar esse tipo de cultura. Seus executivos vão argumentar sobre estratégias e decisões analíticas com paixão e exemplo pessoal. Seus gerentes vão constantemente pressionar seus subordinados por dados e análise antes que eles tomem grandes ações. Colaboradores em todos os níveis vão usar os dados e a análise para tomar decisões e realizar grandes ações. E os dados e a análise serão empregados na busca pela verdade, não para avançar os objetivos particulares de um executivo.

Os gestores das empresas analíticas do futuro não serão meros "robôs quantitativos". Eles estarão sempre pensando se seus modelos analíticos e dados ainda são relevantes para seus negócios. Se um tipo específico de análise se tornar comum em todo o setor, eles encontrarão uma nova base para competir analiticamente. Eles utilizarão a intuição de forma reduzida, mas estratégica quando não for possível testar uma afirmação ou coletar dados para uma análise. Eles poderão ser mais experimentais e inovadores. Eles vão defender novos métodos e novas tecnologias como aprendizado de máquina e tecnologias cognitivas. Eles estarão procurando formas de empregar essas máquinas inteligentes em novas estratégias e modelos de negócio e como extrair mais produtividade de cada atividade.

Eles, sem dúvida, serão assediados por outras empresas que também querem ser competidoras analíticas. Se os seus empregadores forem espertos, esses mísseis que perseguem análise vão considerar seus trabalhos empolgantes e gratificantes, e ficarão na empresa enquanto forem reconhecidos e promovidos.

Ainda haverá pessoas nessas organizações cujas tarefas envolverão principalmente desenvolver e refinar a análise — profissionais analíticos e cientistas de dados. Eles poderão trabalhar em um grupo central ou profundamente imersos em redes de relacionamento e compartilharão abordagens e ideias. Também trabalharão para educar os amadores analíticos das organizações, que têm de entender como os modelos e as ferramentas analíticas os apoiam em suas tarefas. O competidor analítico do futuro também complementará os recursos analíticos internos com expertise terceirizada ou estrangeira. E essas empresas não hesitarão em pensar em maneiras pelas quais as próprias máquinas possam fazer o trabalho difícil e demorado da análise. Eles vão focar particularmente em como automatizar as partes da análise de trabalho intenso: preparando os dados para análises.

Os competidores analíticos continuarão a ter muitos dados provenientes de sistemas corporativos, sistemas de pontos de venda e transações online, bem como dados externos de clientes e fornecedores. Eles os organizarão e os separarão para a análise em data warehouses e data lakes baseados no Hadoop. Eles se certificarão de que os dados sejam integrados e comuns nas áreas de seus negócios com que realmente se importam. Eles terão grupos ou "plataformas" integradas de análise que sustentarão os relatórios e as análises — ambos proprietários e de código aberto. Em áreas nas quais as decisões devem ser tomadas com grande rapidez ou frequência, eles incorporarão a análise em sistemas automatizados de decisão, permitindo que as pessoas ignorem as recomendações do sistema somente em condições específicas.

Talvez o mais importante: os competidores analíticos continuarão a encontrar maneiras de ter um desempenho melhor do que o de seus concorrentes. Eles ficarão com os melhores clientes e cobrarão exatamente o preço que o cliente estiver disposto a pagar pelo produto ou serviço. Eles terão as campanhas e as promoções de marketing mais eficientes e eficazes. Seu atendimento aos clientes será excepcional e eles, em contrapartida, lhes serão fiéis. Suas cadeias de suprimentos serão ultraeficientes e eles não terão estoque em excesso, nem falta de estoque. Eles implantarão dados e análise em novos produtos inovadores. Eles terão o melhor pessoal do setor e os colaboradores serão avaliados e recompensados com base em suas contribuições específicas. Eles compreenderão que processos e fatores não financeiros impulsionam seu desempenho financeiro e serão capazes de prever e diagnosticar os problemas antes de se tornarem muito graves. Eles ganharão muito dinheiro, vencerão muitas batalhas, ajudarão a solucionar os problemas mais urgentes do mundo. E continuarão a nos liderar rumo ao futuro.

Introdução

1. Thomas H. Davenport e D. J. Patil, "Data Scientist: The Sexiest Job of the 21st Century", *Harvard Business Review*, outubro de 2012, https://hbr.org/2012/10/datascientist-the-sexiest-job-of-the-21st-century.

2. NewVantage Partners, *Big Data Executive Survey 2017: Executive Summary of Findings*, http://newvantage.com/wp-content/uploads/2017/01/Big-Data-Executive-Survey-2017-Executive-Summary.pdf.

3. Thomas H. Davenport, Jeanne G. Harris, David W. Delong e Alvin L. Jacobson, "Data to Knowledge to Results: Building an Analytic Capability", *California Management Review* 43, no. 2 (Inverno de 2001): 117–138; Thomas H. Davenport, "Competing on Analytics", *Harvard Business Review*, janeiro de 2006; Thomas H. Davenport, "Analyze This", *CIO*, 1º de outubro de 2005, http://www.cio.com/archive/100105/comp_advantage.html; e Thomas H. Davenport e Jeanne G. Harris, "Automated Decision Making Comes of Age", *MIT Sloan Management Review* (Verão de 2005).

Capítulo Um

1. Citação da Netflix, de Jena McGregor, "At Netflix, the Secret Sauce Is Software", *Fast Company*, outubro de 2005, 50. Outras informações da Netflix são do site da empresa (http://www.netflix.com); Mark Hall, "Web Analytics Get Real", *Computerworld*, 1º de abril de 2002; Timothy J. Mullaney, "Netflix: The Mail-Order Movie House That Clobbered Blockbuster", *BusinessWeek Online*, 25 de maio de 2006, http://www.businessweek.com/smallbiz/content/may2006/sb20060525_268860.htm?campaign_id=search; and a telephone interview with chief product officer Neil Hunt, 7 de julho de 2006.

2. O conceito da "cauda longa" foi popularizado por Chris Anderson em *The Long Tail: Why the Future of Business Is Selling Less of More* (Nova York: Hyperion, 2006).

3. Entrevista de Neil Hunt com Tom Davenport, 7 de julho de 2006.

4. Timothy J. Mullaney, "Netflix", *Bloomberg*, 25 maio de 2006, https://www.bloomberg.com/news/articles/2006-05-24/netflix.

5. Definimos competências distintivas como as competências e os processos integrados de negócios que, juntos, servem os clientes de formas diferenciadas em relação às praticadas pelos concorrentes e que criam uma fórmula da organização para o sucesso dos negócios.

6. David Darlington, "The Chemistry of a 90+ Wine", *Nova York Times Sunday Magazine*, 7 de agosto de 2005.

7. Um dos primeiros livros escritos sobre o tema do suporte à decisão foi o livro de Peter G. W. Keen e Michael S. Scott Morton, Decision Support Systems: An Organizational Perspective (Reading, MA: Addison-Wesley, 1978). Um livro posterior escrito sobre o assunto é de John W. Rockart e David W. De Long, Executive Support Systems: The Emergence of Top Management Computer Use (Homewood, IL: Dow Jones Irwin, 1988). Veja também o artigo de Tom Gerrity Jr., de 1971 , "The Design of Man-Machine Decision Systems: An Application to Portfolio Management", MIT Sloan Management Review, v. 12, n. 2, 1971, 59–75; e o trabalho de Charles Stabell, de 1974, "On the Development of Decision Suport Systems on a Marketing Problem", Information Processing, como parte de pesquisas seminais no campo dos sistemas de apoio à decisão (DSS).

8. Rockart e De Long, *Executive Support Systems.*

9. Peter J. Denning, "The Science of Computing: Saving All the Bits", *American Scientist* 78, no. 5 (setembro–outubro de 1990): 402–405, http://den ninginstitute.com/pjd/PUBS/AmSci-1990-5-savingbits.pdf.

10. Timothy King, "Gartner: BI & Analytics Top Priority for CIOs in 2016" (originalmente publicado em 11 de março de 2016, em *Best Practices*), *Business Intelligence Solutions Review*, http://solutionsreview.com/business-intelligence/gartner-bi-analytics-top-priority-for-cios-in-2016/.

11. Por exemplo, referência ao artigo de Jeffrey Pfeffer e Robert Sutton's "Evidence-Based Management", *Harvard Business Review*, janeiro de 2006; e o artigo de Eric Bonabeau's "Don't Trust Your Gut", *Harvard Business Review*, maio de 2003.

12. Malcolm Gladwell, *Blink: The Power of Thinking Without Thinking* (Nova York: Little, Brown, 2005).

13. Gary Klein, *Sources of Power: How People Make Decisions* (Cambridge, MA: MIT Press, 1999).

14. Alan Deutschman, "Inside the Mind of Jeff Bezos", *Fast Company*, agosto de 2004, 52.

15. Sujeet Indap, "IBM Bets on Mergers and Algorithms for Growth", *Financial Times*, 12 de janeiro de 2016, https://www.ft.com/content/11010eea-ae5f-11e5-993b-c425a3d2b65a.

16. Seth Fiegerman, "Amazon Opens a Grocery Store with No Checkout Line", *Money*, 5 de dezembro de 2016, http://money.cnn.com/2016/12/05/technology/amazon-go-store/.

17. Michael Lewis, *Moneyball — O Homem que Mudou o Jogo* (Rio de Janeiro: Intrínseca, 2015).

18. Alan Schwartz, *The Numbers Game: Baseball's Lifelong Fascination with Statistics* (Nova York: St. Martin's Griffin, 2005).

19. Ben Lindbergh e Rob Arthur, "Statheads Are the Best Free Agent Bargains in Baseball", *fivethirtyeight*, 26 de abril de 2016, https://fivethirtyeight.com/features/statheads-are-the-best-free-agent-bargains-in-baseball/.

20. Para quem não é familiarizado com a maldição de Billy Goat: https://en.wikipedia.org/wiki/Curse_of_the_Billy_Goat.

21. "Cubs Brass Finalizes 'The Cubs' Way' Guide", *MLB.com*, 18 de fevereiro de 2012, http://m.mlb.com/news/article/26749684/.

22. Andy Wasynczuk, então COO do New England Patriots, em entrevista telefônica com Tom Davenport, 11 de janeiro de 2005.

23. De "Interview with Packers Director of Research and Development Mike Eayrs", *Football Outsiders*, 22 de junho de 2004, http://www.football-outsid ers.com/ramblings.php?p=226&cat=8.

24. Chris Ballard, "Measure of Success", *Sports Illustrated*, 24 de outubro de 2005.

25. Graham Ruthven, "When the Nerds Take Over", *Sports on Earth* (blog), 13 de dezembro de 2013, http://www.sportsonearth.com/article/64603094.

26. Uta Spinger, "World Cup in Brazil: Cheat Sheets Make Way for Apps", SAP.com, 17 de junho de 2014, http://news.sap.com/world-cup-brazil-cheat-sheets-make-way-apps/.

27. "The Great Analytics Rankings", ESPN.com, http://www.espn.com/espn/feature/story/_/id/12331388/the-great-analytics-rankings.

Capítulo Dois

1. David Alles e John Burshek, "Ranking Analytics Maturity by Industry", International Institute for Analytics report, junho de 2016, http://iiana lytics.com/analytics-resources/ranking-analytics-maturity-by-industry.

2. Professor Mark Oleson da University of Missouri, citado em Pat Curry, "The Future of FICO", Bankrate.com, 1º de novembro de 2005, http://www.bankrate.com/smrtpg/news/debt/debtcreditguide/fico-future1.asp.

3. Rajiv Lal e Patricia Matrone Carrolo, "Harrah's Entertainment, Inc.", Caso 9-502-011 (Boston: Harvard Business School, 2002), 6.

4. Dados de um levantamento da BetterManagement, descrito em Gloria J. Miller, Dagmar Brautigam e Stefanie V. Gerlach, *Business Intelligence Competency Centers: A Team Approach to Maximizing Competitive Advantage* (Hoboken, NJ: Wiley, 2006).

5. Para mais informações sobre erros em planilhas eletrônicas, veja o artigo de Raymond Panko, "What We Know About Spreadsheet Errors", *Journal of End User Computing* 10, no. 2 (Primavera de 1998): 15–21.

6. "Gartner Estimates That 90 Percent of Large Organizations Will Have a Chief Data Officer by 2019", release de imprensa, 26 de janeiro de 2016, http://www.gartner.com/newsroom/id/3190117.

7. A. Charles Thomas, perfil no LinkedIn, https://www.linkedin.com/in/acharlesthomas, acesso em: 20 de abril de 2017.

8. Christopher H. Paige, "Capital One Financial Corporation", Case 9-700-124 (Boston: Harvard Business School, 2001).

9. Victoria Chang e Jeffrey Pfeffer, "Gary Loveman and Harrah's Entertainment", Case OB45 (Stanford, CA: Stanford Graduate School of Business, novembro de 2003), 7.

10. Keith Coulter, diretor-geral de cartões e empréstimos no Reino Unido, Barclay, entrevista telefônica com Tom Davenport, 11 de outubro de 2005.

11. Exemplo ORION retirado de diversas entrevistas com Tom Davemport e Jeanne Harris de 2014 a 2016 com o líder do projeto Jack Levis e outros executivos da UPS; partes do exemplo sãp descritas em Thomas H. Davenport, "Prescriptive Analytics Project Delivering Big Benefits at UPS", *DataInformed*, 19 de abril de 2016, http://data-informed.com/prescriptive-analytics-project-delivering-big-dividends-at-ups/.

12. Barry C. Smith, Dirk P. Gunther, B. Venkateshwara Rao, e Richard M. Ratliff, "E-Commerce and Operations Research in Airline Planning, Marketing, and Distribution", *Interfaces*, março–abril de 2001, 37–55.

13. Tallys H. Yunes, Dominic Napolitano, et al., "Building Efficient Product Portfolios at John Deere", Carnegie Mellon University, Pittsburgh, PA, abril de 2004.

14. Gary H. Anthes, "Modeling Magic", *Computerworld*, 7 de fevereiro de 2005.

15. Gary Loveman, CEO do Caesars, de apresentações e entrevistas com Tom Davenport, janeiro de 2005 a junho de 2006.

16. A Associação Americana de Medicina da Informática (American Medical Informatics Association, no original) define a *informática* como "dados, informações e conhecimento para aprimorar a saúde humana e a distribuição de serviços de saúde". Veja: https://www.amia.org/sites/default/fi les/fi les_2/What-is- Informatics-Fact-sheet-04-08-11.pdf.

Capítulo Três

1. Ben Clarke, "Why These Tech Companies Keep Running Thousands of Failed Experiments", *Fast Company*, 21 de setembro de 2016, https://www.fastcompany.com /3063846/why-these-tech-companies-keep-running-thousands-of-failed.

2. Ibid.

3. Susan Nunziata, "Capital One: Think Like a Designer, Work Like a Startup", *InformationWeek*, 2 de maio de 2016, http://www.informationweek.com/strategic-cio/capital-one-think-like-a-designer-work-like-a-startup/d/d-id/1325353?_mc=RSS_IWK_EDT&page_number=2.

4. Joanne Kelley, "Risky Business", *Context*, julho–agosto de 1999.

5. Veja: http://www.progressive.com.

6. Clarke, "Why These Tech Companies Keep Running Thousands of Failed Experiments." Clarke cita Jeff Bezos do Peter Diamandis, "Culture & Experimentation—with Uber's Chief Product Office", *Abundance Insights*, 10 de abril de 2016, https://medium.com/abundance-insights/cultureexperimentation-with-uber-s-chief-product-officer-520dc22cfcb4#.i9bh5xdie; and Jeffrey H. Dyer, Hal B. Gregersen, and Clayton M. Christensen, *The Innovator's DNA* (Boston: Harvard Business Review Press, 2011), 136.

7. Jim Collins, *Good to Great: Why Some Companies Make the Leap... and Others Don't* (Nova York: HarperCollins, 2001), 69.

8. Henry Morris, Stephen Graham, Per Andersen, Karen Moser, Robert Blumstein, Dan Velssel, Nathaniel Martinez, e Marilyn Carr, *The Financial Impact of Business Analytics: Distribution of Results by ROI Category*, IDC #28689 (Framingham, MA: International Data Corporation, janeiro de 2003).

9. Henry Morris, *Predictive Analytics and ROI: Lessons from IDC's Financial Impact Study*, IDC #30080 (Framingham, MA: International Data Corporation, setembro de 2003).

10. "Analytics Pays Back $13.01 for Every Dollar Spent", Nucleus Research, setembro de 2014, http://nucleusresearch.com/research/single/analytics-pays-back-13-01-for-every-dollar-spent/.

11. Rasmus Wegener e Velu Sinha, "The Value of Big Data: How Analytics Differentiates Winners", Bain Brief, 17 de setembro de 2013, http://www.bain.com/publications/articles/the-value-of-big-data.aspx.

12. De Kendall: tau_b – coefficient: .194, error: J07 (teste unicaudal); de Spearman: rho coefficient:.272, error: .094 (teste unicaudal). O pequeno tamanho da amostra de empresas de capital aberto que deve publicar seus demonstrativos de resultado (N=20) explica os níveis de significância relativamente baixos.

13. Para este estudo, definimos *sistema corporativo* como um pacote integrado de software (de desenvolvedores como a SAP e a Oracle) que lida com a maior parte das necessidades de processamento de dados transacionais de uma organização.

14. Para mais detalhes, veja Jeanne G. Harris and Thomas H. Davenport, *New Growth from Enterprise Systems* (Wellesley, MA: Accenture Institute for High Performance Business, maio de 2006).

15. Thomas H. Davenport, Jeanne G. Harris, e Susan Cantrell, *The Return of Enterprise Solutions: The Director's Cut* (Wellesley, MA: Accenture Institute for High Performance Business, 2002).

16. Com a utilização do coeficiente de correlação produto-momento de Pearson, os lucros apresentam uma correlação positiva significativa com a orientação analítica em r=.136 (p=.011), o crescimento de receita é significativamente correlacionado em r=.124 (p=.020) e o retorno ao acionista é correlacionado em r=.122 (p=.022).

17. Para os propósitos deste estudo, empresas de alto e baixo desempenhos foram definidas ao solicitar aos entrevistados que estimassem sua posição em uma escala de 1 a 5 no setor em relação a lucros, retorno aos acionistas e crescimento de receita. As empresas de mais alto desempenho tiveram uma pontuação de 14 ou superior (de um máximo de 15); 13% da amostra apresentaram uma pontuação nesse nível. As empresas de baixo desempenho tiveram uma pontuação de 8 ou inferior e representaram 16% da amostra. Descobrimos que essas pontuações eram mais correlacionadas com o desempenho dos negócios de empresas de capital aberto que publicavam seus demonstrativos

de resultados. Excluímos os entrevistados públicos porque os órgãos governamentais não tinham como ser avaliados com a utilização desses critérios.

18. Steve LaValle, Eric Lesser, Rebecca Shockley, Michael S. Hopkins e Nina Kruschwitz, "Big Data, Analytics and the Path from Insights to Value", *MIT Sloan Management Review*, inverno de 2011, http://sloanreview.mit.edu/article/big-data-analytics-and-the-path-from-insights-to-value/.

19. Accenture e MIT, *Winning with Analytics* (Executive Summary), 2015. https://www.accenture.com/t20170219T213328—w—/us-en/_acnmedia/Accenture/next-gen/hp-analytics/pdf/Accenture-Linking-Analytics-to-High-Performance-Executive-Summary.pdf#zoom=50.

20. Michael Lewis em uma palestra na Accenture, San Francisco, 16 de junho de 2006.

21. A CompStat é descrita em detalhes no Wikipedia — Veja: http://en.wikipe- dia.org/wiki/CompStat. Steven Levitt questionou as reduções da criminalidade devidas à CompStat, em "Understanding Why Crime Fell in the 1990s: Four Factors that Explain the Decline and Six That Do Not", Journal of Economic Perspectives, v. 18, n. 1, inverno de 2004, pp. 163–190.

22. Thomas H. Davenport, "How Big Data Is Helping the NYPD Solve Crimes Faster", *Fortune*, 17 de julho de 2016, http://fortune.com/2016/07/17/big-data-nypd-situational-awareness/.

23. "Recent examples of crime reduction", predpol.com/results/, acesso em: 21 de abril de 2017.

24. "LAPD Using Big Data to Fight Crime", *Dataconomy*, 24 de abril de 2014, http://dataconomy.com/2014/04/lapd-using-big-data-fight-crime-2/.

25. Cindy Blanthorne e Kristen Selvey Yance, "The Tax Gap: Measuring the IRS's Bottom Line", *CPA Journal Online* (Nova York State Society of CPAs), abril de 2006.

26. Catherine Arnst, "The Best Medical Care in the U.S.", *BusinessWeek*, 17 de julho de 2006, 51.

27. "Smart Nation Big on Big Data", Infocomm Media Development Authority site, https://www.imda.gov.sg/infocomm-and-media-news/buzzcentral/2016/6/smart-nation-big-on-big-data, acesso em: 21 de abril de 2017.

28. Duncan Cleary, "Using Analytics to predict fraud", site da SAS, https://www.sas.com/sv_se/customers/irish-tax-and-customers.html, acesso em: 21 de abril de 2017.

29. Para exemplos de análise usada pela polícia, veja o site da PredPol: http:// www.predpol.com/in-the-press/.

30. Stephen Russo, "Improved Crisis Preparedness with Smarter Emergency Response Planning", blog da IBM Big Data & Analytics Hub, 28 de abril de 2015, http://www.ibmbigdatahub.com/blog/improved-crisis-preparedness-smarter-emergency-response-planning.

31. Marco Iansiti e Karim Lakhani, "Data Ubiquity: How Connections, Sensors and Data Are Revolutionizing Business", *Harvard Business Review*, novembro de 2014, https://hbr.org/2014/11/digital-ubiquity-how-connectionssensors-and-data-are-revolutionizing-business.

32. Julianne Pepitone, "What Your Wireless Carrier Knows About You", *CNN Money*, 16 de dezembro de 2013, http://money.cnn.com/2013/12/16/technology/mobile/wireless-carrier-sell-data/.

33. Nathan Vardi, "The Quants Are Taking Over Wall Street", *Forbes*, 17 de agosto de 2016, http://www.forbes.com/sites/nathanvardi/2016/08/17/the-quants-are-taking-over-wall-street/.

34. Doug Henschen, "Catalina Marketing Aims for the Cutting Edge of 'Big Data,'" *Informationweek*, 6 de setembro de 2011, http://www.informationweek.com/big-data/big-data-analytics/catalina-marketing-aims-for-thecutting-edge-of-big-data/d/d-id/1099971.

35. Veja: http://www.catalinamarketing.com.

36. Sunil Garga, presidente do grupo Analytical Insights da IRI, em entrevista por telefone com Jeanne Harris, 2 de outubro de 2006.

Capítulo Quatro

1. Abhishek Menon e Anupam Jain, *Overcoming Challenges in Data Integration, Stakeholder Collaboration, and Talent/Technology Investment to Operationalize Analytics in Pharma and Life Science*, 2014, http://www.gen pact.com/docs/default-source/resource-/analytics-in-pharma-and-life-sciences.

2. Jerry Z. Shan et al., "Dynamic Modeling and Forecasting on Enterprise Revenue with Derived Granularities", Hewlett-Packard Laboratories, maio de 2005, http://www.hpl.hp.com/techreports/2005/HPL-2005-90.pdf.

3. Ibid., 6.

4. David Larcker e Chris Ittner, "Coming Up Short on Nonfinancial Measurement", *Harvard Business Review*, novembro de 2003.

5. Mark Leon, "Ad Game Analytics", *Intelligent Enterprise*, 21 de janeiro de 2005.

6. John Ballow, Robert Thomas, e Goran Roos, "Future Value: The $7 Trillion Challenge", *Accenture Outlook*, no. 1, 2004, http://www.accenture.com/xd/xd.asp?it=enweb&xd=ideas\outlook\1_2004\manage.xml.

7. Por exemplo, veja Peter D. Easton, Travis S. Harris, e James A. Ohlson, "Aggregate Accounting Returns Can Explain Most of Security Returns", *Journal of Accounting and Economics* (1992); Gary C. Biddle, Robert M. Bowen, e James S. Wallace, "Does EVA(c) Beat Earnings? Evidence on Associations with Stock Returns and Firm Values", *Journal of Accounting and Economics* (1997); e Stephen O'Byrne, "EVA and Its Critics", *Journal of Applied Corporate Finance* (1997).

8. O exemplo da Microsoft vem de Jennifer Warnick, "88 Acres: How Microsoft Quietly Built the City of the Future", Microsoft News Center, https://www.microsoft.com/en-us/stories/88acres/.

9. Coalition Against Insurance Fraud, "By the Numbers: Fraud Statistics", http://www.insurancefraud.org/statistics.htm, acesso em: 21 de abril de 2017.

10. William Dibble, Infinity Property & Casualty Builds a Smarter System for Fraud, *InformationWeek Insurance and Technology*, 30 de novembro de 2011, http://www.insurancetech.com/infinity-property-and-casualty-buildsa-smarter-system-for-fraud/a/d-id/1313275?.

11. Ibid.

12. Symantec Corporation, "2016 Internet Security Threat Report", vol. 21, abril de 2016, https://www.symantec.com/security-center/threat-report, acesso em: 21 de abril de 2017.

13. "Detecting Attacks before They Happen: Advanced Technologies for Better Cyber Attack Defense", FICO white paper, http://www.fico.com/en/latest-thinking/white-papers/detecting-attacks-before-they-happen.

14. Tom Davenport, "The Future of Cybersecurity", LinkedIn, 4 de novembro de 2016, https://www.linkedin.com/pulse/future-cybersecurity-tom-davenport.

15. “Deloitte M&A Focus On: Analytics Survey Findings”, 25 de fevereiro de 2016, http://www.slideshare.net/DeloitteUS/deloitte-ma-focus-on-analytics-survey-findings.

16. Sujeet Indap, “IBM Bets on Mergers and Acquisitions for Growth”, 12 de janeiro de 2016, https://www.ft.com/content/11010eea-ae5f-11e5-993b-c425a3d2b65a.

17. “NX CAD Technology Drives Custom Surfboard Design”, estudo de caso Siemens, https://www.plm.automation.siemens.com/en_us/about_us/success/case_study.cfm?Component=123472.

18. Bill Brougher, entrevista com Tom Davenport, 18 de julho de 2006.

19. Instituto Internacional de Analítica, “The Excellence in Analytics Award—‘The Anny,’” http://www.iianalytics.com/analytics-resources/the-ex cellence-in-analytics-award, acesso em: 21 de abril de 2017.

20. Entrevista de Shigeru Komatsu, da Toshiba Semiconductor, com Tom Davenport, 10 de abril de 2006.

21. “Toshiba Taps AI to Boost Productivity at Memory Plant” *Nikeii Asian Review*, 29 de junho de 2016. http://asia.nikkei.com/Spotlight/Toshiba-in-Turmoil/Toshiba-taps-AI-to-boost-productivity-at-memory-plant.

22. Rod Doerr, Union Pacific Railroad, 2016 Grain Safety and Quality Conference, Omaha, NE, 3 de agosto de 2016, https://www.youtube.com/watch?v=sJDNa-AWzJY, minute 16:35.

23. Exemplo do ORION tirado de diversas entrevistas de 2015 e 2016 com o líder do projeto, Jack Levis, e outros executivos da UPS; alguns dos exemplos são descritos em Thomas H. Davenport, “Prescriptive Analytics Project Delivering Big Benefits at UPS”, DataInformed site, 19 de abril de 2016, http://datainformed.com/prescriptive-analytics-project-delivering-big-dividends-at-ups/.

24. O fatorial (representado em equações matemáticas como um ponto de exclamação) é calculado como o produto de um inteiro (n) e todos os inteiros abaixo dele: $n! = n\ (n-1)(n-2)(n-3)$... Nesse caso, 120! = 120*119*118... *1.

25. IIA–International Institute for Analytics, “CATERPILLAR 3000K”, YouTube video, 28 de setembro de 2016, https://www.youtube.com/watch?v=JeS5SPyvHmA.

26. “13 Innovations Highlighted in Oberhelman’s Remarks at the 2015 Annual Stockholders Meeting”, release de imprensa, 10 de junho de 2015, http://www.caterpillar.com/en/news/caterpillarNews/innovation/13-

innovations-highlighted-in-oberhelmans-remarks-at-the-2015-annual-stockholders-meeting.html.

27. Barry Werth, *The Billion Dollar Molecule: One Company's Quest for the Perfect Drug* (Nova York: Simon & Schuster, 1995), 135.

28. Entrevista de Steven Schmidt da Vertex Pharmaceuticals, com Tom Davenport, 5 de abril de 2006.

29. Alex Bangs, "Predictive Biosimulation and Virtual Patients in Pharmaceutical R&D", in *Medicine Meets Virtual Reality 13: The Magical Next Becomes the Medical Now*, eds. James D. Westwood et al., vol. 111, Studies in Health Technology and Informatics (Amsterdam, Netherlands: IOS Press, 2005), 41.

30. Informações sobre a American Healthways obtidas de uma apresentação do Dr. Carter Coberly no Health Information Technology Summit, Washington, DC, 2004, http://www.ehcca.com/presentations/cahealthit2/2_03_1.pdf.

31. Bill Belichick, "Quotes from New England Patriots Media Day", 1º de fevereiro de 2005, citado em James Lavin, *Management Secrets of the New England Patriots*, vol. 2 (Stamford, CT: Pointer Press, 2005), 159.

32. "The Right Profile Helps Super Bowl Champion New England Patriots Identify and Develop Mentally Tough Athletes", PRWeb, 8 de fevereiro de 2017, http:// www.prweb.com/releases/therightprofile/athletetypes/prweb14053056.htm.

33. Citação de Michelle Thompson, vice-presidente de RH da American Express na Asia Pacific, em "Mastering HR Analytics with Technology", *Human Resources (Austrália)*, 27 de março de 2006.

34. Kim S. Nash, "How Analytics Helped eBay Tackle Worker Retention", *Wall Street Journal*, 3 de fevereiro de 2017, http://blogs.wsj.com/cio/2017/02/03/ how-analytics-helped-ebay-tackle-worker-retention/?mod=WSJBlog.

35. Dr. John Sullivan, "Revealing the 'HR Professional of the Decade': Laszlo Bock of Google", ERE case study, 30 de março de 2015, https://www.ereme dia.com/ere/revealing-the-hr-professional-of-the-decade-laszlo-bock-of-google/.

36. Thomas H. Davenport, Jeanne G. Harris, and Jeremy Shapiro, "Competing on Talent Analytics", *Harvard Business Review*, outubro de 2010, http://hbr.org/2010/10/competing-on-talent-analytics/ar/1.

37. Joanne Kelly, “Getting All the Credit”, *Context Magazine*, http://www.contextmag.com/setFrameRedirect.asp?src=/archives/200202/Feature2GettingalltheCredit.asp.

38. Owain Thomas, “What Has Walmart Learned from HR Analytics?” *HRD Connect*, 27 de abril de 2016, https://www.hrdconnect.com/2016/04/27/what-walmart-learned-from-hr-analytics/.

Capítulo Cinco

1. Em nosso levantamento em cerca de quatrocentas organizações com sistemas corporativos, houve uma relação entre a análise e a integração da cadeia de suprimento. A correlação (correlação produto-momento de Pearson, teste unicaudal) entre a forte orientação analítica e integração com fornecedores foi de .23.

2. Tony Kontzer, “Big Bet on Customer Loyalty”, *InformationWeek*, 9 de fevereiro de 2004.

3. American Customer Satisfaction Index, University of Michigan, 2005, classificações do quarto trimestre, atualizadas em 21 de fevereiro de 2006, http://www.theacsi.org/fourth_quar-ter.htm.

4. Aaron O. Patrick, “Econometrics Buzzes Ad World as a Way of Measuring Results”, *Wall Street Journal*, 16 de agosto de 2005.

5. Jim Ericson, “Coming to Account”, *Business Intelligence Review*, abril de 2005.

6. A história de marketing para grávidas foi primeiramente reportada por Charles Duhigg, “How Companies Learn Your Secrets”, *Nova York Times*, 16 de fevereiro de 2012, http://www.nytimes.com/2012/02/19/magazine/shopping-habits.html.

7. Clive Humby e Terry Hunt, *Scoring Points: How Tesco Is Winning Customer Loyalty* (Philadelphia: Kogan Page, Ltd., 2003).

8. Relatório de pesquisas do Yankee Group de 2005, citado em Gary Anthes, “The Price Point”, Computerworld, 24 de julho de 2006, 34.

9. Gary Loveman, “Foreword”, em Thomas H. Davenport e Jeanne G. Harris, *Competing on Analytics*, 1ª edição (Boston: Harvard Business Review Press, 2007).

10. O sistema MyMagic+ foi descrito em entrevistas com executivos da Disney e nestes artigos: Brooks Barnes, “At Disney Parks, A Bracelet Meant to Build Loyalty (and Sales)”, *Nova York Times*, 7 de janeiro de 2013, http://www.nytimes.com/2013/01/07/business/media/at-disneyparks-a-bracelet-meant-to-build-loyalty-and-sales.html; Brooks Barnes, “A

Billion-Dollar Bracelet Is the Key to a Disney Park", *Nova York Times*, 1º de abril de 2014, https://www.nytimes.com/2014/04/02/business/billion-dollarbracelet-is-key-to-magical-kingdom.html; Austin Carr, "The Messy Business of Reinventing Happiness", *Fast Company*, 15 de abril de 2015, https://www.fast company.com/3044283/the-messy-business-of-reinventing-happiness.

11. As informações sobre o HMH vêm de entrevistas com executivos da empresa e uma apresentação de Zachary Monroe no Oracle Cloud Marketing User Group, Chicago, 19 de maio de 2016.

12. "Which Customers Are Worth Keeping and Which Ones Aren't? Managerial Uses of CLV", *Knowledge@Wharton*, 30 de julho de 2003, http://www.whar tonsp.com/articles/article.asp?p=328189&rl=1.

13. Peggy Anne Salz, "High Performance—Intelligent Use of Information Is a Powerful Corporate Tool", *Wall Street Journal*, 27 de abril de 2006.

14. Adam Bloom, "20 Examples of ROI and Results with Big Data", Pivotal site, 26 de maio de 2015, https://content.pivotal.io/blog/20-examples-of-roi-and-results-with-big-data.

15. Informações sobre a Skillsoft são do http://www.skillsoft.com/about/press_room/press_releases/april_02_14_ibm.asp, acesso em: 21 de abril de 2017; and Bloom. "20 Examples of ROI and Results with Big Data."

16. Pankaj Ghemawat, Stephen P. Bradley, e Ken Mark, "Wal-Mart Stores in 2003", Caso 9-704-430 (Boston: Harvard Business School, setembro de 2003).

17. Números sobre o Walmart retirados de uma apresentação da CIO, Linda Dillman, citada por Dan Briody em *BizBytes*, abril de 2006.

18. "Software Development Engineer—Global Supply Chain Optimization", Amazon Fulfillment Services, https://www.amazon.jobs/en/jobs/384389, acesso em: 14 de fevereiro de 2017.

19. Spencer Soper, "Amazon Is Building Global Delivery Business to Take On Alibaba", Bloomberg Technology, 9 de fevereiro de 2016, https://www.bloomberg.com/news/articles/2016-02-09/amazon-is-building-global-delivery-business-to-take-on-alibaba-ikfhpyes.

20. Len Kennedy, vice-presidente da UPS, em "What Can Brown Do for You?" *Location Intelligence*, 5 de dezembro de 2002.

21. Do relatório anual de 1954 da UPS

22. Beth Bacheldor, "Breakthrough", *InformationWeek*, 9 de fevereiro de 2004, http://www.informationweek.com/industries/showArticle.jhtml?articleID=17602194&pgno=1&queryText=.

23. Norbert Turek, "FedEx and UPS Lead the Logistics Pack", *InformationWeek*, 11 de janeiro de 2001.

24. Richard Tomkins, "The Art of Keeping Customers Happy", *Financial Times* (London), 17 de junho de 2005.

25. Alejandro Ruelas-Gossi and Donald Sull, "The Art of Innovating on a Shoestring", *Financial Times* (London), 24 de setembro de 2004.

Capítulo Seis

1. Para mais informações sobre processos decisórios eficazes, veja Jeanne G. Harris, *The Insight-to-Action Loop: Transforming Information into Business Performance* (Wellesley, MA: Accenture Institute for High Performance Business, fevereiro de 2005), http://www.accenture.com/Global/Research_and_Insights/ Institute_For_High_Performance_Business/By_Publication_Type/Research_ Notes/InsightToPractice.htm; and Glover Ferguson, Sanjay Mathur, and Baiju Singh, "Evolving from Information to Insight", *MIT Sloan Management Review* 46, no. 2 (2005): 51–58.

2. Vivienne Jupp e Elisabeth Astall, "Technology in Government: Riding the Waves of Change", relatório Accenture Government Executive Series, 2002, http://www.ebusinessforum.gr/content/downloads/gove_waves.pdf.

3. Entrevista telefônica de Elpida Ormanidou com Jeanne Harris, 29 de abril de 2015.

4. O "problema Monty Hall" demonstra o poder de um único ponto de dado. Hell era o apresentador original do programa de TV *Let's Make a Deal*. É oferecido a um competidor uma de três portas diferentes. Apenas uma possui um prêmio valioso e as outras duas possuem um "zonk". Uma vez que o competidor escolha uma porta, Hall revela um "zonk" atrás de umas das portas restantes. Depois, ele dá uma escolha ao competidor. Ele pode ficar com a sua porta original ou trocar. A estatística demonstra que ao trocar de porta, o competidor dobra suas chances de 33% para 66%.

5. Thomas H. Davenport, Jeanne G. Harris, e Bob Morison, *Analytics at Work: Smarter Decisions, Better Results* (Boston: Harvard Business Review Press, 2010).

6. Mark Twain atribui essa citação a Disraeli; veja Charles Neider, ed., *The Autobiography of Mark Twain* (Nova York: HarperCollins, 2000), 195.

7. Para mais sobre o assunto, veja Darrell Huff, *How to Lie with Statistics* (Nova York: W. W. Norton & Company, 1954).

8. For more on preventing statistical abuse, see "The Use and Misuse of Statistics", *Harvard Management Update* 11, no. 3, março de 2006.

Capítulo Sete

1. Thomas H. Davenport, Jeanne G. Harris, David W. De Long, e Alvin L. Jacobson, "Data to Knowledge to Results: Building an Analytic Capability", *California Management Review* 43, no. 2, 117–138.

2. Para mais informações sobre gestão baseada em evidências, veja Jeffrey Pfeffer and Robert I. Sutton, *Hard Facts, Dangerous Half-Truths, and Total Nonsense: Profiting from Evidence-Based Management* (Boston: Harvard Business School Press, 2006).

3. Entrevista de William Perez por Michael Barbaro, "A Not-so-Nice Nike Divorce Came Down to Data vs. Feel", *The Nova York Times*, 28 de janeiro de 2006, edição nacional, B4.

4. Tom Davenport, "Data Is Worthless If You Don't Communicate It", *Harvard Business Review*, junho de 2013, https://hbr.org/2013/06/data-is-worthless-if-you-don't.

5. Donald A. Marchand, William J. Kettinger, e John D. Rollins, *Information Orientation: The Link to Business Performance* (Nova York: Oxford University Press, 2002).

6. Tom McCall, "Understanding the Chief Data Officer Role", *Smarter with Gartner*, 18 de fevereiro de 2015, http://www.gartner.com/smarterwithgartner/understanding-the-chief-data-officer-role/.

7. Jeanne G. Harris e Vijay Mehrotra. "Getting Value from Your Data Scientists" *MIT Sloan Management Review* 56, no. 1 (Outono de 2014).

8. Thomas H. Davenport e D. J. Patil, "Data Scientist: The Sexiest Job of the 21st Century", *Harvard Business Review*, outubro de 2012, https://hbr.org/2012/10/data-scientist-the-sexiest-job-of-the-21st-century.

9. Hal Varian, correspondência por e-mail com Tom Davenport, 6 de dezembro de 2005.

10. Bob Deangelis, correspondência por e-mail com Tom Davenport, 8 de fevereiro de 2005.

11. Líder de um grupo analítico de uma empresa de bens de consumo que preferiu manter-se anônimo, em entrevista por telefone com Tom Davenport, 24 de maio de 2005.

12. Tyson Hartman, "Is Big Data Producing Big Returns?" Avanade Insights, 5 de junho de 2012, http://blog.avanade.com/avanade-insights/data-analytics/is-big-data-producing-big-returns/.

13. Entrevista por telefone de Anders Reinhardt com Jeanne Harris, setembro de 2012. Originally published in Jeanne Harris, "Data Is Useless Without the Skills to Analyze It", *Harvard Business Review*, 13 de setembro de 2012, https://hbr.org/2012/09/data-is-useless-without-the-skills.

14. Três principais habilidades necessárias para gerentes analíticos é uma pesquisa adaptada originalmente publicada em Harris, "Data Is Useless Without the Skills to Analyze It."

15. Entrevista telefônica de Reinhardt com Jeanne Harris.

16. Para mais sobre esse tópico, veja Thomas H. Davenport and Jeanne G. Harris, "Automated Decision Making Comes of Age", *MIT Sloan Management Review* (Verão de 2005): 83–89.

17. Para uma descrição da tecnologia de regras de negócios, veja Barbara von Halle, *Business Rules Applied: Building Better Systems Using the Business Rule Approach* (Nova York: Wiley, 2001).

Capítulo Oito

1. Julie Gallagher, "Business-Savvy CIO Turns Tech-Savvy CEO", *FinanceTech*, 31 de maio de 2001, http://www.financetech.com/showArticle.jhtml? articleID=14706275.

2. Erick Schonfeld, "The Great Giveaway", Business 2.0, CNNMoney.com, 1º de abril de 2005, http://money.cnn.com/magazines/business2/business2_ archive/2005/04/01/8256058/.

3. M. McDonald e M. Blosch, *Gartner's 2006 EXP CIO Survey* (Stamford, CT: Gartner, Inc., janeiro de 2006).

4. Marcia Stepanek, "Q&A with Progressive's Peter Lewis", *BusinessWeek*, 12 de setembro de 2000.

5. Charles Babcock, "Data, Data Everywhere", *InformationWeek*, 9 de janeiro de 2006.

6. International Data Corporation, *Business Analytics Implementation Challenges: Top Ten Considerations for 2003 and Beyond*, IDC Report

28728 (Framingham, MA: International Data Corporation, janeiro de 2003).

7. Nicole Haggerty e Darren Meister, "Business Intelligence Strategy at Canadian Tire", Caso 903E19 (Londres, Ontario: Ivey School of Business, 2003).

8. Thomas H. Davenport e Stephan Kudyba, "Designing and Developing Analytics-Based Data Products", *MIT Sloan Management Review* (Outono de 2016), http://sloanreview.mit.edu/article/designing-and-developing-analytics-based-data-products/.

9. Donald Marchand, William Kettinger, e John Rollins, *Making the Invisible Visible: How Companies Win with the Right Information, People and IT* (Nova York: Wiley, 2001).

10. Michael Stonebraker, "The Solution: Data Curation at Scale", in *Getting Data Right: Tackling the Challenges of Big Data Volume and Variety* (O'Reilly Publications, 2015), http://www.oreilly.com/data/free/getting-data-right.csp.

11. Madan Sheina, "Refocused: Back to the Future", *Computer Business Review*, setembro de 2005.

12. Thomas H. Davenport e Julia Kirby, "Just How Smart Are Smart Machines?" *MIT Sloan Management Review* (Primavera de 2016), http://sloanreview.mit.edu/article/just-how-smart-are-smart-machines/.

13. Henry Morris et al., *The Financial Impact of Business Analytics: Distribution of Results by ROI Category*, IDC #28689 (Framingham, MA: International Data Corporation, janeiro de 2003).

14. Nucleus Research, "Analytics Pays Back $13.01 for Every Dollar Spent", Relatório de pesquisa 0204, setembro de 2014, http://nucleusresearch.com/research/single/analytics-pays-back-13-01-for-every-dollar-spent/.

15. Gregory Piatetsky, "R Leads Rapid Miner, Python Catches Up, Spark Ignites", *KDNuggets*, 27 de maio de 2015, http://www.kdnuggets.com/2015/05/poll-r-rapidminer-python-big-data-spark.html.

16. Para mais informações sobre erros em planilhas eletrônicas, veja o artigo de Raymond Panko "What We Know About Spreadsheet Errors", janeiro de 2005, http:// panko.cba.hawaii.edu/ssr/Mypapers/whatknow.htm.

17. Veja, por exemplo, Judah Phillips, *Building a Digital Analytics Organization* (Upper Saddle River, NJ: Pearson FT Press, 2013).

18. Jamie Oetting, "Too Many Tools? New Data on the Complexity of Marketing Technology", Hubspot blog post, 17 de fevereiro de 2015,

https://blog.hubspot.com/agency/tools-data-complexity-marketing-technology#sm.001eqysc218dxdwmqld2nqeau3z8n.

19. Thomas H. Davenport and Zahir Balaporia, "The Analytics Supply Chain", *DataInformed*, 20 de fevereiro de 2017, http://data-informed.com/the-analytics-supply-chain/.

20. A abordagem baseada em princípios à arquitetura de TI é descrita em Thomas H. Davenport, Michael Hammer, e Tauno Metsisto, "How Executives Can Shape Their Company's Information Systems", *Harvard Business Review*, março–abril de 1989, 130–134.

Capítulo Nove

1. Dados do levantamento de 2006, *InformationWeek*, 2 de janeiro de 2006.

2. Thomas H. Davenport and Jim Hagemann Snabe, "How Fast and Flexible Do You Want Your Information, Really?" *MIT Sloan Management Review* (Primavera de 2011), http://sloanreview.mit.edu/article/how-fast-and-flexible-do-you-want-your-information-really/.

3. Charles P. Seeley e Thomas H. Davenport, "Integrating Business Intelligence and Knowledge Management at Intel", *Knowledge Management Review* 8, no. 6 (janeiro–fevereiro de 2006): 10–15.

4. Dave Mittereder, "Pervasive Business Intelligence: Enhancing Key Performance Indicators", *DM Review*, abril de 2005, http://www.dmreview.com/article_sub.cfm?articleID=1023894.

5. M. McDonald and M. Blosch, *Gartner's 2006 EXP CIO Survey* (Stamford, CT: Gartner, Inc., janeiro de 2006).

6. Thomas H. Davenport, "Innovation in Audit Takes the Analytics, AI Route", dissertação online Deloitte University Press, 24 de fevereiro de 2016, https://du press.deloitte.com/dup-us-en/focus/cognitive-technologies/audit-analytics-artificial-intelligence.html.

7. Thomas H. Davenport e Julia Kirby, *Only Humans Need Apply: Winners and Losers in the Age of Smart Machines* (Nova York: Harper Business, 2016).

8. Peter Drucker, "The Next Information Revolution", *Forbes ASAP*, 24 de agosto de 1998.

9. NewVantage Partners, *Big Data Executive Survey 2017: Executive Summary of Findings*, http://newvantage.com/wp-content/uploads/2017/01/Big-Data-Executive-Survey-2017-Executive-Summary.pdf.

ÍNDICE

AGRADECIMENTOS

DESDE QUE ESCREVEMOS A PRIMEIRA EDIÇÃO DESTE LIVRO, HÁ UMA década, nós conversamos com centenas de pessoas inteligentes sobre análise. Nos vemos como sintetizadores e organizadores de todas as boas ideias, então, em primeiro lugar, nossa dívida com todos os que compartilharam suas experiências com a gente desde 2007.

No entanto algumas pessoas e organizações se destacam. Aqui estão aqueles que fizeram uma grande diferença neste livro, da perspectiva de Tom. Na SAS, uma grande apoiadora de nossa pesquisa ao longo da última década, dentre eles: Adele Sweetwood, Mike Bright, Scott van Valkenburgh (que começou a primeira edição após contactar Tom; agora ele está na Genpact), Randy Guard, Oliver Schabenberger e muitos outros. Na Salesforce.com, Ben Pruden e Keri Brooke apoiaram nossa pesquisa e discutiram com a gente sua abordagem analítica. Na FICO (e anteriormente na Schneider National), Zahir Balaporia têm sido de grande ajuda e perspicaz. Jack Levis na UPS foi sempre genial e aberto sobre os esforços analíticos de sua empresa. Gary Loveman nos deu muitos insights ao longo dos anos sobre a análise na Harrah's/Caesars. Guy Peri e seus então colegas na Procter & Gamble, Andy Walter e Filippo Passerini, deram a Tom muito acesso a seu trabalho pioneiro. Muitas pessoas na Delloite, incluindo Jane Griffin, Paul Roma, Alyssa Pharr e Kelly Nelson, ajudaram na exposição de Tom ao extenso trabalho analítico da empresa. Na First Analytics, Mike Thompson e Rob Stevens reportavam para Tom fielmente todo mês sobre o que estavam fazendo. Tom também agradece a Jack Phillips e John Ott (quem primeiro propôs essa nova edição) no Instituto Internacional de Análise (IIA), Colin Gounden da Via Science, Andy Palmer da Tamr, Christopher Ahlberg no Recorded Future e Vikram Mahidhar na RAGE Frameworks por suas atualizações frequentes do mundo da análise e automação.

Nós dois nos beneficiamos do fato que Harvard Business Review Press foi ótima de se trabalhar da primeira vez, e ainda mais fácil de se trabalhar na segunda. Tivemos ajuda considerável da Hollis Heimbouch (agora na Harper Business; ela adquiriu e editou a primeira versão), Melinda Merino (que adquiriu e editou esta versão), Julia Kirby (agora na Harvard University Press), Walt Frick, Gardiner Morse e Julie Devoll. Stephani Finks fez seu usual ótimo trabalho para a capa.

Da perspectiva de Jeanne: Gostaria de começar agradecendo a Tom Davemport, meu antigo amigo e coautor, por primeiramente sugerir que escrevêssemos um livro juntos sobre esse tópico. Eu gostaria especialmente de agradecer a muitos executivos, de todos os setores e em todo o mundo, que generosamente compartilharam suas experiências e insights. Agradeço também ao professor Vijay Mehrotra na University of San Francisco, que me apresentou a vários cientistas de dados no Vale do Silício e foi coautor de nossa pesquisa sobre as distinções entre cientistas de dados e analistas. Meus agradecimentos a Jeremy Shapiro, diretor executivo, chefe global da Talent Analytics, na Morgan Stanley, que foi coautor de "Competing on Talent Analytics" com a gente. Um grande agradecimento a Joan Powell da Leading Thoughts, por nos ajudar a compartilhar nossa mensagem com um público maior.

Também gostaria de agradecer a meus antigos colegas na Accenture que compartilharam seu apoio entusiástico e encorajamento ao longo do caminho. O antigo CEO Bill Green disse que havia pensado que este livro era uma ótima ideia. Muitos executivos seniores inteligentes e proeminentes compartilharam sua experiência e expertise de primeira mão sobre trabalhar com clientes para competir (e vencer) com a análise. Um agradecimento especial vai aos patrocinadores de nossa pesquisa por seu apoio e feedback honesto: Mike Sutcliff, CEO do Grupo Accenture Digital; Michael Svilar, diretor de gestão, Advanced Analytics; Royce Bell, antigo CEO da Accenture Information Management Solutions; e Dave Rich, antigo Global Managing Partner da Accenture Analytics (e mais tarde, CEO e presidente da Microsoft Advanced Analytics).

Agradeço também aos patrocinadores iniciais dos sistemas empresariais e pesquisas analíticas, onde nós encontramos pela primeira vez a conexão entre análise e organizações de alta performance: Dave Hill, Patrick Puechbroussou, Jim Hayes e Mark Jones.

Somando à sua contribuição de insights, muitos executivos atuais e antigos da Accenture me ajudaram a encontrar alguns exemplos formidáveis para colocar neste livro, incluindo: Walt Shill, Brian McCarthy, Mark McDonald, Jeff Merrihue, Umesh Hari, Jane Linder, John Copeland, Glenn Gutwillig, Michael Bova, Ramin Mikhali, David Sheehy, Baiju Shah, Andy Fano, Larry Lerner, Chris DiGiorgio e John Ballow. Agradeço também aos executivos da Silicon Valley Data Science, incluindo Sanjay Mathur (CEO), John Akred (CTO) e Scott Kurth (VP, Advisory Services), que sempre compartilharam generosamente suas experiências e ideias. Os insights de Kristi Kamykowski são bem apreciados. Estou, sempre, grata aos meus amigos no Accenture Institute for High Performance (incluindo Allan Alter, Dave Light, Bob Thomas e Paul Nunes) por sua assistência generosa e vontade de contribuir com grandes ideias. Finalmente, quero expressar um agradecimento especial a Pete Bott, Joel Friedman, Norm Rickeman e Jean Davis, que muitos anos atrás me colocaram no caminho que eventualmente me levou a escrever este livro.

Também gostaríamos de agradecer às nossas famílias por sua paciência em lidar com a gente enquanto escrevíamos esta versão do livro. Jeanne agradece especialmente a seu marido, Carl, e sua filha, Lauren, por seu amor, encorajamento, sagacidade e sabedoria. Eles são os verdadeiros talentos analíticos de sua família. Ela não poderia ter completado esse livro (duas vezes!) sem o seu entendimento e apoio. Ela também agradece à sua mãe, Rhoda Harris, e sua irmã, Susie, por seu encorajamento e entusiasmo. Tom agradece a Jodi por predizer que o tópico da análise seria "quente" lá em 2005 (ela ainda acredita nisso) e por, mais uma vez, o apoiar com entusiasmo todos os seus empreendimentos. Ele analisou todos os seus dados pessoais e descobriu que a presença de sua esposa está altamente correlacionada com a sua felicidade. Ele agradece a seus filhos Hayes e Chase por discussões apaixonadas sobre a análise nos esportes, particularmente nos times Red Sox, Celtics e Patriots.

SOBRE OS AUTORES

THOMAS H. DAVENPORT é o Distinto Professor de TI e Gestão do Presidente no Babson College e pesquisador da Iniciativa do MIT sobre Economia Digital. Ele também é cofundador do International Institute for Analytics e consultor sênior da Deloitte Analytics. Davenport foi autor, coautor ou editou 19 livros, incluindo cinco sobre análise e tecnologia cognitiva. Seu artigo de 2006, "Competing on Analytics", foi considerado um dos dez artigos "obrigatórios" da história de 90 anos da Harvard Business Review. Ele foi nomeado um dos 25 melhores consultores do mundo pela revista Consulting, uma das 100 pessoas mais influentes do setor de TI pela Ziff Davis Publications e um dos 50 principais professores de administração de empresas do mundo pela revista Fortune.

JEANNE G. HARRIS faz parte do corpo docente da Columbia University, onde leciona Business Analytics Management. Ela é coautora de dois livros e mais de 100 artigos sobre análise e tecnologia da informação. Harris é pesquisadora executiva emérita e diretora global de pesquisa em tecnologia da informação e análise do Accenture Institute for High Performance, em Chicago. Durante sua carreira na Accenture, ela liderou várias práticas de consultoria, incluindo *business intelligence*, análise e *data warehousing*. Ela também atua no INFORMS Analytics Certification Board, que supervisiona o programa Certified Analytics Professional (CAP™). Em 2009, ela recebeu o prêmio Women Leaders in Consulting da revista Consulting pela realização de uma vida inteira.

ROTAPLAN
GRÁFICA E EDITORA LTDA
Rua Álvaro Seixas, 165
Engenho Novo - Rio de Janeiro
Tels.: (21) 2201-2089 / 8898
E-mail: rotaplanrio@gmail.com